코리언의 생활문화, 다름의 공존

이 책은 2009년 정부(교육과학기술부)의 재원으로 한국연구재단의 지원을 받아 제작되었습니다.(NRF-2009-361-A00008)

코리언의 생활문화, 다름의 공존

초판 1쇄 발행 2015년 5월 20일

저　자 ｜ 건국대학교 통일인문학연구단
발행인 ｜ 윤관백
발행처 ｜ 도서출판 선인

등록 ｜ 제5－77호(1998.11.4)
주소 ｜ 서울시 마포구 마포대로 4다길 4(마포동 324－1) 곳마루 B/D 1층
전화 ｜ 02)718－6252 / 6257　　팩스 ｜ 02)718－6253
E－mail ｜ sunin72@chol.com
Homepage ｜ www.suninbook.com

정가 19,000원
ISBN 978-89-5933-890-0 94900
　　　978-89-5933-159-8 (세트)

코리언의 생활문화, 다름의 공존

건국대학교 통일인문학연구단

발간사

    분단된 한반도의 현실에서 통일에 대한 새로운 패러다임을 찾겠다는 취지로 '통일인문학' 연구는 시작되었습니다. 기존의 다양한 통일 담론이 체제 문제나 정치·경제적 통합을 전제로 진행되면서 시류에 따라 부침을 거듭하는 것이 현실입니다. 통일인문학은 사회과학 차원의 통일 논의가 관념적이면서도 정치적인 한계를 가지고 있다는 판단 아래 사람 중심의 인문정신을 바탕으로 한반도의 통일 문제를 진단하고 그 해법을 찾고자 하는 새로운 학문 영역입니다.

    사람을 중심에 둔 통일 논의는 기존의 통일 담론에서 크게 확대된 개념으로 이해할 수 있습니다. 지리적으로도 한반도에 국한되지 않고 코리언 디아스포라를 모두 포괄함으로써 남과 북의 주민은 물론이고 전 세계에 산재한 800여만 명의 코리언을 대상으로 삼습니다. 나아가 '결과로서의 통일'에만 역점을 두고 연구 사업을 진행하는 게 아니라 '과정으로서의 통일'까지도 목표로 삼고 있습니다. 따라서 통일이 이루어지는 시점은 물론 통일 이후의 사회통합 과정에서 반드시 풀어가야 할 사람 간의 통합을 지향합니다.

    이에 통일인문학은 '소통·치유·통합'을 방법론으로 제시합니다. 인문정신에 입각하여 사람 사이는 물론이고 사회계층 간의 소통을 일차적인 과제로 삼고 있는데, 이러한 소통은 상대와 나와의 차이를 인정하면서 그 가운데 내재하는 공통의 요소들을 탐색하고 이를 적극적으로 활용할 때에만 가능합니다. 그를 위해 분단 이후부터 현재까지 지속적으로 재생산되고 있는 분단 트라우마의 실체를 파악하고, 이를 치유하기 위한 방안들을 모색합니다.

그 방법으로서 통일인문학은 우선 서로에게 정신적 · 육체적으로 씻을 수 없는 상처를 가한 분단의 역사에 잠재해 있는 분단서사를 양지로 끌어내고 진단하여, 해법으로 향하는 통합서사를 제시함으로써 개개인의 갈등요인이 됨직한 분단 트라우마를 치유하고자 합니다. 그리고 우리 사회 전반에 자리 잡은 체제나 이념의 통합과 더불어 개개인의 사상 · 정서 · 생활 속 공통성과 차이성의 조율을 통하여 삶으로부터의 통합이 사회통합으로 확산될 수 있기를 기대합니다.

이러한 취지에서 통일인문학은 철학을 기반으로 한 사상이념, 문학을 기반으로 한 정서문예, 역사와 문화콘텐츠를 기반으로 한 생활문화 등 세 가지 축을 기준으로 삶으로부터의 통합과 사회통합으로의 확산이라는 문제를 풀어가는 데 연구 역량을 집중하고 있습니다. 그리고 이렇게 인문정신을 바탕으로 연구 생산한 성과들이 학계와 대중에게 널리 알려져 후속 연구와 사회적 반향으로 이어지기를 기대합니다.

통일인문학연구단에서는 그와 관련된 노력으로서 우선 새로운 통일 패러다임을 제시하고자 하였습니다. 통일인문학은 새로운 통일 패러다임으로서 '차이와 공통성', '분단의 트라우마와 아비투스', '민족공통성' 개념을 제안하였습니다. 그리고 추상적인 개념을 제안하는 데 그치지 않고, 이를 실증적으로 검증하기 위해 민족공통성 프로젝트를 진행하여 그 연구 성과를 매년 산출하고 있습니다. 또한 한반도의 통일문제를 연구 화두로 삼고 있는 학자나 전문가들과 학술심포지엄을 정기적으로 개최함으로써 통일인문학의 지평을 확산하고 있습니다. 특히 2014년부터 개최된 '통일인문학 세계포럼'은 통일인문학의 세계화에 크게 기여하고 있습니다. 그와 함께 분단 트라우마 진단을 위한 구술조사와 임상실험을 지속적으로 진행하고 있으며, 통일인문학의 대중화를 위한 시민강좌나 교육프로그램 개발과 그를 위한 교재 개발 사업, 통일콘텐츠 연구 개발 사업 등 다양한 방면의 모색과 실천을 거듭하고 있습니다.

그리고 이러한 다양한 활동과 사업의 성과들은 출판물로 외현되어 학계와 대중들이 적극 공유할 수 있는 장으로 옮겨집니다. 본 연구단이 특히 출간기획에 주력한 것은 『통일인문학 총서』 시리즈입니다. 현재 『통일인문학 총서』 시리즈는 모두 네 개의 영역별로 분류되어 출간 중입니다. 본 연구단의 학술연구 성과를 주제별로 묶은 『통일인문학 연구총서』, 분단과 통일 관련 구술조사 내용을 정리한 『통일인문학 구술총서』, 북한 연구 관련 자료와 콘텐츠들을 정리하고 해제·주해한 『통일인문학 아카이브총서』, 남북한 연구에 도움을 줄 수 있는 희귀 자료들을 현대어로 풀어낸 『통일인문학 번역총서』 등이 그것입니다.

통일인문학의 정립과 발전을 사명으로 알고 열의를 다하는 연구단의 교수와 연구교수, 연구원들께 고마움을 전합니다. 아울러 연구 사업에 기꺼이 참여해주시는 통일 관련 국내외 석학·전문가·학자들께도 심심한 감사를 드립니다. 그리고 무엇보다 자신의 소중한 체험과 기억을 구술하고, 분단 트라우마 치유를 위한 임상실험에 참여해주신 분들께도 머리 숙여 고마움을 표합니다. 마지막으로 통일인문학의 취지를 백분 이해하시고 흔쾌히 출판을 맡아주신 출판사 관계자분들께도 감사드립니다.

사람의 통일, 인문정신을 통한 통일을 지향하며
건국대학교 통일인문학연구단장 김성민

민족공통성 네 번째 시리즈를 발간하며

건국대학교 통일인문학연구단은 '통일인문학이라는 새로운 패러다임' 정립을 위해 기존의 통일담론이나 북한학과는 전혀 다른 개념과 내용을 갖는 '통일의 인문적 비전'을 모색해왔습니다. 2010년부터 한국인과 탈북자 그리고 재중 조선족, 재일 조선인, 재러 고려인 등 5개 집단을 대상으로 민족정체성, 통일의식, 역사적 트라우마, 생활문화를 연구해온 것은 바로 이러한 모색의 일환이었습니다. 저희 연구단은 지난 5년에 걸친 연구성과를 '민족공통성 시리즈'로 묶어 발간해왔으며, 이번에 발간하게 된 '민족공통성 네 번째 시리즈'는 그 최종적인 완결본이라 할 수 있습니다.

'민족공통성 시리즈'라는 말에서 알 수 있듯이 저희 연구단은 그 동안 진행되어 왔던 '민족 대 탈민족', '코리언 대 디아스포라', '동질성 대 이질성'이라는 이원적 대립 구도를 벗어나 차이와 연대, 공명과 접속에 기초한 '민족공통성'이라는 관점 아래 연구를 수행해왔습니다. 여러 번 강조했듯이 민족공통성은 민족공동체에 본질적으로 내재된 불변하는 '민족 동질성'을 의미하는 것이 아니라, 코리언들의 접촉과 교류를 통해서 미래적으로 생성되어야 할 '공통의 가치, 정서, 생활문화'를 의미합니다. 이러한 관점은 통일담론의 연구방향을 민족 동질성에 근거한 배타적 통일론으로부터 미래기획적인 생성의 차원으로 바꾸었을 뿐만 아니라, 그동안 소홀하게 간주되거나 연구의 사각지대로 밀려나 있는 코리언 디아스포라의 '통일한(조선)반도의 건설'에서 차지하는 역할과 중요성을 부각시켰습니다.

따라서 저희 연구단이 수행해온 코리언 디아스포라 연구는 오늘날 유행하는 다문화주의나 탈식민주의론이 주제로 삼고 있는 '디아스포라' 일반론 연구가 아닙니다. 왜냐하면 분단 극복과 통일의 과제를 '코리언 디아스포라를 포함하여 민족적 합력'을 창출하는 것으로 보기 때문입니다. 흔히 코리언 디아스포라 관련 연구를 분단극복과 통일문제와 무관하다고 생각하는 경향이 있습니다. 하지만 통일문제는 남과 북만이 아니라 해외 코리언 전체를 포함하는 문제입니다. 해외 코리언은 '식민'과 '분단'이라는 20세기 한반도의 역사적 상처를 남북 주민과 더불어 공유하고 있기 때문에, 한(조선)민족으로서의 정서적 유대를 지니고 있습니다. 남과 북 그리고 해외 코리언들의 삶이 서로 결합될 수 있는 것은 식민, 그리고 이산과 분단이라는 공통의 상처가 민족적인 유대감으로 연결되어 있기 때문입니다. 이런 점에서 저희 연구단은 통일 한(조선)반도의 건설이 남과 북만이 아니라, 해외 코리언을 포함하여 민족적 합력(合力)을 모으는 방향으로 이루어져야 한다고 생각합니다.

저희 연구단이 그 동안 수행해온 코리언 디아스포라 연구의 초점은 한(조선)민족의 가치-정서-생활문화를 공유하면서도 각기 다른 차이들의 접속을 통해서 통일한(조선)반도의 미래상을 열어가는 데 있습니다. 이번에 발간하게 된 '민족공통성 네 번째 시리즈'는 이제까지의 연구성과를 바탕으로 통일한(조선)반도의 인문적 비전을 구체화할 수 있는 가치론적 대안들을 모색하는 한편, 민족공통성을 창출할 수 있는 실질적이고 구체적인 방안들을 제시하였습니다. 그 내용적 특징은 크게 4가지로 나눌 수 있습니다.

첫째, '민족공통성 네 번째 시리즈' 제1권『통일의 기본 가치와 인문적 비전』에서 현재 통일담론에서 천착이 필요한 민족주의, 평화, 민주주의, 생태주의 등 핵심적 가치들을 빠짐없이 다룸으로써 '통일의 인문적 비전'을 구체화한 점입니다. 민족주의와 통일, 평화와 통일, 민주주의와 통일, 녹색과 통일의 관계에 대한 철학적 논의를 통해 새로운 패러다임 위에서 통일한(조선)반도가 지향해야 할 가치들을 제시하였습니다. 현재 여전히 논란 중에 있는 민족·민족주의 개념이 분단극복에서 지니는 실천적 유효성과 그 한계, 나아가 통일생성의 동력으로서의 가능성을 검토하였으며, 평화와 통일의 밀접한 관계를 통일의 이념, 통일국가의 형태, 민족성과 국가성과 관련하여 자세히 논증하였습니다. 또한 통일과 민주주의의 관계를 에트노스(Ethnos)와 데모스(Demos)의 변증법적 관계로 이해함으로써 통일한(조선)반도에서 보장되어야 할 시민권의 성격도 살펴보았습니다. 나아가 울리히 벡(Ulrich Beck)의 위험사회론과 한(조선)반도의 녹색화 문제를 결합함으로써 '한(조선)반도의 녹색화' 전략 및 통일한(조선)반도의 녹색비전이 가져야 할 원칙과 방향들을 제시하였으며, 통일문제를 세계시민적 관점에서 사유하면서 탈근대적 가치를 연결하는 새로운 시도도 해보았습니다.

둘째, '민족공통성 네 번째 시리즈' 제2권『코리언의 생활문화, 다름의 공존』에서 한국인과 동북아 코리언과의 문화통합과 공존을 위한 대안적인 실천방안을 제시한 점입니다. 그 동안 코리언의 문화통합의 중요성을 지적하는 당위적인 논의는 많았지만 구체적인 방안제시가 드문 상황에서 한국인과 동북아 코리언의 문화통합과 공존을 위한 실질적인 방안들을 구체화하였습니다. 남북의 적대적 프레임을 해체하고 남북문화의 공통성 확대를 위해 문화체험의 공유, 문화협력 등과 관련한 구체적 방안을 제시하였습니다. 또한 중국 조선족의 변화된 생활문화를 한(조선) 민족문화가 중국 근현대의 새로운 환경에서 창조적으로 발전된 것으로 이해하는 문화통합적 연구방법론을 제시하는 한편, 재일 조선인과 한국 인의 문화공존을 위해 민족동질성 회복이라는 '본질찾기'를 벗어나 서로 의 역사, 정치·문화적 맥락을 이해하는 교육의 필요성을 제안하기도 하였습니다. 나아가 고려인 및 사할린 한인과 한국인 사이에 존재하는 역사 인식의 어긋남과 갈등을 극복하기 위한 '역사연대' 개념을 제시하 면서, 동북아 코리언들이 주체가 되어 근현대사를 서술하는 방법을 제 안하였습니다.

셋째, '민족공통성 네 번째 시리즈' 제3권『구술로 본 코리언의 역사적 트라우마』에서 우리의 역사 속 통합서사의 사례들을 전근대의 설화 및 소설 그리고 오늘날 분단소설과 영화를 통해 살펴봄으로써 통합서사의 모습과 방법을 구체적으로 제시한 점입니다. 우선 방법론적으로 분단서 사를 치유하는 '통합서사'에 대한 개념을 고찰하고, 통일에 기여할 수 있 는 통합장치로서 문학적 서사방법들을 탐색했습니다. 또한『삼국유사』 에 수록된 설화적 서사기법 분석을 통해 고려 건국의 사회통합 기능을 살펴보거나 고소설의 서사기법 분석을 통해 병자호란 이후 여성의 상처 와 치유에 관한 통합서사의 의미를 해명하였습니다. 나아가 오늘날 대 중적인 분단소설과 영화 그리고 전쟁을 직접 경험한 세대들의 구술담을 통해 통합서사가 지향해야 할 핵심적 가치를 구체적으로 살펴보았습니 다. 이를테면 분단체제로 인해 억압되어 있는 욕망의 해소, 고통의 연대 적 공감을 통한 다시 기억하기, 타자와의 교감과 공존적 관계의 형성 등 이 통합서사 형성에서 핵심적 가치라는 점을 제시하였습니다.

넷째, '민족공통성 네 번째 시리즈'에 수록된 내용이 통일인문학연구 단 연구진뿐만 아니라 재중 조선족 및 재일 조선인 학자들의 연구성과를 포함하고 있는 점입니다. 저희 연구단은 그 동안 통일의 범주를 남북 주민은 물론이고 전 세계의 코리언 디아스포라의 통합으로까지 확대해 왔습니다. 그렇기 때문에 해외에 거주하고 있는 동포 학자들과의 정기 적인 국제학술대회를 통해 학술교류를 꾸준히 진행해왔을 뿐만 아니라, '민족공통성'과 같은 특정 주제와 관련해서는 국제적인 협동연구를 실질 적으로 수행하기도 했습니다. '민족공통성 네 번째 시리즈' 제2권에 수 록된 네 편의 글(연변대학교 김성희 교수, 연변대학교 박미화 교수, 조 선대학교 박정순 교수, 조선대학교 리용훈 교수)과 제3권에 수록된 세 편의 글(연변대학교 김호웅 교수, 연변대학교 서옥란 교수, 조선대학교 리영철 교수)은 이러한 학술교류와 협동연구의 산물이라고 할 수 있습 니다.

저희 연구단이 2010년부터 '민족공통성 연구프로젝트'를 시작한 이래 어느덧 5년의 세월이 흘렀습니다. 그 동안 민족공통성 첫 번째 시리즈 4권, 두 번째 시리즈 3권, 세 번째 시리즈 3권에다 이번에 발간하는 네 번째 시리즈 3권을 합하면 모두 13권의 책이 '민족공통성 연구'라는 이 름으로 세상에 나오게 되는 셈입니다. 건국대학교 통일인문학 연구단 선생님들의 열정과 뚝심을 새삼 느끼지 않을 수 없습니다. 이 책이 발간 되기 까지 함께 작업에 참가하신 통일인문학 연구단 김성민 단장님 이 하 연구단의 모든 선생님들께 깊은 감사를 드립니다. 그리고 '통일인문 학'의 연구방향과 문제의식에 공감하면서 기꺼이 글을 보내주신 중국 연변대학교와 일본 조선대학교 선생님들께도 마음 속 깊이 감사를 드립 니다.

건국대학교 통일인문학연구단 학술연구부장 이병수

코리언의 생활문화, 다름의 공존

I부

코리언의 민족문화
양상과 전승

제1장 중국 조선족가요 변천에 대한 시대별 고찰

김성희*

1. 머리말

우리민족은 예로부터 기쁨과 즐거움, 괴로움과 슬픔, 심지어 아픔마저도 노래 한 구절, 춤사위 한 가락에 담아 표현하면서 정감을 승화시키는 슬기롭고 낭만적인 민족이다.

조선족은 오욕과 환희와 비탄과 희망이 교차된 파란만장한 격동의 시대를 숨 가쁘게 경유해왔으며 격심한 정치적 변동과 사회경제적인 어려운 여건 속에서도 자기민족에 대한 정체의식과 문화자각을 상실하지 않았다. 중화인민공화국이 창건된 후 조선족은 올바른 민족정책 실시의 영향을 받아 전통문화에 대한 전승을 토대로 현대적인 창조를 거

* 중국 연변대학교 예술연구소 교수.

듭해 오면서 제반 문화예술영역에서 괄목할만한 성과를 이룩하였는바, 건국 60년 이래 조선족음악의 변천이 그 대표적인 사례라 하겠다.

조선족음악은 조선족의 장엄하고 눈물겨운 역사와 삶의 모습에 밀착된 대중문화예술로서 조선족이 살아온 시대의 표징이고 사회의 거울이며 정신적 좌표라 할 수 있다. 조선족 대중들과 호흡을 같이 하면서 그들의 삶의 애환을 예술적 형식으로 반영해 온 조선족 음악은 중화민족음악의 일부분인 동시에 조선민족 음악의 구성부분이라는 이중성격을 가지고 있다. 조선족음악은 조선민족 고유의 전통음악에 바탕을 두고 모체음악과 중국내 타민족 음악, 그리고 외국 음악의 영양분을 적절히 섭취하여 전통 민족음악에 시대적인 요소를 첨가함으로써 음악예술에서의 주체성을 지켜왔으며 민족음악의 독자적인 발전의 길을 모색하였다.

따라서 조선족가요는 모국음악 특히 모국가요와의 동질성도 확보하고 있지만 중국의 정치, 경제, 사회, 문화 및 조선족의 역사에 따르는 특수성도 내포하고 있다. 그렇기 때문에 조선족 가요는 중화민족 가요원(歌謠苑)에서의 한 떨기 꽃일 뿐만 아니라 우리민족 가요발전사에서의 한 줄기 도도한 흐름이라 말할 수 있으며, 또한 수많은 우수한 가요가 우리민족의 발전을 추동했다고 해도 과언이 아닐 것이다. 노래가 없었더라면 우리민족의 찬란한 역사와 문화는 그 빛이 바랬을 수 있어 우리민족의 자랑과 희망이 없었을 것이다. 이처럼 음악은 역사이고 현실이고 미래인 것이다.

지난 2012년은 조선족자치주 창립 60돌을 맞은 해이다. 세월이 흐르고 흘러 조선족이 중국의 소수민족 정책에 따라 자치를 실시한지도 어언간 60성상이 되었다. 이 성스러운 60년 역사의 흐름 속에서 연변조선족들은 중국의 기타 민족들과 협력하여 개척과 발전의 길을 꿋꿋이 걸어왔고, 오늘도 새로운 연변의 구축을 위해 헌신하고 있다. 돌이켜 보면 전진의 길에는 파란곡절로 인한 피눈물도 많았고 승리의 희열로 환성이 터질 때도 많았다. 실패의 고배를 마실 때마다 조선족은 노래로 아픈 가슴을 달래고 새로운 희망의 시대를 갈구해왔다.

이 글에서는 연변조선족자치주가 성립되면서부터 현재까지의 연변 조선족 대중가요의 변천과정을 시대별로 나누어 고찰하면서 이러한 민족음악의 변천을 통해 연변조선족사회의 60년을 조명해보고자 한다.

2. 조선족 가요에 대한 시대별 고찰

지난 60년 동안 우리 민족은 중국사회역사의 전반적인 흐름을 배경으로 연변에서 자치권리를 행사해 오면서 민족경제와 교육 및 문화예술 등 각 방면에서 괄목할만한 발전을 이룩했으며 커다란 성과를 취득하였다. 정치적, 경제적 변화의 파란만장한 격동의 시대를 경유하면서 피와 땀으로 얼룩진 민족의 발자취는 '노래와 춤의 고향' 주인답게 우리들의 노래 가락에 그대로 반영되었다.

1) 사회주의 건설초기 가요: 1950년대

1952년 9월 3일은 중국 조선족에게 가장 경사로운 날이었다. 이날 오후 3시, 연길시민 3만 여명은 물밀듯이 연길시 인민광장으로 모여들어 연변조선족자치구(1955년 연변조선족자치주인민정부로 변경) 성립 경축대회를 거행하였다. 이 땅의 당당한 주인이 된 조선족들은 희열과 긍지를 노래에 담아 목청껏 불렀다.

〈자치주성립경축의 노래〉는 세월의 흐름과 연변의 번영을 동반하면

자치주 성립 경축의 노래

서 조선족사회에 널리 알려져 있고 또한 조선족 성원들에게 자랑과 긍지를 심어주는 노래이며 시대를 넘어 오늘에도 부르고 내일에도 부를 명실공이 지역과 시간을 초월한 우리의 명곡이 되었다.

1949년 새로운 중국의 탄생과 더불어 이주민족으로서의 조선족은 당당하게 이 나라의 합법화된 소수민족이 되었고 연변에서 자치권리를 행사할 수 있는 영광을 지니게 되었다. 일찍이 이주초기부터 연변 땅을 개간하고 보호하기 위해 수많은 피와 땀을 흘렸던 조선족은 진정 이 땅의 주인답게 연변을 건설하는데 투신하였으며 해방을 맞은 기쁨과 이 땅의 주인이 된 긍지로 복된 삶을 영위해 나갈 수 있다는 희망을 안고 새 연변의 건설에 앞장섰다. 이러한 시대적 상황을 반영하고 노래했던 가요들로는 〈복된 살림 이루었네〉(리룡영 사, 김태국 곡), 〈좋은 종자 가려내세〉(김태희 사, 박우 곡), 〈젊은 탐사대원의 노래〉(김철 사, 리인희

곡), 〈사랑하는 나의 조국〉(리행복 사, 정진옥 곡)등을 꼽을 수 있다.[1]

1953년, 자치주 창립 이듬해 '연변조선족자치주 5개년계획 초안'이 만들어졌다. 이 계획초안은 향후 자치주에서의 공업, 농업, 상업, 문화교육 등 9개 방면의 발전에 대해 구체적으로 제시하였고 이해 9월에는 특별히 양식을 증산하고 절약하기 위한 8가지 요구를 제기하였다. 이 시기 5개년계획을 노래한 작품들이 많이 나왔는데 〈석두 어루화〉(백호연 사, 김종화 곡)는 그 중의 한 곡이다.

> …홍성향 이 곳에 훈풍이 불면, 푸르른 저 논에 물결이 이네
> 청산을 내리면 옥수가 되고, 산산답 오르며 풍작을 낳네…

1955년 중공연변주위 선전부에서 제정한 '중소학교 졸업생들을 생산노동에 참가시킬 데 관한 방침'에 따라 고향에 돌아가 농촌에 뿌리박고 지식을 소유한 신형 농민으로 재탄생하려는 열기가 연변 땅에서 일어났다. 자치주가 성립되던 해에 자치정부는 문맹퇴치운동위원회를 설립하였고 1956년에는 소학교의무교육제를 실시하였다[2]. 이러한 시대적 격정을 담아 창작된 〈산간마을에 드리는 노래〉(김경석 사, 동희철 곡),

---

1) 조선족전통음악을 발굴하고 수집, 정리하는 사업은 1950년대로부터 당과 정부의 올바른 민족정책과 지지에 힘입어 전문음악인원들의 중시와 노력으로 또 민간예인들의 적극적 협조로 시작되었다. 1952년에 처음으로 민간에서 가야금을 발굴하였고 1954년에는 49수의 민가를 수록한 〈민요집〉이 처음으로 출판되었으며 1959년~1962년에 여러 차례 〈민간음악의 밤〉과 민간예인들의 음악 콩클을 조직하여 적극적으로 전통음악을 발굴하고 수집, 정리하였다.

2) 1950년대에는 9년제 의무교육제가 실시되지 못하던 때여서 중학생은 그 수가 많지 않았다. 1951년도 연변의 중학교 모집정원이 2,580명이었고 1952년에 연변의 사립중학교가 공립중학교로 개편 될 때에도 사립중학교의 재학생 총수가 만 명 미만이었다. 1956년에 연변의 고중과 중등전문학교 모집정원이 2,800명이었다. 거기에다 중학교를 나온 사람들은 도시에로의 진출을 선호하다보니 농촌에는 중학교를 나온 사람들이 별로 없었다.

〈마을에 돌아온 중학생〉(초산 사, 도익 곡)은 젊은 지식인들이 자신의 청춘을 농촌건설에 이바지하려는 순박한 열정과 이상을 그대로 잘 보여주고 있다. 뿐만 아니라 '합작화'[3), '인민공사화'를 노래하고 조국을 보위하기 위한 열정, 그리고 남녀평등을 노래하고 봉건적인 억압에서 벗어난 여성들이 이 사회의 주인다운 모습을 반영한 노래들도 많이 창작되었다. 이를테면 여성독창곡 〈깜둥처녀〉(장동운 사, 정진옥 곡)는 "처녀의 얼굴에 검은 것이 가득 묻어서 얼굴이 까맣게 되었지만 노동하는 처녀의 자태가 아주 아름답다"는 가사를 통해 그 당시 제철소에서 일하는 처녀 노동자의 형상과 긍지로 가득 찬 심리세계를 예술적으로 잘 표현해 주었다.

그 당시 시대적 특정 상황으로 인하여 참군하는 열기도 일어났는데 이를 배경으로 해방된 조국을 보위하기 위하여 적극 참군하여 먼 초소에서 고향을 그리고 부모형제들을 그리는 마음을 보여주는 노래 〈고향생각〉(김인준 사, 허세록 곡), 〈전사의 미혼처 노래 부르네〉(김동호 사, 김덕균 곡), 〈안해의 마음〉(김철 사, 김성민 곡) 등이 널리 애창되었다. 〈전사의 미혼처 노래 부르네〉는 군에 간 미혼부에게 고향은 이미 몰라보게 변하였다는 것과 집으로 돌아오실 때에는 반드시 과수원 아래로 뻗어간 새 길을 따라 구락부 바로 왼손 편에 있는 기와집에 오라고 자상하게 소개한 처녀의 아름다운 정신세계를 소박하게 반영한 노래이다. 〈안해의 마음〉은 뙤약볕이 쪼이면 그늘이 되어주고 싶고 눈보라가 치면 바람을 막아주고 싶은 아내의 애틋한 마음이 멀리 떨어져있는 남편의 초소에로 날아간다는 내용으로 되어있다.

---

3) 1950년대는 중국에서 '합작화'라는 운동을 벌리던 시대이다. 그래서 당시 연변에는 1만4천호의 농촌 호조조가 성립되었고 그 호수는 4만7천 여호에 달했다. 1955년에 이르러서는 약 90%의 농업호가 초급 합작화까지 실현하였다. 김승철·남희철, 『우리노래50년』, 연변인민출판사, 2008, 6쪽.

또한 이 시대의 대표적 노래는 '합작화'의 길로 나가면서 날 따라 변모하고 있는 고향을 구가하는 서정가요 〈고향 산기슭에서〉(김경석 사, 동희철 곡)이다. 이 노래는 연길이라는 중국 동북변방의 작은 도시에서부터 지구 저편, 머나먼 서방나라에까지 울려 퍼지며 깊은 감동을 안겨준 노래이다.

"사랑스런 산천… 내 정든 고향… 조국의 변강…"은 이 노래 〈고향 산기슭에서〉에 담겨 우리들의 가슴 속에 영원히 남아 있다.

2) 문화대혁명 시기: 1960년대 중반~1976년

건국 이후 민족, 민간 문예에 대한 정부차원의 중시는 자치주 성립 이후 더욱 강화되었다. 연변제재가구공장에서 퉁소, 단소, 피리, 가야금, 장고, 비파 등 수십종의 악기를 제작하였고, 연변지구 민요수집위원회를 만들고 대중적인 민요수집운동의 고조를 호소하였다. 문예일군들은 연변뿐만 아니라 동북 전역의 조선족 집거지를 답사하면서 수많은 민족, 민간 음악유산을 발굴하고 정리하였다. 이렇게 수집된 민족음악유산들은 원상태로 보존하도록 하였으며 새 작품을 창작하는데 적극적으로 활용되었다.

1960년 11월 농촌건설의 새로운 고조를 불러일으키기 위하여 공청단 연변주위는 '농촌을 사랑하며 사회주의 새 농촌을 건설하는 선진인물들의 사적을 학습할 데 관한 결정'을 채택하였다. 당시 사회주의 새 농촌 건설 사업은 청년들의 주된 과업으로 제기되었다. 또한 이 시기는 계획경제의 틀 속에서 모든 생산 노동을 집단화하던 때이다. 많은 사람들이 한데모여 일을 하다 보니 일의 분공은 자연히 세분될 수밖에 없었다. 농촌의 실례만 보더라도 생산대에는 대장, 회계, 출납이 있었고 대장은 정치대장, 생산대장, 부녀대장이 각각 있었으며 소나 말을 전문적으로 관리하는 사양원, 차운전만 하는 운전수, 논물을 전문으로 보는 논물관리원 등이 따로따로 있었다. 이러한 대장을 칭찬하는 노래 〈착실한 감농군〉(강호혁 사, 리인희 곡), 〈뜨락또르 모는 총각〉(장동운 사, 동희철 곡) 등이 있었다. 이렇게 세분된 업종마다 거의 노래가 만들어졌다. 물론 그때 나온 이러한 노래들은 대부분이 이미 작품으로서의 가치를 잃었지만 그 중에서 〈논물관리원〉(김세형 사, 윤송령 곡)은 지금도 우리들의 기억 속에 생생하게 살아있으며 널리 불리어지고 있다. 세월이 흘러도 벼농사에 논물을 보는 일은 예나 지금이다 다름이 없기 때문이다.

푸름한 새벽에 해지는 저녁에 /
논물을 살펴보며 다니던 논뚝길 얼마더냐
에루화 푸른모야 푸르싱싱 자라거라 /
평생을 이 논에서 땀 흘리며 일하리라…

1960년대에 우리들의 마음을 달구었던 과학영농의 열의는 한마디로 풍작을 거두기 위한 의지의 소산이었다. 그 당시 우리가 많이 써오던 말 중에는 공량과 여량이라는 말이 있었다. 공량이라고 하는 것은 논밭 면적에 따라 국가에 바쳐야 할 규정된 양의 알곡을 가리키는 것이고 여량이라고 하는 것은 농민들이 먹을 양식과 국가에 바치는 공량을 제하고도 남은 알곡을 가리키는 말이다. 풍년이 들면 당연히 여량도 많아지는데 당시의 우리 농민들은 공량은 물론이거니와 여량마저도 나라에 적극적으로 바쳤다. 나라를 사랑하는 우리 농민들의 지극한 마음, 그래서 공량수레보다는 여량수레 몰고 영(嶺) 넘어갈 때가 더욱 신바람이 났었다. 이 시기에 창작된 〈여량수레 령 넘어가네〉(강호혁 사, 김유식 곡)가 바로 이와 같은 정경을 노래에 담아 부른 것이다.

하지만 1960년대 중반 중국의 "문화대혁명" 시기가 시작되면서 전성기에 들어섰던 음악창작이 전면적인 마비와 쇠퇴의 국면을 맞게 되었다. 당시 전국을 휩쓸었던 대약진운동과 반우파투쟁, 민족정풍운동은 물론 문학예술계에 백화제방, 백가쟁명의 문예방침이 다시 강조되는 등 정치적 흐름에 의해 우리들의 생활은 정치적 잣대에 의해 좌우되었다. 당시 극좌노선은 모든 민요나 전통음악은 부르지 못하고 '어록가요'나 '홍위병', '문화대혁명'을 떠받드는 노래, '본보기극'의 노래들만 부르게 하였다. 이 때 창작된 노래들로는 〈붉은 광부의 노래〉(진용하 사, 박우 곡), 〈비단공의 노래〉(한동오 사, 최삼명 곡), 〈대경의 혁명정신 변강에 꽃피워가네〉(리태수 사, 최귀남 곡) 등과 같은 곡들이다.

이 시기 또 하나의 대사변이라고 한다면 바로 지식청년들이 농촌에 내려가 빈하중농의 재교육을 받아야 했다는 점이다. 1964년 초부터 10월 말까지만 하여도 자치주에서 2,450여 명의 도시 지식청년들이 농촌으로 내려갔고 1965년도에는 이미 자치주 안에 대략 300개의 집체호가 있었으며 지식청년 4,500여 명이 농촌에서 일하고 있었다. 이 시기는 지식청년들 뿐만 아니라 기관간부들도 대거 하방되었는데 주 직속기관에서만 해도 1,300여 명 간부들이 농촌에 자리를 잡았었다.

1969년을 전후로 상해를 비롯한 각 도시의 지식청년들이 연변 땅을 찾아왔다. 이 시기 지식청년들의 혁명적 이상주의와 농촌에서의 삶의 모습을 반영한 노래들도 창작되고 널리 애창되었다. 그 대표적인 노래로는 남성독창 〈벌판에 붉은 해 솟았네〉(리행복 사, 허원식 곡), 〈첫 수확〉(김세형 사, 김동진 곡), 〈여기는 내 정든 고향〉(장작성, 유영호 사, 김화섭 곡)을 꼽을 수 있다. 이와 같은 가요들은 당시의 시대적인 흐름에도 맞거니와 또 당시 '8대 양반극'(八大樣板戱)을 부르는 외에 그래도 조금이나마 대중들의 정서를 말해주는 노래들이다. 그 중에서 〈첫 수확〉 가사 내용을 살펴보겠다. "학창에서 공부하고 농촌에 찾아와, 부지런히 일하여 첫 수확을 거두었네…"

　문화혁명 시기는 정치적인 것이 생활의 이면에까지 스며들면서 사회 모든 것을 압도하던 시대를 반영하면서 '정치적 송가'가 많이 창작되었다. 이때 〈연변인민 모주석을 노래하네〉(한윤호 사, 김봉호 곡), 〈모주석은 우리 맘속에 영원한 붉은 태양〉(김남호 사, 곡), 〈변강인민 영원히 모주석께 충성하네〉(김홍빈 사, 김영섭 곡) 등의 노래들이 창작되었다.

　1965년 10월에 창작된 〈연변인민 모주석을 열애하네〉는 1966년 문화

대혁명이 발발하면서 연변의 도시와 농촌에서 널리 유행되기 시작하여
그 특수한 역사적 환경에서 전국에 널리 퍼졌는데, 이는 중국조선족 창
작가요 가운데 전국적으로 가장 영향력이 있는 노래가 되었다. 한어로
도 번역되어 전 중국인의 애창가요가 되었으며, 그 시대를 살아온 모든
중국인들이 연변을 알게 하고 조선족을 알게 했다는 중요한 역사적 의
미를 지니고 있다.

　이렇게 창작된 가요들은 단순한 독창곡으로 불리는 것이 아니라 무
용곡으로 편곡되어 더욱 넓은 범위에서 그 표현 형태와 작품의 개성을
과시하였다. 현재에도 많은 사람들이 이 작품을 큰 행사 때 무대에 올
려놓고 감상하고 있다. 이러한 점들은 역사적인 의의가 있다는 일면도
있겠지만 음악예술의 지속성과 옛것을 그리는 인간의 잠재의식에도 일
정한 연관성이 있다고 본다.

　하지만 그 당시 열악한 정치기후 속에서도 우리민족은 고유의 낙천
적인 정서를 잃지 않았다. 그토록 험악한 생활 속에서도 대중들의 생활
감수와 감정을 조금이나마 실제적으로 표현한 곡들도 있는데 대표적으
로 〈백산의 붉은 꽃〉(한원국 사, 허원식 곡), 〈산골에도 만풍년일세〉(김
득만 사, 정준갑 곡) 등을 꼽을 수 있다. 이 노래들은 창작되면서부터
좋은 호응을 얻었고 중국어로 번역되어 전 중국에 전파되면서 많은 간
행물에 실렸다[4].

---

4) 1970년대 말부터 시작되어 국민경제와 사회발전의 5개년계획에 들어 지금까
　지 계속 실시되고 있고 국내외학자들로부터 "중화민족 문화의 만리장성"으로
　불리는, 국가예술과학중점 과학연구항목인 〈중국민족민간문예10부집성〉(〈중
　국민간가요집성〉, 〈중국희곡음악집성〉, 〈중국민족민간기악곡집성〉, 〈중국곡
　예음악집성〉, 〈중국민족민간무용집성〉, 〈중국희곡지〉, 〈중국민간이야기집성〉,
　〈중국가요집성〉, 〈중국언(諺)어집성〉, 〈중국곡예지〉)은 동원된 재력, 인력,
　물력과 그 학술 권위성만 하여도 중국역사상 최고로 자랑되고 있다. 집성사
　업을 위하여 연변조선족자치주정부에서도 1979년에는 "민요집성판공실"을 내
　왔고 1985년에는 연변예술집성사업에 참가함으로써 조선족의 전통음악과 민

이처럼 이 시기에는 농업 부문에서 전국적인 두각을 보인 작품들이 창작되었을 뿐만 아니라 청춘남녀의 사랑을 표현한 애정가요도 많이 창작되었다. 그중 〈처녀의 노래〉(최정연 사, 정진옥 곡), 〈손풍금 타는 총각〉(김창석 사, 동희철 곡), 〈산골처녀〉(김경석 사, 동희철 곡)등이 대표적이다.

3) 개혁개방 시기: 1980년대

10년간의 문화대혁명이 끝나자 그동안 겪은 억울한 사건과 누명을 해명하고 정치운동이 남긴 트라우마를 치유하면서 경제건설을 추진하기 위한 개혁개방의 새로운 역사적 시대를 맞이하였다. 개혁개방은 경제개혁이 선행되었고 이 경제개혁은 또 농촌에서 시작되어 도시로 파급되는 형국을 이루었다. 전국적으로 거센 흐름을 형성하여 밀려온 이러한 변화의 물결은 변강인 연변지역에도 급속도로 밀려와 큰 충격을 안겨주었는데, 이로 인해 1980년대 연변 각지에는 시대의 새 봄을 맞이하는 들뜬 분위기가 넘쳤났다. 연변의 농촌경제개혁은 생산책임제로부터 호도거리5)의 전면 실시, 그리고 이 호도거리의 전면실시를 바탕으로 한 여러 가지 전문호의 발전으로 이어졌다. 이처럼 모든 것이 걷잡을 수 없이 변해가는 현실은 문예창작 일군들에게도 큰 충격을 안겨주며 벅찬 감동에 휩싸이게 하였다. 또한 이러한 충격과 감동은 예술작품의 창작적 충동을 안겨주어 격변하는 시대의 변화를 담은 훌륭한 작품을 탄생하게 하였다.

간음악을 수집, 정리, 출판하였다. 수집된 1500여 수의 민요 중에서 "살아있는 민가" 315수를 골라 〈중국민간가요집성·길림성권〉에 수록하였다.
5) 생산량의 일정 부분은 국가에 저렴하게 팔고 나머지는 경작농민이 자유롭게 처분하는 도급제를 말한다.

이 시기에 나온 남성합창곡 〈현대화행진곡〉(김창석 작사, 최창규 작곡)이 바로 이와 같은 시대적 정신을 작품 속에 반영한 것이다. "…현대화 진군이다, 당중앙의 호소다, 인민의 희망이다. …문명의 금자탑 쌓아 올리자 …"라는 가사는 당시 시대의 주선율을 잘 보여주고 있다. 이 가사에 남성중창으로 힘 있는 리듬, 힘 있는 반주, 관악기반주가 어우러져 상당한 호평을 받았다.

현대화 바람과 더불어 교육의 붐이 일기 시작하자 예로부터 교육을 중시하고 지식을 숭상하는 우리민족은 대학입시제도의 회복과 더불어 민족교육에 박차를 가하였다. 민족교육에 헌신하는 인민교원의 모습을 그대로 보여주는 노래 〈선생님 들창가 지날 때마다〉(김철 사, 동희철 곡)는 우리민족 뿐만 아니라 전 국민이 애창하는 노래가 되었다. 가사 내용은 다음과 같다.

> 별들이 조으는 깊은 밤에도 /
> 꺼질줄 모르는 밝은 저 불빛
> 선생님 들창가 지날 때마다 /
> 내 가슴 언제나 뜨겁습니다
> 아-우리 선생님 존경하는 선생님 /
> 내 가슴 언제나 뜨겁습니다…

이 노래는 1979년에 중앙인민방송국에서 한어로 방송한 후부터 방송과 신문, 잡지를 통해 전국 각지에 빨리 전파되었고 1984년 북경체육관에서 열린 '새해맞이 문예야회'에서는 북경시내 500여 명의 중학생들이 대합창으로 부르기도 하였다[6]. 이 곡은 지금까지도 중앙인민방송국 소년

---

6) 이 노래는 음악적인 방면에서도 선율진행에 있어서 가사의 서정세계의 흐름에 따라 낮은 데로부터 점차 유유히 올라가면서 심한 조약이 없이 후렴부분에 이르러 자연스럽게 고조를 이루는 특징이 있다. 이렇게 선율진행이 소박

합창단의 고정곡목으로 자리 잡고 있고 전국음악통일교과서에 편입되어 청소년들과 여러 민족인민들에게 애창되고 있다. 1977년에 이르러 문화대혁명 기간 10년 동안 정지되었던 대학교 입학시험제도가 회복되었으며, 여러 가지 지식분자정책이 폐지되고 온갖 억울한 죄명으로 무고하게 갇혀있던 사람들도 하나둘 풀려나기 시작하였다. 인민교원들도 비로소 머리를 들고 정든 교단에 떳떳이 나설 수 있게 되었는데 이 노래가 바로 이와 같은 하늘땅이 뒤바뀌는 역사변혁의 언저리에서 창작되었던 것이다. 노래의 내용을 보면 학생들에게 적합한 것이지만 전 사회적으로 교원에 대한 존경심이 높아지고 있던 시기에 나온 노래였던 만큼 학생범주를 벗어나 사회 전반으로 공감대가 넓혀졌던 것이다[7]. 개혁개방 시기에 들어서면서 우리는 한때 이른바 '네 가지 낡은 것'으로 몰려 실전의 변두리에 처했던 전통미덕을 되살리고 새로운 사회주의 정신문명을 건설하기 위하여 많은 노력을 기울였다. 당시 전국적으로 정신문명 건설의 열기가 일어났다. 이 시기에 많이 불렸던 〈문명건설의 노래〉(김경련 사, 허원식 곡), 〈문명한 가정 꾸려가리라〉(한국진 사, 남하진 곡)는 바로 이와 같은 시대적 상황을 배경으로 창작되었던 것이다.

연변의 농촌경제개혁은 생산책임제로부터 호도거리의 전면실시, 그리고 호도거리의 전면실시를 바탕으로 한 농촌전문호의 발전이 주축을 이루고 있었다. 그 시절에 우리가 불렀던 노래들 중에는 〈아, 산간의 봄은 좋아〉(최현 작사, 김성민 작곡), 〈내 고향의 오솔길〉(황상박 사, 최삼명 곡), 〈수양버들〉(김성휘 사, 허원식 곡), 〈봄비가 내리네〉(최현 사,

---

하고 진실하며 자연스럽고 그 선율에 사람들의 가슴을 파고드는 깊은 서정을 담고 있기에 부르면 부를수록 가창자의 공감을 자아내며 깊은 정서적 충동을 받게 하고 있다.

7) 남희철 · 김성희 외, 『우리노래 100년에 깃든 이야기』, 연변인민출판사, 2012, 153쪽.

남희철 곡), 〈교정의 종소리〉(유영호 사, 김경애 곡) 등 소박하면서도
정이 넘치는 서정가요들이 많이 창작되었다.

이 모든 것은 개혁개방의 새봄이 우리들에게 가져다준 천지개벽의
변화였다. 뿐만 아니라 개혁개방의 봄바람은 우리들의 일상생활에도
활기를 불어넣었으며 민족의 전통적인 풍속들이 되살아나면서 진정 조
선족자치주다운 모습을 안겨주었다. 부모님을 공경하고 노인을 존중하
는 미덕은 사회적인 도덕규범으로 되었으며 자치주 차원에서 '8·15'를
노인절로 규정하였다. 이러한 시대적, 도덕적 풍모를 보여주기 위해 창
작된 노래들은 〈로인절가〉(김경석 사, 동희철 곡), 〈노래하며 살며는 젊
어만 진다오〉(김성휘 사, 리일남 곡), 〈새해 복 많이 받으세요〉(김성수
사, 최연숙 곡)등이 있다.

우리 민족은 특히 어른을 공경하고 어른은 어린 사람을 사랑하는 것
을 최고의 미덕으로 여기는 미풍양속을 지니고 있다. 이러한 아름다운
민족풍습으로 부모님을 위한 노래 〈오래오래 앉으세요〉(허동철 사, 방
룡철 곡)는 부모님의 회갑잔치에 빠질 수 없는 노래가 되었다.

> 오늘은 온 집안에 기쁨이 넘치는 날 /
> 어머니를 높이 모신 환갑날이랍니다.
> 아, 어머니 오래오래 앉으세요 /
> 아들 며느리 차린 큰상 어서 받으세요 …

이러한 가사는 언어가 소박하고 순결하며 시대적 맥박이 담기고 지
방특색이 짙으며 민족정서가 깊어 대중들이 즐겨 부르는 애창곡이 될
수 있었다. 이 노래는 연변뿐만 아니라 중국에서 살아가는 조선족들이
모두가 즐기는 노래로 자리잡았다[8].

한편 농촌에서 토지도급제를 중심으로 시작된 농촌경제구도의 개혁

은 연변의 농촌면모를 크게 개선하였으며 나날이 풍요롭고 윤택해지는 삶을 살아가는 농민들의 기쁜 마음을 보여주는 노래들도 많이 창작되었다.

그 대표적인 노래들은 〈아, 산간의 봄은 좋아〉(최현 사, 김성민 곡), 〈장백의 새 아리랑〉(최현 사, 안계린 곡), 〈풍년의 흥타령〉(최현 사, 안계린 곡) 등을 꼽을 수 있다.

> …세월이 좋아 흥흥…새농법 좋아 흥흥…
> 살기가 좋아 흥흥…풍년이로다…
> 흥타령이 절로 나네 흥흥흥…

4) 시장경제 전환시기: 1990년대

1990년대에 이르러 중국사회는 시장경제체제로 전환하면서 국내적으로 경제발전의 흐름을 따라 연해지구와 대도시에로의 진출이 활성화되고 국제적으로 냉전시대가 종식되었으며, 국제사회와의 접촉이 급증하면서 수십 년간 닫혀있던 나라 문이 활짝 열렸다.

중국 조선족사회는 연변을 비롯한 동북지역에 갇혀있던 상황에서 급변하여 생활무대가 국내 각지를 넘어 해외에까지 넓혀지고 끝없이 뻗어나갔던 것이다. 이는 농업경제를 위주로 하던 조선족사회에 급격한 변화를 일으켜 농촌의 황폐화 경향을 불러와 시골의 논과 밭에 젊은 사람이 없고 종소리 정답게 울리던 학교가 무너지며 곳곳에서 조선족마을이 사라지는 현상을 초래하게 되었다. 연변의 상황을 살펴보아도 자

---

8) 이 노래는 그 후 전국 소수민족 가요창작콩쿠르에서 우수 창작상을 수상하였고 국내 18개 성, 시 출판사에서 번역, 출판되었으며 프랑스 등 5개 나라에 번역되어 소개되기도 하였다.

치주가 창립되던 1952년에 주내 인구의 60% 이상을 차지하던 조선족 인구가 1996년에 이르러 39.8%로 하강하였으며 농촌의 조선족 남녀 비례는 5:1로 크게 떨어져 많은 마을들은 처녀가 없고 아이들 웃음소리가 없는 삭막한 고장으로 변하였다[9]. 이렇게 개혁개방은 중국 조선족사회에 기회와 위기를 동시에 갖다 주었던 것이다. 이와 같은 상황에서 창작되었던 삶의 현장을 반영한 〈울고 웃는 정거장〉, 〈타향의 달밤〉(안춘만 사, 최연숙 곡), 〈타향의 봄〉(원호연 사, 최시렬 곡) 등과 같은 노래들은 눈물 어린 가사와 구절구절 안타까운 가락에 그대로 담아내어 수많은 사람들의 심금을 뜨겁게 울렸다. 고향 떠나 수만리 나그네 길에서 부르는 절절한 사향가 〈타향의 봄〉[10]의 가사내용은 다음과 같다.

> 봄이 왔다고 제비들도 고향에 갔으련만 /
> 고향으로 가고파도 갈수 없는 이 사연
> 그 누가 알아주랴 안타까운 이내 심정을/
> 구름 넘어 나는 새야 이내 마음 전해다오.

경제적인 부를 꿈꾸면서 이국타향으로 새로운 이민생활을 선택한 조선족들의 인구이동은 실로 눈물로 얼룩진 이야기들을 많이 낳았다.

또한 대외경제문화교류가 활발해지면서 연변특유의 풍경을 배경으로 노래한 〈장백의 폭포수야〉(최문섭 사, 황상룡 곡), 〈사랑의 푸른 하늘〉(주룡 사, 박학림 곡), 〈연변은 언제나 봄일세〉(리상각 사, 김정 곡), 〈진달래 고향〉(유영호 사, 박학림 곡) 등과 같은 노래들이 만들어졌는

---

9) 남희철·김성희 외, 『우리노래 100년에 깃든 이야기』, 연변인민민출판사, 2012, 228쪽.
10) 이 노래는 연길시 조양천 광석촌에서 농사일하던 젊은 농부 원호연 씨가 작사하고 왕청의 최시렬이 작곡한 것인데 이 노래는 머나먼 이국땅 러시아에서 창작된 노래이다.

눈이 내린다

김동진 작사
최삼명 작곡

데 고향이 변하고 삶이 변하고 세상이 변하고 그래서 고향은 더욱더 아
름답고 정다운 고장이라는 내용으로 날 따라 발전하고 있는 연변의 모
습을 노래에 담은 것이다.

우리 민족의 오랜 생활바탕에 밀착된 소박한 노래들도 많이 애창되
었는데, 1990년대 특색 있는 대표적인 작품으로 〈눈이 내린다〉(김동진
사, 최삼명 곡)를 꼽을 수 있다.

김관웅(연변대학교 교수)은 '중국의 조선족과 한족의 색채심리 비교
연구'에서 이렇게 논하였다. "이 노래가 그토록 연변청중들의 심금을 울
려놓은 것은 아름답고 정서적인 선율과 많은 관계가 있겠지만 흰색을
통해 표현해낸 아름다운 가사의 세계가 작곡자 나아가서는 수많은 청
중들의 마음을 매료했다고 보아야 할 것이다. 그래서 필자는 이 가사는
우리 민족의 문화적인 명가사라고 생각한다. …한 작가나 시인이 자기
의 작품들에 자기 민족의 정신원형-민족문화심리를 훌륭하게 표현했을

때만이 그 작품이 명작으로 후세에 남게 되는 법이다…" 라고 평가하였다. 흰눈이 내리는 산과 들, 산간마을에 울리는 떡방아소리, 하얀 너울을 쓴 새 색시, 그것은 정녕 잊을 수 없는 추억이요, 사랑스러운 풍경이며 다시 보고픈 모습이요, 다시 듣고픈 소리이다.

5) 새천년을 맞으며: 2000년대

새천년에 들어서면서 이미 개혁개방의 세례를 받아왔고 시장경제 시스템에도 어느 정도 익숙했던 우리 민족은 자체의 삶의 무대를 세계로 확장시키기 위하여 〈연변은 세계로, 세계는 연변으로〉라는 슬로건을 내걸었다.

연변을 세계에 알리고 조선족문화를 널리 홍보하여 연변의 문화산업과 경제진흥을 추진하기 위하여 두만강지역무역상담회, 중국연길조선족민속박람회 등 대형 행사들이 연이어 개최되기도 하였다. 연변의 도약적인 발전을 기약하는 〈장백송〉(김학천 사, 장천일 곡), 〈아버지산 어머니강〉(리홍국 사, 박서성 곡), 〈장고야 울려라〉(리결사 사, 김봉호 곡), 〈장백의 메아리〉(김학철 사, 허춘림 곡), 〈노래하자 새 천년〉(김대현 사, 성기화 곡)등 허다한 노래들이 바로 이 시기에 만들어졌다.

〈아버지산 어머니강〉은 조선족의 역사와 그 속에서 살아 숨 쉬는 그들의 절개, 그 어떤 역경 속에서도 굴하지 않는 포부를 매우 서정 깊게 담고 있는 예술가곡이다.

〈장고야 울려라〉는 활달하고 열렬한 분위기를 가진 우리 조선족민요풍을 바탕으로 하고 6/8박자의 리듬으로 아주 환락적이고 흥겨운 노래이다.

장고야 둥둥 울려라 둥둥 울려라 /
꽃치마 훨훨 춤춰라 훨훨 춤춰라
불타는 아침해 밀림에서 두둥실 떠오르고/
장백산 폭포는 하늘에서 어절싸 흘러내리네
산도물도 장고에 맞춰 노래하며 춤추는 곳/
여기가 바로 우리에 연변 행복의 락원…

　특히 가요 〈진달래〉(리용 사, 안국민 곡)[11]는 연변뿐만 아니라 해외
에서도 널리 애창되고 있다. 일찍 중국의 저명한 시인 하경지 선생은
연변의 산천을 두루 돌아보고 나서 〈산마다 진달래 마을마다 렬사비〉
라는 저명한 시구를 남겼고, 1987년 연변조선족자치주에서는 진달래를
연변의 주화로 선정하면서 진달래는 연변의 상징으로, 조선족의 상징으

진달래

리 용 작사
안국민 작곡

---

11) 〈진달래〉는 음악사가의 다정다감한 정서와 선율의 부드럽고 따스한 느낌, 장
　식음과 같으면서도 색다른 보조음과 경과음, 그리고 웃으면서 사람을 맞는
　진달래의 특징이 잘 결합된 곡이라고 본다.

로 되었다[12].

한 기업가는 〈진달래〉 노래를 감상하면서 그의 심오한 뜻을 아래와 같이 풀이하였다.

'방실방실 웃음짓네'는 낙관적으로 향상하라는 뜻이요, '빙설 속에 웃는 얼굴'은 강인한 의지를 뜻하는 것이요, '어쩌면 이렇게도 일찍 피였나'는 간고분투의 정신을 뜻하는 것이요, '저 매화꽃과 시간 다투어'는 경쟁의식을 뜻하며, '이쁨을 비기네'는 기여정신을 뜻하는 것이다.

음악가사의 다정다감한 정서와 선율의 부드럽고 따스한 느낌, 장식음과 같으면서도 색다른 보조음과 경과음, 그리고 웃으면서 사람을 맞는 진달래의 특징이 잘 결합된 가요이다[13]. 특히 〈장백송〉은 2000년도 '중국조선족 민속문화관광박람회'의 주제가로 선정되어 지금까지 널리 애창되고 있다.

> 세월에 쌓여온 장백의 천년설은 /
> 성스러운 우리 마음이런가
> 창공에 빛나는 백두봉은 /
> 영웅적인 우리 거룩한 기상
> (후렴) 아리랑 아리랑 아라리요...

장백산의 웅위로운 기상과 우리 민족의 굴강한 모습과 정신을 보여주는 이 노래는 새천년을 맞이하면서 새로운 도약을 꿈꾸는 200만 조선족의 굳은 의지를 반영하고 있다.

---

12) 김성희, 「우리의 노래로 본 60년」, 『문화시대』 3호, 문학과 예술, 2012, 22쪽.
13) 이 곡은 조선족 연창자들 뿐만 아니라 중국의 유명한 연창가들도 대형 공연에서 선을 보였고 적지 않은 대학입시생들도 이 작품으로 자기의 기량을 선보이기도 한다.

3. 맺음말

조선족은 중국의 56개 민족 중의 일원이고 세계 한민족공동체 중의 한 부분이다. 연변조선족 자치주에 거주하는 조선족은 비록 80여만 명에 지나지 않지만 그들은 나름대로의 자아적인 문화를 가지고 생활하고 있고, 중국의 다른 민족들과 상호 협력하고 서로 도우면서 반백년 이상의 역사를 걸어 왔다. 그들의 역사는 비록 희로애락이 포함되어 있지만 거두어온 성과는 거대하고 풍성하다고 할 수 있다. 그 성과를 요약해 보면 다음과 같다.

1) 조선족의 가요 속에는 민족의 생활과 민족의 얼이 반영되어 있다.

해방 초 민족의 생활은 농경생활을 주축으로 이루어졌다. 우리 민족은 벼농사를 위주로 경작해왔는데 이런 벼농사와 살아온 인생을 노래한 작품들이 대표적이다. 예를 들면 〈논물관리원〉, 〈벼바심〉, 〈해란강〉 등이다.

또한 교육을 중시하는 민족의 정서를 반영하였다. 예를 들어 〈선생님들 창가 지날때마다〉, 〈교정의 종소리〉와 같은 노래는 선률이 서정적이고 친근하여 대중들이 쉽게 부를 수 있는 곡이었다. 그리고 급변하는 시대의 조류 속에서 우리 민족들이 타향에서 겪은 노고와 향수와 같은 정서를 반영한 〈타향살이〉, 〈타향의 봄〉 등이 만들어졌다.

2) 중국에서의 조선족 가요는 시대의 흐름을 반영하였다.

첫째, 조선족가요는 역사 속에서 힘든 발걸음을 옮겨 디디면서 현재까지 발전되어왔다. 자치주 성립부터 중국의 문화혁명, 대약진 등과 같은 정치적 흐름을 고스란히 나타내고 있다. 〈연변인민 모주석을 열애하네〉, 〈장백의 붉은 꽃〉, 〈현대화행진곡〉 등이 대표적이다.

둘째, 시장경제와 민족의 우대정책에 대한 기쁨을 반영하고 있다. 중국의 창건과 자치주의 성립과 함께 조선족사회는 오늘날 급변하는 시대 앞에서도 각 분야에서 괄목할만한 성과를 거두었다. 이 풍성한 성과 속에는 우리가요의 성과도 남다르고 특이하다. 이 또한 전반 중화민족의 음악문화와 세계 한민족 음악문화 역사에서 또 하나의 성취라고도 할 수 있다. 이러한 문화들을 참답게 총화하고 경험을 얻는 것은 향후 조선족 예술문화를 올바르게 끌고 나가는 중요한 문제라고 생각한다.

반세기 넘은 빛나는 길을 걸어온 젊은 우리 민족의 자치주를 칭송하는 〈자치주성립 경축의 노래〉가 우리에게 새 생명의 탄생을 방불케 하는 격동과 기쁨으로 가득 찬 축제마당을 장식해주었다면 앞으로 새 천년의 역사를 아름답게 장식할 민족음악사와 자치주 역사에 길이 남는 또 하나의 명곡의 탄생을 기대해 본다.

제2장 조선족학교 음악교재에 반영된 다문화 내용 분석 연구:

중학교 음악교과서의 "민요"를 중심으로

박미화*

1. 머리말

중국 조선족은 조선반도에서 중국에로 이주해온 과경민족으로서 국적은 중국이지만 언어와 문화, 생활, 습관, 정신적 지향은 여전히 엄연한 조선민족으로 남아있다. 조선족 교육이 이 땅에서 고고성을 울린 지도 어느덧 백여 년이 지났다. 이국땅에서 새로운 교육의 장을 펼치면서 하나의 민족공동체를 형성해 왔던 조선족은 지식을 승상하고 교육을 중시하는 민족으로 각광을 받아왔고 교육은 조선민족공동체의 상징적인

* 중국 연변대학교 교수.

기호로 자리매김하였다.

조선족 교육의 모체이며 근간이 되는 중국 초, 중학교 교육과정은 중화인민공화국 건립 이후 여러 차례에 걸쳐 교육개혁 작업을 거쳤다. 1986년 초·중학교 9년제 의무교육법이 제정되고 1988년 이에 따른 교육과정이 개정 공포되었는데, 조선족도 이에 준하여 초등학교 6년제, 중학교 3년제에 맞는 교육과정을 제정하고 교과서를 편찬하여 정규적인 교육이 실시되었다. 조선족학교 음악교육은 중국 교육 개혁의 변혁에 따라 1988년 교육과정으로 시작하여 지금의 교육과정에 이르기까지 많은 변화와 발전을 가져왔다.

특히 2004개정 교육과정에서는 이전의 지식과 기능을 중요시 하던 교육으로부터 음악 심미와 다원문화의 교육을 강조하였으며 과정 내용에 "음악과 관계되는 문화"라는 새로운 영역을 제정하여 음악과 사회생활, 음악과 기타 예술, 음악과 예술 이외의 다른 교과와의 관련성에 중점을 두어 음악교육의 영역을 넓히고 여러 영역의 종합과 문화의 측면에서 음악을 탐구하고 더 깊이 있게 이해할 수 있도록 하였다.

2011개정 교육과정에서는 "다양한 시대와 문화권의 음악"을 다룰 것을 언급하였고, "음악교육은 반드시 우리나라와 우리민족의 우수한 전통음악을 수업의 주요내용으로 하여야 한다.", "세계 여러 나라와 민족의 음악문화를 학습하고, 문화의 다양성에 대해 이해하며, 음악문화 시야를 넓혀주어야 한다." [1]는 교육이념을 강조하였다. 이는 다양한 시대와 문화에 대한 교육의 중요성과 우리민족의 전통음악교육을 중시하려는 경향을 유도하고 있다.

따라서 교재 편찬 원칙에서도 "전통과 현대, 중화민족의 음악문화와

---

1) 중화인민공화국 교육부, 『의무교육 음악과정표준』, 북경사범대학출판사, 2011, 3쪽.

세계 다원적인 문화의 관계를 정확히 처리하며, 시대감이 짙고 현대적 매박이 풍부한 우수한 작품들을 선택하며, 사회생활과 밀접히 연계하여 교재 내용을 풍부히 하고 학생들의 음악적 시야를 넓혀주어야 한다."는 개방성 원칙을 제기하였고, "우리 민족의 음악작품과 기타 민족 또는 외국 작품의 비례는 적당히 하여야 한다."[2]는 원칙을 제기하였다.

하지만 현행 음악교과서는 각 나라 음악작품의 비례가 적합하지 않고, 민요가 차지하는 비율이 극히 낮은 수준이며, 다양한 문화권의 음악을 이해할 수 있는 역사, 사회, 문화와 관련된 구체적 자료가 부족하여 다문화 음악교육이 아직 미흡하게 실시되고 있는 실정이다. 특히 조선 민요 내용을 보면 서양음악과는 대조될 만큼 체계적이지 못하고 전통 민요의 제목에도 그저 조선민요로만 제시되어 있어 민요의 지방적인 특징을 알아보기 힘들다. 이와 같은 현실의 문제점들을 해결하려면 음악 교재에 관한 깊은 연구와 다양한 개선 방안이 전개되어야 한다.

본 논문에서는 상술한 문제를 해결하기 위하여 조선족학교 음악교육의 현황을 살펴보고, 음악과 교육과정 내용체계와 각 학년별 영역에 반영된 다문화적 요소들을 고찰하고, 이를 바탕으로 중학교 음악교과서에 수록된 세계음악 중 그 나라의 문화와 정서를 가장 잘 반영하고 있는 민요를 중심으로 다문화적 관점에서 심층 분석함으로써 조선족학교 전통 음악교육의 양상과 향후 바람직한 음악교과서의 개선 방향을 조명해 보고자 한다.

---

2) 중화인민공화국 교육부, 『의무교육 음악과정표준』, 북경사범대학출판사, 2011, 26쪽.

2. 조선족학교 음악교육의 현황

조선족학교 교육은 중국 9년제 의무교육법의 실시에 따라 초등학교 6
년제, 중학교 3년제의 교육과정을 제정하고 이에 맞는 교과서를 편찬하
여 우리민족 언어로 교육을 실시해오고 있다. 조선족학교 음악과 교육
과정은 중국 교육개혁의 변혁에 따라 "음악교수요강" 또는 "음악과정표
준"이란 명칭으로 1988년 교육과정으로 시작하여 지금의 교육과정에 이
르기까지 여러 차례 걸쳐 변천되어 왔다.3) 현행 교육과정은 2011년에
국가 교육부에서 제정한『의무교육 음악과정표준』(义务教育音乐课程标
准)으로, 초, 중학교 교육과정을 통합한 음악과 교육으로 시행되고 있
다. 2011개정『의무교육 음악과정표준』의 구성체계는 〈표 1〉과 같다.

〈표 1〉 2011개정 〈의무교육 음악과정표준〉의 구성 체계

제1부분 머리말	제2부분 과정목표	제3부분 과정내용	제4부분 실시건의
1. 과정 성격	1. 총적목표	1. 감수와 감상	1. 교수건의
2. 과정 이념	– 정감·태도·가치관	2. 표현	2. 평가건의
3. 과정 설계사로	– 과정과 방법	3. 창작	3. 교재편찬 건의
	– 지식과 기능	4. 음악과 관계되는	4. 자원개발과
	2. 학년목표	문화	이용에 대한 건의

자료: 2011 〈의무교육 음악과정표준〉의 내용 체계를 재구성.

음악과정은 9년제 의무교육단계의 전체 학생을 대상으로 한 필수 과

---

3) 제1차,『전일제조선족음악교수요강』, 중국: 연변교육출판사, 1988; 제2차,『의
무교육전일제조선족학교음악교수요강』, 중국: 동북조선민족교육출판사, 1994;
제3차,『의무교육조선족학교음악과정표준』, 중국: 연변교육출판사, 2004; 제4
차,『의무교육 음악과정표준』, 중국: 북경사범대학출판사, 2011.
제1차부터 제3차까지는 중국 교육부에서 제정한 음악과 교육과정에 우리민족
특징에 맞는 내용을 보충하고 조선어로 번역하여 사용하였고 제4차 교육과정
은 중국 교육부에서 제정한 전국 통용 "의무교육 음악과정표준" 원본대로 사
용하고 있다.

목이다. 2011년 개정된 교육과정에서는 초, 중학교를 통합하여 과정의 성격, 기본이념, 과정표준의 설계사로 등 내용을 서술하였고, 과정목표 중 총체적 목표는 초, 중학교를 통합하여 서술하였으나 학습단계의 목표는 초등학교 1~2학년과 3~6학년으로 나누고, 중학교를 7~9학년으로 나누어 단계별로 서술하였다. 과정내용에서는 음악 영역을 '감수와 감상', '표현', '창조', '음악과 관계되는 문화' 등 4개 영역으로 나누고 다시 각 영역을 하위 분류하여 학년별로 나누어 가르쳐야 할 내용을 요목별로 제시하였다. 음악과정표준의 실시에 대한 건의에서는 교수, 평가, 교재, 자원개발과 이용 등 4가지 건의를 초, 중학교 구분 없이 제시하였다. 교육과정의 성격과 기본이념, 교육목표, 내용 체계를 아래의 도표로 요약하여 정리하였다.

〈표 2〉 2011개정 의무교육 음악과정의 성격과 이념

음악과정 성격	음악과정의 기본이념
1. 인문성 2. 심미성 3. 실천성	1. 음악심미를 핵심으로 하고, 흥취와 애호를 동력으로 하여야 한다. 2. 음악실천을 강조하고, 음악창조를 하도록 고무해 주어야 한다. 3. 음악특점을 돌출히 하고, 학과의 종합에 중시를 돌려야 한다. 4. 민족음악을 발양하고, 다양한 음악문화를 이해하도록 해야 한다. 5. 모든 학생들에게 낯을 돌리고, 개성발전을 중요시 하여야 한다.

자료: 2011 〈의무교육 음악과정표준〉의 성격과 기본이념을 재구성.

〈표 3〉 2011개정 의무교육 음악과정의 교육목표

총적목표	학생들은 음악과정의 학습과 여러 가지 풍부한 예술실천활동의 참여를 통하여 음악예술의 매력을 탐색하고, 발견하며, 체득하므로서 음악에 대한 흥취를 유지하고, 미감 있는 수양, 조화운 심신, 고상한 정조, 건강한 인격을 갖추도록 한다. 필요한 음악기초지식과 기본기능을 장악하고 문화시야를 넓히고 음악적 청각과 감상능력, 표현능력과 창조능력을 발전시켜 기본적인 음악소양이 형성되게 한다. 정감체험을 풍부히 하고 양호한 심미적 애호와 적극적이고 낙관적인 생활태도를 양성하고 심신이 건강하게 발전하도록 촉진시킨다.
정감·태도·가치관	1. 정감체험을 풍부히 하고 생활에 대한 적극적이고 낙관적인 태도를 양성시킨다. 2. 음악흥취를 배양하고 평생학습에 대한 이상을 수립시킨다. 3. 음악심미능력을 제고하고 고상한 정조를 갖도록 한다.

	4. 애국주의 정감을 배양하고 집체주의 정신을 증진시킨다.
	5. 예술을 존중하고 세계문화의 다양성을 이해시킨다.
과정과 방법	1. 체험 2. 모방 3. 탐구 4. 협력 5. 종합
지식과 기능	1. 음악기초지식 2. 음악기본기능 3. 음악역사와 관계되는 문화지식

자료: 2011 〈의무교육 음악과정표준〉의 교육목표를 재구성.

〈표 4〉 2011개정 의무교육 음악과정의 내용체계

영역1	영역2	영역3	영역4
감수와 감상	표현	창조	음악과 관계되는 문화
1. 음악표현요소 2. 음악정서와 정감 3. 음악장르와 형식 4. 음악풍격과 유파	1. 가창 2. 연주 3. 종합적인 예술표현 4. 악보보기	1. 음향과 음악에 대한 탐색 2. 즉흥창작 3. 창작실천	1. 음악과 사회생활 2. 음악과 자매예술 3. 음악과 예술 이외의 기타 학과

자료: 2011 〈의무교육 음악과정표준〉의 내용구성을 영역별로 재구성.

조선족학교 음악교과서는 중국 소수민족 교육에 관한 법규와 정책, 조선민족 교육에 관한 법규에 의하여 국정교과서에 준하는 단일종의 교과서로 편찬되어 중국 동북 3성의 조선족학교에서 통일적으로 사용하고 있다. 교과서는 중국 조선족 음악교육의 실제 정황에 따라 음악예술의 우수성을 존중하고 민족성이 드러나게 하는 동시에 학생들의 연령과 심리특징을 고려하여 교수내용과 방법, 교과서의 형식, 체제 등 여러 면에서 개혁적인 탐구를 하여 교과서로 하여금 중국적 특색이 있고 민족풍격과 시대의 특징이 짙은 교과서로 만드는데 노력하였다.

현재 활용중인 음악교과서는 2004년 개정 교육과정에 부합하여 만들어진 "연변교육출판사 미음체 편집실"에서 편집을 하고 "연변교육출판사"에서 출판한 『의무교육 조선족학교 음악』교과서이다. 교과서의 내용구성을 보면 모두 7개의 정규단원과 그 밑에 소단원으로 "노래", "음악상식", "기악", "음악감상", "실천과 창조" 등 다양한 음악활동으로 구성되어 있다. 교과서 뒷부분에는 '음악은 나의 길동무', '보충가요' 등 단원이 수록되어 학생들이 자율적으로 학습할 수 있는 공간이 마련되어 있다. 중학교 음악교과서의 단원구성 및 분야별 내용표를 보면 다음과 같다.

〈표 5〉 음악교과서의 단원구성 및 분야별 내용

단원	노래	음악상식	기악	음악감상	실천과 창조
제1단원	중학생 행진곡	행진곡 음악의 4대요소		혼례행진곡 라데츠키행진곡	종합연습
제2단원	선생님을 어머니라 합니다	가요의 악식결구		별과 꽃과 선생님	종합연습
제3단원	래일의 희망을 안고	무곡 선률의 중복진행	하모니카와 리코더 합주	요족무곡(관현악)	종합연습
제4단원	우리는 조국을 사랑해	선율의 모방진행		당의 빛발이여	종합연습
제5단원	밀양 아리랑	조선민요 양산도장단		아리랑(관현악)	종합연습
제6단원	렬사비에 함박눈이 내려요	화성, 음정 교향시		베쭌교향시	종합연습
제7단원	밤의 노래	실내악	리코더합주	안단테칸타비레 (현악4중주)	종합연습
음악은 나의 길동무	노래, 기악, 음악감상 등 자기 평가 시험문제				
보충가요	세계민요: 풍년의노래, 말리꽃, 양걸춤을 추세, 아름다운 나의 벗				

자료: 〈의무교육 조선족학교 교과서 음악〉 7학년 상권의 목차 내용을 재구성.

3. 음악교육과정에 반영된 다문화 내용

음악은 인류가 창조한 문화 현상의 하나이며 인류문화의 중요한 형태이자 표현체이다. 또한 문화의 한 부분으로서 음악의 존재는 종래로 고

립적인 것이 아니다. 음악의 기원으로부터 보면 초기의 음악은 시가와
결합되었고 역사 발전을 보면 음악은 정치, 경제, 종교, 역사, 문화와 모
두 연관이 있다. 음악과 기타 문화와의 상호작용과 영향이 있었기에 음
악으로 하여금 풍부한 인문적 의미를 갖게 하고, 또한 그 독특한 예술적
매력으로 인류 문화의 기나긴 역사 속에서 지속적으로 발전할 수 있게
된 것이다.[4]

이를 반영하듯 새로운 "의무교육 음악과정표준"에서는 음악과 사회생
활, 음악과 예술 이외의 다른 학과와의 관련성에 중점을 두어 문화의 측
면에서 음악을 탐구하고 이해할 수 있도록 요구한다. 이는 학생들의 음
악문화적 시야를 넓혀주고 음악에 대한 체험과 감수를 촉진하며 음악을
감상하고 음악을 표현하며 음악을 창조하고 예술적 심미 능력을 제고하
는데 도움이 된다. 그럼 아래에 2011개정 음악과 교육과정에서 다문화
교육에 관련된 내용만 요약하여 설명하고자 한다. 교육과정에 반영된
다문화 내용을 아래의 도표로 정리하였다.

〈표 6〉 2011개정 교육 과정의 다문화관련 내용

교육 과정	다문화 내용
과정 이념	민족음악과 음악문화의 다양성을 이해시켜야 한다. 음악교육은 반드시 우리나라와 우리민족의 우수한 전통음악을 수업의 주요내용으로 하여야 한다. 민족음악에 대한 학습을 통하여 학생들의 민족의식과 애국주의 정조를 갖도록 하여야 한다.
과정 성격	인문성: 음악은 문화의 주요한 구성부분으로서 인류의 보귀한 정신문화유산과 지혜의 결정체 이다. 음악과정의 예술작품과 음악활동은 부동한 나라와 민족의 문화적 맥락 및 민족정신과 정감의 체현으로서 선명한 "인문성" 특징을 가지고 있다.
과정 목표	정감·태도·가치관: 예술을 존중하고 세계문화의 다양성을 이해하게 한다. 본 민족의 전통음

4) 김성희,『중국조선족 음악교육의 변천과정 및 발전방안』, 도서출판 모시는사
람들, 2008, 280쪽.

	악문화를 계통적으로 학습하고 이해한 전제하에 세계 여러 나라 민족의 음악을 학습하여 음악문화의 다양성을 이해하게 한다. 음악역사와 연관되는 문화지식: 중외 음악발전 역사와 대표성적인 음악가에 대해 이해하고, 부동한 시대와 민족의 음악을 식별할수 있게 한다. 음악과 자매예술의 연계를 이해하고 부동한 예술분야의 표현수단과 예술형식의 특징을 감지하게 한다. 예술과 기타 학과와의 연계를 이해하고 음악문화 시야를 넓혀야 한다. 자신의 생활경험과 이미 배운 지식에 근거하여 음악의 사회공능과 음악과 사회생활의 관계를 이해시켜야 한다.
실시 건의	교재편찬의 원칙: 전통과 현대, 중화민족의 음악문화와 세계 다원적인 문화의 관계를 정확히 처리하며, 시대감이 짙고 현대적 매박이 풍부한 우수한 작품들을 선택하며, 사회생활과 밀접히 연계하여 교재 내용을 풍부히 하고 학생들의 음악적 시야를 넓혀주어야 한다. 자원개발과 이용에 대한 건의: 각 지방과 학교에서는 당지의 민족문화전통과 결부하여 민족특색이 있는 음악자원을 개발해야 한다. 본 지방의 민족민간음악을 음악과정에 도입하여 학생들로 하여금 민족음악문화에 감화되고, 전통적인 민족음악문화를 전승하려는 의식을 수립시켜 준다.

자료: 2011개정 교육과정 내용에 반영된 다문화내용을 재구성.

위의 〈표 6〉에서 볼 수 있듯이, 2011개정 음악교육과정의 기본이념, 과정 성격, 과정 목표, 실시 건의 등 교육내용에서 민족음악문화의 발전과 전승, 다양한 시대의 문화에 대한 경험과 학습의 필요성, 예술과 기타 학과와의 연계, 음악의 사회공능과 음악과 사회생활의 관계, 중화민족의 음악문화와 세계 다원적인 문화의 관계처리, 민족특색이 있는 음악자원 개발 등 다문화에 관련된 내용요소들이 많이 반영되어 있음을 알 수 있다.

다음의 〈표 7〉에서는 음악 교육과정의 '감수와 감상', '표현', '창조', '음악과 관계되는 문화' 등 4개 영역에서 학년별 내용표준에 나타난 다문화주의 내용을 구별하여 정리하였다.

〈표 7〉 음악과정 영역에 나타난 다문화 내용

영역	학년	다문화 내용
감수와 감상	1~2학년	1. 부동한 정서의 음악을 체험하고 그 정서변화를 비교하기. 2. 부동한 나라와 지역, 민족의 아동가요, 동요 및 기악곡과 악곡 편단을 듣고 서로 다른 풍격을 감수하기.
	3~6학년	1. 중국 여러 민족의 민간음악을 듣고, 대표성을 띤 지역의 민요, 민간가무, 민간기악곡 등의 부동한 음악풍격을 체험하기. 2. 세계 여러 나라의 민족민간음악을 듣고 부동한 음악풍격을 감수하기.
	7~9학년	1. 부동한 지역의 민간음악을 듣고 그 특점과 풍격을 간단히 묘사하기. 2. 세계 여러 나라의 민족민간음악을 듣고 그 풍격특점을 묘사하기. 3. 세계 부동한 나라의 우수한 음악작품을 듣고 주요한 음악유파와 그 대표적 인물을 이야기하기.
표현	1~2학년	동요, 민요를 배우고 각종 가창활동에 참여하기.
	3~6학년	매 학기에 1~2수의 민요를 외워 부르기.
	7v9학년	1. 매 학기에 2~4수의 민요를 외워 부르기. 2. 각종 가곡의 특점과 풍격을 분석하고, 그 정서와 풍격을 표현하기.
창조	1~2학년	성구, 시 또는 가사를 부동한 절주, 속도, 세기로 표현하기.
	3~6학년	사람의 목소리, 악기소리, 기타 자료를 활용하여 자연계 혹은 생활 속의 소리를 표현하고 평가하기.
	7~9학년	각종 가요, 민요의 내용 정서에 따라 즉흥적인 표현활동을 창작하기.
음악과 관계되는 문화	1~2학년	1. 생활 속의 음악을 감수하고 음악활동에 참여하기. 2. 색채, 선으로 음악의 같은 점과 다른 점을 표현하기. 3. 부동한 절주, 박절, 정서를 띤 음악에 음률체조 배합하기.
	3~6학년	1. 라디오, 텔레비전, CD판 등 매체를 통해 부동한 음악재료를 수집하기. 2. 극, 무용, 영화 등 자매예술을 감상하고 음악이 일으키는 역할을 알기. 3. 배경음악을 활용하여 가요, 동화이야기 및 시낭송에 음악을 배합하기. 4. 부동한 역사시기, 지역과 나라의 대표성적인 음악작품을 이야기하기.
	7~9학년	1. 음악이 사회생활에서 일으키는 역할에 대해 이야기하기. 2. 매체 혹은 현장연출을 통해 음악을 듣고 음악정보를 수집하여 친구들과 서로 교류하기. 3. 청각예술, 시각예술, 표현재료, 표현특징 등 을 비교하기. 4. 영화음악과 결부하여 배경음악, 주제음악을 이해하고 이야기하기. 5. 중국과 세계 여러 나라의 대표성적인 가요, 악곡 및 그와 관계되는 문화를 이야기하기.

자료: 2011개정 교육과정의 학년별 영역에 반영된 다문화내용을 재구성.

이와 같이 음악교육과정의 내용에는 외국 민요와 관련된 구체적이고 상세한 내용의 제시는 없었으나 다양한 시대와 문화권의 음악을 듣고, 부르고, 표현하는 포괄적인 지침에 민속음악과 민요의 학습도 포함된다고 볼수 있다. 감상과 감수 영역에서는 부동한 나라와 지역의 민속음악을 감수하고 그 풍격과 특점을 이해하며 자기의 감수와 견해를 이야기 하도록 하였고, 표현영역에서는 여러 가지 풍격의 민요를 배우고 그 정서와 풍격을 표현하며 각종 가창활동에 적극 참여하도록 인도하였다. 창조영역에서는 학생들의 잠재된 즉흥 창작 활동을 발굴하게 하고, 각종 음원자료를 활용하여 자연과 생활 속의 소리를 표현하고 창의적으로 음악을 창조하게 하였다. 음악과 관계되는 문화 영역은 음악과의 인문학과 속성의 집중적인 체현으로서 학생들의 음악문화적 시야를 넓혀주고 문화소양을 증진시키는 학습 영역이다. 이 영역에서는 음악과 사회생활을 연계하여 음악의 역할을 알게 하고 또 여러 가지 매체를 통해 음악자료를 수집하고 서로 교류하게 하였으며, 영화음악, 배경음악을 이해하고 종합예술수단을 응용하여 시낭송, 동화이야기에 음악을 배합하는 타 교과와의 연계성을 가지고 통합교육을 시도하였으며, 부동한 역사시기, 부동한 지역과 나라의 대표성적인 음악작품을 이해하고 그와 관계되는 풍토와 인정세태를 요해하고 이야기할 수 있게 하였다.

4. 음악교과서에 수록된 민요내용 분석

본 장에서는 조선족 중학교의 6종 음악교과서에 수록된 세계음악 중 그 나라의 문화와 정서를 가장 잘 반영하고 있는 민요를 중심으로 분석함으로서 다문화적 관점을 교과서에서 얼마나 충실히 다루어 악곡을 선정하고 이해와 활동영역을 구성했는지에 대해 알아보고자 한다. 분석은 교과서의 옳고 그름이나 질을 나타내기 위한 것이 아니라 본 연구에서 채택한 영역과 악곡을 다문화적인 관점과 입장에서 분석했을 때의 결과 일뿐이다.

1) 민요분석을 위한 준거 제시

보다 체계적이고 통일성 있는 연구를 위해서 선행연구를 바탕으로 하여 분석을 위한 일정한 준거를 설정하여 제시하고자 한다. 아래의 〈표 8〉과 같이 민요 분석 요소를 중심으로 민요와 관련된 모든 악곡을 분석하며 이에 대한 구체적인 내용을 밝혀서 이 연구가 확곡한 분석 기준을 바탕으로 객관성을 띄며 이루어지게 한다.[5]

〈표 8〉 민요분석 요소와 내용에 대한 기준표

분석 요소	분석 요소에 따른 구체적인 내용
다문화 요소 포함 여부	학습목표나 악곡선정 취지에서 다문화적 내용요소 및 음악의 구성요소를 포함하고 있는가?
악곡 이해	악곡에 대한 배경과 특징에 관한 설명을 하고 있는가?
음악적 이해 요소	음악적 이해 요소인 '리듬, 가락, 화성, 형식, 셈여림, 빠르기, 음색' 중에 어느 요소를 포함하는가?
다문화적 이해 요소	악곡과 관련된 구체적인 표현 양식이나 연주방식에 대한 설명이 있는가?
	다른 문화를 이해시킬 수 있는 역사적 사회적 문화적 설명이 수록되었는가?
	악곡에 원어를 수록하였는가?
	지도를 수록하였거나 자세한 지리적 설명을 포함하고 있는가?
	사진이나 삽화, 다른 문화를 이해하는데 필요한 관련 자료를 수록하였는가?
음악적 활동 요소	교육과정에 의거한 음악적 활동요소인 '가창, 기악, 감상, 창조' 중에 어느 요소를 포함하는가?

5) 박은주, 「다문화주의 관점을 통한 고등학교 음악교과서 2009개정 교육과정에 의거한 분석 및 수업지도안 연구」, 경희대학교 석사학위논문, 2012, 62쪽.

다문화적 활동 요소	원어로 노래를 부르는 활동을 포함하는가?
	다양한 악기연주 활동을 포함하는가?
	다른 악곡과 연계하여 교수학습활동을 제시하는가?
	춤, 몸동작 등의 음악 외에 다른 활동과의 연계를 시도하고 있나?
	모둠학습을 통한 협동학습을 제시하는가?
	다른 문화학습에 관련된 수업시간 외에 학생 스스로 할수 있는 자기주도적 학습을 제시하는가?

자료: 박은주, 「다문화주의 관점을 통한 고등학교 음악교과서 2009개정 교육과
정에 의거한 분석 및 수업지도안 연구」, 경희대학교 석사학위논문, 2012,
63쪽 내용을 참조한 것임.

2) 음악교과서의 민요 내용 분석

이 연구에서 비교 분석된 음악교과서는 2004년 교육과정에 부합하여
만들어진 『의무교육 조선족 중학교 음악』교과서이다. 이 연구에서는
중학교의 6종 교과서를 학년별로 분류하여 위에서 제시한 준거를 바탕
으로 분석한다. 분석에 있어서는 분석내용에 맞는 요소를 지닌 단어가
조금이라도 언급되면 '내용'란에 〈√〉표기하거나 핵심요소를 포함하는
주요단어를 표기하였고, 확인할 수 없는 요소들은 〈×〉로 표기하였다.

(1) 중학교 1학년 음악교과서

〈표 9〉 중학교 1학년 음악교과서 민요 내용 분석

분석요소	악곡 및 국가명	요족무곡 중국	밀양아리랑 조선	아리랑 조선	밤의노래 러시아	닐리리야 조선
학습목표	다문화요소 포함 여부	√	√	√	√	√
악곡이해	악곡의 배경, 특징설명	√	×	√	√	×
음악적 이해요소	리듬, 형식, 셈여림, 빠르기…	보통 빠르게	장단 박절형식	형식	느리게 복합3부분	장단 박절형식

다문화적 이해요소	표현양식, 연주방식 설명	√	√	√	√	√
	역사, 사회, 문화 설명	×	×	√	×	×
	원어로 수록	×	√	√	×	√
	지도, 지리적 설명	×	×	×	×	×
	사진, 삽화 관련자료	×	×	×	√	×
음악적 활동요소	가창, 기악, 감상, 창작	기악, 감상	가창	감상	가창, 기악, 감상	가창
다문화적 활동요소	원어노래	×	√	√	×	√
	악기연주	√	√	×	√	√
	악곡연계	√	×	×	√	
	활동연계	합주	장단치기	창작	창작	창작
	모둠학습	√	√	×	√	√
	자기주도적 학습	√	√	√	√	√

　　중학교 1학년 음악교과서에는 중국민요 〈요족무곡〉, 조선민요 〈밀양 아리랑〉, 〈아리랑〉, 〈닐리리야〉, 러시아민요 〈밤의 노래〉 등 5곡의 민요들이 수록되어 있다. 교과서는 다문화적인 관점을 충실히 반영하였으며 악곡의 특징과 표현양식, 연주방식 등 내용을 자세하게 수록하여 다른 문화에 대한 이해도를 높여주었다. 〈요족무곡〉, 〈아리랑〉, 〈밤의 노래〉 에서는 악곡의 발생배경과 곡의 특징, 제시된 민요가 그 문화권에서 차지하는 위치나 사회, 문화적 배경에 대한 자세하고 재밌는 설명이 수록되어 악곡에 대한 이해를 돕고 있으며 각 악곡에 있어서 어떤 요소에 중점을 두고 학습을 할 수 있는지를 분명하게 드러내고 있다. 중국민요 〈요족무곡〉은 요족민요에 의하여 창작된 복합3부분형식의 기악곡으로서 요족 청년남녀들이 명절 옷을 떨쳐입고 달빛아래에서 노래와 춤으로 마음껏 명절을 쇠는 모습을 나타내었다. 교과서에는 〈무곡〉에 대한 간단한 설명과 함께 곡의 특징적인 주제를 악보로 제시하고 매개 단락의 주제와 정서를 글로 적어놓아 작품을 이해하기 쉽게 도와주었다.

또한 악곡의 주제선율을 불러보고 리코더와 하모니카로 합주하는 협동학습을 할 수 있게 구성되어 감상, 기악, 가창 등 다양한 음악활동에 접근하고 있다. 그리고 자기가 알고 있는 다른 무곡의 제목을 말하고 그 주제선율을 여러 사람들 앞에서 불러보게 하는 자기 주도적 학습활동도 제시하고 있다. 하지만 그 민족의 문화를 더 잘 이해시킬 수 있는 사진이나 삽화, 지리적 위치에 대한 설명은 수록되지 않았다. 조선민요 〈밀양아리랑〉, 〈닐리리야〉에서도 장단의 박절형식과 특징 등 요소만 설명하고 그 민요가 불리워진 유래나 역사적, 사회적, 문화적 배경을 이해할 수 있는 설명은 수록되어 있지 않았다.

(2) 중학교 2학년 음악교과서

〈표 10〉 중학교 2학년 음악교과서 민요 내용 분석

분석요소	악곡 및 국가명	사시절가 (일본)	바다의 노래 (조선)	달타령 (조선)	학생의 노래 (독일)	아름다운 우리마을 (이탈리아)	볼가배 사공의 노래 (러시아)	새타령 (서도민요)
학습 목표	다문화요소 포함 여부	√	√	√	√	√	√	√
악곡 이해	악곡의 배경, 특징설명	×	×	×	×	×	×	×
음악적 이해요소	리듬, 형식, 셈여림, 빠르기…	×	√	×	√	√	√	×
다문화적 이해요소	표현, 연주 방식 설명	×	×	×	×	×	×	×
	역사, 사회, 문화 설명	×	×	×	×	×	×	×
	원어로 수록	√	√	√	×	×	×	√
	지도, 지리적 설명	×	×	×	×	×	×	×
	사진, 삽화 관련자료	√	√	×	×	×	√	×

음악적 활동요소	가창, 기악, 감상, 창작	가창 기악	감상	가창	기악	가창	감상	가창
다문화적 활동요소	원어노래	√	√	√	×	×	×	√
	악기연주	√	×	×	×	×	×	√
	악곡연계	×	√	√	√	×	√	×
	활동연계	합주	그림	×	×	√	×	√
	모둠학습	√	√	√	×	√	×	×
	자기주도학습	√	√	×	×	×	×	√

중학교 2학년 음악교과서에는 일본민요 〈사시절가〉, 조선민요 〈바다의 노래〉, 〈달타령〉, 독일민요 〈학생의 노래〉, 이탈리아민요 〈아름다운 우리마을〉, 러시아민요 〈볼가배사공의 노래〉, 서도민요 〈새타령〉 등 여러 나라의 민요들이 수록되어 있다. 음악의 이해요소에서는 곡에 대한 정서와 빠르기에 대한 설명이 가장 많이 나와 있고 음악적 활동요소에는 가창, 기악, 감상 등 다양한 음악활동 요소들을 포함하고 있어 악곡 선정 취지에서 다문화적인 내용요소를 포함하고 있다. 하지만 악곡의 배경과 특징, 그리고 악곡과 관련된 구체적인 표현양식에 대한 설명이 없어 그 나라의 문화에 대한 이해도를 높이는데 어려움이 있다.

또한 다른 문화를 이해시킬 수 있는 역사적, 사회적 설명과 지리적 위치에 대한 관련 자료들도 제시되지 않았다. 다만 〈사시절가〉, 〈바다의 노래〉, 〈볼가배사공의 노래〉 등 3곡에서 사진 혹은 그림으로 민요의 내용을 간단히 제시해 주고 있다. 일본민요 〈사시절가〉에서는 원어로 가사를 수록하여 원어로 노래부르기, 리코더와 하모니카의 합주, 타악기 반주 등 다양한 활동으로 모둠별 학습을 할 수 있도록 구성되어 있다. 전체적으로 보면 이 음악교과서는 다문화적 내용 요소와 활동 요소들을 포함하고 있지만 곡에 대한 이해를 돕는 설명이나 역사, 사회, 문화, 지리 등 다문화적 이해요소들이 포함되지 않아 자칫하면 수업효율성이 떨어질 수 있을 것이라 생각된다.

(3) 중학교 3학년 음악교과서

〈표 11〉 중학교 3학년 음악교과서 민요 내용 분석

악곡 및 국가명 분석요소		노다지 타령 신민요	날라리 타령 조선족	우정은 영원해 스코틀랜드	아리랑 조선족	깊은 바다 유고슬라비아
학습목표	다문화요소 포함 여부	√	√	√	√	√
악곡이해	악곡의 배경, 특징설명	×	×	×	√	×
음악적 이해요소	리듬, 형식, 셈여림, 빠르기…	×	남여2인창 과 합창	보통 빠르게	좀 빠르게 자유롭게	보통 빠르게
다문화적 이해요소	표현양식, 연주방식 설명	×	×	×	√	×
	역사, 사회, 문화 설명	×	×	×	√	×
	원어로 수록	√	√	√	×	×
	지도, 지리적 설명	×	×	×	×	×
	사진, 삽화 관련자료	×	×	×	√	×
음악적 활동요소	가창, 기악, 감상, 창작	가창	감상	가창	감상	기악
다문화적 활동요소	원어노래	√	√	√	√	×
	악기연주	×	×	×	×	√
	악곡연계	×	×	×	√	×
	활동연계	리듬반주	리듬창작	2부합창	√	×
	모둠학습	×	×	√	√	×
	자기주도적 학습	√	×	√	√	×

중학교 3학년 음악교과서에는 신민요 〈노다지타령〉, 조선족 작곡가
들이 창작한 〈날라리타령〉과 〈아리랑〉, 스코틀랜드민요 〈우정은 영원
해〉, 유고슬라비아민요 〈깊은바다〉 등 5곡의 민요들이 수록되어 있다.
음악적 이해요소에는 셈여림, 빠르기, 형식 등이 많이 나왔으며 음악적

활동요소에는 가창, 감상, 기악 등 다양한 음악활동이 포함되어 있다. 〈우정은 영원해〉에서는 우리말과 영어로 된 가사와 내용에 맞는 사진을 수록하였으며 악보에 빠르기와 호흡기호를 제시해 주어 악곡에 대한 이해를 높여주고 있다. 〈노다지타령〉과 〈날라리타령〉에서는 다문화적 활동연계로 노래 정서에 맞는 리듬 창작하기, 춤동작 창작하기, 남여2인창과 합창 등 다양한 형식으로 모둠별 학습을 할 수 있게 구성되었다. 음악감상 〈아리랑〉에서는 예로부터 조선민족에 널리 전해온 무려 13종에 달하는 아리랑 전설에서 〈리랑설〉과 〈아영설〉을 중심으로 그들의 사랑이 봉건적 가부장제의 속박과 봉건례교의 속박으로 이승에서 이룩할 수 없는 사랑을 저승에 기탁하는 것으로 봉건사상과 봉건세력의 죄악성을 통격한 작품의 시대배경과 특징에 대한 설명을 상세히 수록하여 작품의 시대적, 문화적 배경을 쉽게 이해할 수 있게 하였다. 그리고 가극의 〈아영의 아리아〉부분을 악보로 제시하고 노래의 정서를 잘 파악할 수 있게 단락마다 빠르기, 셈여림을 제시하였고 가극의 구성요소, 아리아 등 음악상식을 수록해 놓아 악곡에 대한 이해도를 높여주었다. 또한 가극을 감상한 다음 "우리나라와 외국의 어떤 가극들을 알고 있나요?", "아리랑 전설을 수집하여 친구끼리 서로 교류합시다." 등 다문화적 학습활동을 제시해 주어 음악 외에 다른 문화학습에 관련된 활동과의 연계를 시도하였다. 〈아리랑〉을 제외한 기타의 민요 학습에서는 다문화적 이해를 도울 수 있는 악곡의 시대배경과 특징에 관한 설명이 수록되어 있지 않았다.

이상과 같이 현행 사용 중인 조선족 중학교 6종 음악교과서에 수록된 민요를 분석하여 살펴보았다. 중학교 음악교과서의 전체 게재곡 중 세계민요의 비율은 〈표 12〉에 나타나 있다. 6종 음악교과서에 수록된 전체 민요곡 수는 17곡으로 전체 게재곡의 13.17%의 낮은 비율을 나타내었고, 조선 민요가 외국 민요에 비해 5.9%의 더 높은 비율을 차지하였

다. 3개 학년 중 민요의 수록 수가 가장 많은 비중을 보이고 있는 학년
은 중학교 2학년의 15.55%이지만, 민요 수록 비율에 있어서 3개 학년의
교과서가 큰 차이를 보이고 있지 않았다. 물론 교과서에 민요를 많이 수
록하여 좋은 교과서라 단정내릴 수는 없지만 교과서의 전체 악곡 중 민
요의 수록 수는 현저하게 낮은 비율을 나타내고 있다.

〈표 12〉 중학교 음악교과서 민요의 비중

	중학교 1학년	중학교 2학년	중학교 3학년	합계
조선 민요	3	3	3	9
외국 민요	2	4	2	8
전체 민요곡	5	7	5	17
전체 게재곡	41	45	43	129
비중(%)	12.19%	15.55%	11.62%	13.17%

2011개정 교육과정에서는 "다양한 나라와 지역, 민족의 민간음악을
듣고, 각 지역의 민요, 민간가무, 민간 기악을 알며 그 종류, 창법, 풍격,
유파를 알게 한다."[6]는 민족 음악문화 창달을 위한 민족교육을 강조하
고 있다. 그러나 교과서에 제시된 전통민요 부분을 보면 서양음악과는
대조될 만큼 체계적이 못하고 민요를 가르치기에 적절하지 않게 구성되
어 있다. 수록된 우리 민요 내용을 보면 민요의 제목에 그저 조선 민요
로만 제시되어 있어 민요의 지방적인 특징을 알아보기 힘들다. 또한 교
과서에 우리 민요가 불리게 된 유래나 역사적, 사회적 배경에 대한 구체
적인 설명이 제시되어 있지 않아 민요에 대한 이해를 높이는데 어려움
이 있다. 민요는 인간 생활과 밀접한 관계가 있기 때문에 민요를 배움으
로서 우리 민족의 삶의 모습도 배울 수 있다. 때문에 민요 교육에 있어

---

6) 중화인민공화국 교육부, 『의무교육 음악과정표준』, 북경사범대학출판사, 2011,
14쪽.

서 단지 민요를 부를 수 있게 가르치는 것이 아니라 민요가 생겨난 배경, 즉 역사성과 관련지어 가르치는 것이 자못 중요하다. 민요를 통해 우리 문화를 더 깊이 있게 이해할 수 있도록 교과서 내용을 체계적으로 개선해야 할 것이다.

다문화 음악교육, 특히 여러 나라 부동한 지역의 민요를 학습하는 것은 다양한 문화권의 음악을 감수하고 문화의 다양성과 특수성을 이해하며 수용할 수 있도록 기여한다. 세계화와 사회의 요구에 의해 시작된 다문화 음악교육은 사회적 목적을 달성함은 물론 음악교육의 주체자인 학생들 개인에게도 아주 큰 영향을 미친다. 다문화 음악교육을 통하여 학생들은 다른 민족의 음악문화, 사회, 정치 등을 이해할 수 있으며 다른 문화를 수용하고 존중하는 마음을 갖게 된다.[7] 또한 다문화 음악교육은 학생들의 음악적 이해의 폭을 넓혀주고 창의성을 발달시켜준다. 따라서 보다 질 높은 다문화 음악교육의 실행을 위하여 교과서에 민요의 수록 비중을 좀 더 높이고, 민요에 대한 이해와 폭을 넓힐 수 있는 풍부한 자료와 다문화를 이해하고 흥미를 느낄 수 있는 교재 개발에도 노력을 기울여야 할 것이다.

5. 맺음말

중국 조선족 음악교육은 1906년 연변의 용정에 세워진 서전서숙이란 교육기관이 설립되면서 시작되어 그 역사가 한 세기를 넘었다. 그러나 9년제 의무교육인 초, 중학교의 정규적인 교과의 음악교육이 시작된 것

---

7) 박은주, 「다문화주의 관점을 통한 고등학교 음악교과서 2009개정 교육과정에 의거한 분석 및 수업지도안 연구」, 경희대학교 석사학위논문, 2012, 16쪽.

은 1988년도로 올해로 26년의 짧은 역사밖에 되지 않는다. 지난 26년간 의 조선족학교 음악교육은 여러 차례 걸쳐 교육과정이 개정 고시되고 교과서가 발행되면서 많은 변천을 가져 왔다. 그러나 오늘날 음악교육 은 중국 교육개혁의 전면적인 심화와 세계화, 정보화 물결의 거센 충격 으로 심각한 도전에 직면하게 되었다. 세계화에 대한 시대적 요구와 새 롭게 변해가는 우리의 교육은 다문화 교육이라는 절대적인 과제를 안게 되었다. 따라서 중국 교육부는 다문화 교육의 요소가 추가, 보완된 2011 교육과정을 고시하였으며, 과정 이념과 목표에 다문화 교육에 관한 사 항을 추가하였고 교수 영역에 다문화 내용을 포함시켰다.

이에 본 연구는 조선족학교 음악교육의 현황을 살펴보고, 이론적 배 경인 2011개정 음악과 교육과정 내용체계와 각 학년별 영역에 나타난 다문화적인 요소들을 고찰하였다. 이를 바탕으로 조선족학교의 2004개 정 교육과정에 의해 편찬된 6종의 중학교 음악 교과서의 민요를 중심으 로 분석함으로써 다문화적 관점을 얼마나 충실히 다루어 악곡을 선정하 고 이해와 활동영역을 구성했는지에 대해 알아보았다. 그 결과를 정리 하면 다음과 같다.

첫째, 교육과정에 나타난 다문화 요소를 분석한 결과, 음악과 교육과 정에서 다문화에 관련된 내용이 중요시됨을 알 수 있었다. 새로 수정된 "음악과정표준"에서는 음악과정을 인문학과의 중요한 영역으로, "인문 성"을 과정 성격으로 제시하였고, 교육 이념에서는 다양한 음악문화를 이해하며 민족의식을 증진시킬 것을 강조하였으며, 과정 목표에서는 모 국의 음악문화를 계통적으로 학습하고, 자기 민족의 전통음악을 이해한 전제하에서 세계 여러 나라 민족의 음악을 학습하고 다양한 음악문화를 이해해야 한다고 제시하였다. 교육과정 내용에서는 감수와 감상, 표현, 창조, 음악과 관계되는 문화 등 4개 영역으로 구성하였고 각 영역의 학년별 표준에서 많은 다문화 요소가 반영되어 있음을 알 수 있었다.

둘째, 음악교과서의 다문화 요소를 분석한 결과, 음악적 이해요소에는 주로 리듬, 형식, 셈여림, 빠르기에 대한 설명이 많이 나왔으며, 음악적 활동요소에는 가창, 감상, 기악 등 다양한 활동이 포함되어 있었다. 다문화적 활동요소에는 민요의 정서에 맞는 리듬 창작하기, 춤동작 창작하기, 리코더와 하모니카로 합주하기, 남여2인창과 합창 등 다양한 형식으로 모둠별 학습을 할 수 있게 구성되었다. 하지만 그 민족의 문화를 이해시킬 수 있는 역사, 사회, 문화적 설명이나 지리적 설명, 사진, 삽화와 같은 관련 자료들이 수록되어 있지 않아 다문화에 대한 이해도를 높이는데 어려움이 있을 것으로 분석되었다. 보다 효율성이 있는 다문화 교육이 이루어지게 하려면 교과서에 민요가 생겨난 배경, 그 지방의 특징 및 역사성과 관련된 설명을 좀 더 상세하게 제시하는 것이 바람직하다.

셋째, 음악교과서의 민요를 분석한 결과, 민요 내용 영역별 분류에 있어서 가창 영역 비율이 52.94%, 감상 영역 41.17%, 기악 영역 29.41%의 비율로 대부분 민요 학습 활동이 가창과 감상 영역에 치우친 것을 볼수 있다. 교과서에 수록된 전체 민요곡 수는 17곡으로 전체 악곡의 13.17%의 극히 낮은 비율을 차지한 것으로 분석되었다. 수록된 민요곡 가운데서 조선 민요는 9곡, 외국 민요는 8곡으로, 각각 52.94%, 47.05%의 비율로 5.9%의 차이를 나타내었다. 민요의 나라별 분포를 보면 아세아 민요가 64.70%, 유럽의 민요가 35.29%의 비율로 대부분 민요들이 아세아와 유럽의 곡들로 지역적 편중이 있었다. 세계의 다양한 문화와 전통적인 음악의 특성을 배울 수 있기 위해서는 더 많은 나라와 지역의 민요가 고르게 수록되고 학습될 수 있어야 할 것이다.

세계에는 다양한 음악이 존재하며 그 음악들은 다양한 전통과 문화적 맥락 안에서 발전해 오고 있다. 다문화 음악교육, 특히 여러 나라 부동한 지역의 민요를 학습하는 것은 다양한 문화권의 음악을 감수하고 문화의 다양성과 특수성을 이해하며 수용할 수 있도록 기여한다. 민요를 통한 다문화 음악교육의 발전을 위해서는 음악교과서에 민요의 수록 비중을 좀 더 높이고 지역과 악곡의 편중 현상이 없이 다양한 세계 민요를 수록해야 할 것이며, 보다 효과적인 다문화 음악교육을 위하여 다양한 지도 방법 및 다문화 음악교육에 대한 연구와 자료 개발 또한 활발히 진행되어야 할 것이다. 본 연구를 통하여 앞으로 음악교과서에 실질적인 방향과 변화에 도움이 되길 바라며 좀 더 바람직한 교과서를 구성하여 효과적인 수업과 음악교육의 질적 성장이 이루어지길 기대해본다.

제3장 재일동포의 민족무용을 생각한다

박정순*

1. 머리말

이 글에서는 재일조선인들이 조국이 해방된 후 지난 67년간 이역땅 일본에서 민족문화의 하나인 민족무용을 어떻게 계승하고 발전시켜왔는가를 살펴봄으로써 북과 남, 해외의 동포들의 차이를 전제로 한 새로운 '통합'모델의 가능성을 찾고자 한다.

민족문화의 하나인 민족무용은 '가장 오랜 기원을 가지고 있는 예술형태의 하나'로서 해당 민족의 민족적 생활, 풍습과 사상감정을 그 민족의 고유한 율동으로 표현한다.

반만년의 유구한 역사와 전통을 자랑하는 조선민족이 일본에 건너와 살게 되면서 이제는 3세, 4세가 주류를 이루고 있으며 5세들도 태어나고 있다.

---

* 일본 조선대학교 교수.

해방 후 60여 년 조국과 고향을 모르고 이국땅에서 나서 자란 새 세대들이 기본으로 되는 재일조선인들 속에서도 민족문화의 하나인 민족무용은 민족의 홍취와 멋이 스민 민족적 색채가 짙은 예술로서 그가 가지는 대중침투성과 미학정서적 감화력으로 하여 재일조선동포사회에 확고히 뿌리박고 있다.

자료 1(도표)

현재 재일조선인들 속에서 조선민족무용을 하는 수는 다음과 같다.

재일조선인들 속에서 재일본조선인총연합회(약칭 총련)의 예술전문단체인 금강산가극단의 무용배우 19명과 지방가무단의 무용배우 14명을 비롯하여 재일본조선문학예술가동맹(약칭 문예동) 무용부에는 9개 지역에서 173명이 소속되어 있으며 여성동맹이 진행하는 17개 무용서클에는 151명의 무용애호가들이 소속되어 있다.

또한 일본에 있는 우리 조선학교들에는 초급부 4학년으로부터 대학 4학년까지 무용소조가 꾸려지고 있는데 초급부 무용소조는 50교 중-47교에서 486명, 중급부 무용소조는 32교 중-30교, 301명, 고급부 무용소조는 10교 중-10교, 171명으로서 조선대학교 무용소조원 61명을 합하면 1,091명이 참가하고 있다. 우리 학교에 다니는 학생들을 기본대상으로 하면서 전국의 18개소에서 운영되고 있는 동지부 무용부 혹은 개인이 운영하는 조선무용연구소에는 508명이 배우고 있어 전문무용예술가 33명과 문예학생 및 무용애호가, 여성동맹 소조원들을 합하면 1,956명이 된다. 또한 도쿄, 가나가와, 도카이, 오사카, 히로시마의 지방들에서는 조선무용단, 민족무용단(91명) 들이 조직되어 각 지역들에서의 공연활동도 활발히 전개하고 있다(2012년 11월 현재).

전문	금강산가극단 : 19명
	지방가무단 : 14명
단체	재일본조선인문학예술가동맹 : 173명
	여성동맹서클, 무용애호가 : 151명
기타	무용연구소 : 508명
	조선무용단, 민족무용단 : 91명
학교	초급부 : 47교/50교 : 486명
	중급부 : 30교/32교 : 301명
	고급부 : 10교/10교 : 171명
	조선대학교 : 1교 : 61명
합계	1,975명

재일조선동포사회에서 조선무용은 대중화, 활성화되어 있다고 말할
수 있는데 그것은 결코 쉽게 이루어진 것이 아니라 민족의 전통과 넋이
깃든 우리 문화를 향유하며 이역 땅에서도 자신의 민족적 아이덴티티를
확고히 고수하고 이어나가려는 강한 정신과 끈질긴 투쟁과정에서 이루
어진 것이라고 본다. 그러면 다음에서는 재일조선인들 속에서 민족무용
-조선무용이 오늘까지 어떻게 보급되고 활성화되어 왔는지 살펴보자.

2. 재일조선인들 속에서 민족무용의 보급과 활동

1) 식민지시기와 해방 직후 민족무용의 보급과 활동

(1) 식민지 시기

일제의 조선강점에 의하여 우리나라는 식민지로 되었으며 식민지민
족말살정책으로 인하여 유구한 민족문화와 전통이 여지없이 파괴되고
말과 글, 이름은 물론이거니와 우리의 노래와 춤도 무참히 짓밟혔다.

그 암담하던 일제 식민지시기에 조선무용의 이름을 세계에 떨친 사람

이 있었다. 조선무용가, 최승희였다. 최승희의 명성과 무용활동은 망국노의 쓰라린 처지에 놓이고 있었던 우리 재일조선동포들에게 민족의 긍지와 희망을 안겨준 민족적 상징의 하나였다고 한다.

당시 최승희가 다니는 무용연구소나 지방공연에는 일본에 온 조선유학생들이 자주 찾아 왔다. 또한 조선동포들은 최승희가 추는 조선풍의 무용을 보면서 고향을 그리워하였으며 민족적 긍지와 자부심에 휩싸였다고 한다.

자료 2

재일조선무용가들 속에서 제1세대로 되는 임추자, 리미남 씨는 재일동포 2세로서 최승희의 무용을 직접 보지는 못하였으나 "한 번 본 최승희의 무대에… 온몸의 혈관에 민족에 대한 사랑이 넘쳐 그 뜨거운 민족의 피가 강한 원동력이 되어 식민지하에서 사는 동포들에게 '단념하지 말라, 살아야해!'하고 부추겨주는 것만 같았다."고 한 백부의 말이나 부모의 이야기를 듣고 갖게 된 무용가 최승희에 대한 동경심, '최승희처럼 되고싶다'는 것이 무용을 본격적으로 하게 되는 계기가 되었다고 한다. (임추자 씨, 2011.8, 리미남 씨, 2012.10 취재)

(2) 해방 직후

1945년 10월 15일에 결성된 재일본조선인연맹(약칭 조련)은 정기적으로 개최된 문화부장회의와 전체대회에서 과거의 식민지문화정책, 동화정책을 극복하고 민주민족문화의 수립과 새 조국건설에 이바지하는 문화활동을 벌일 것을 제기하였으며 동포들에 대한 문맹퇴치, 민족계몽활동과 민족문화의 대중화를 위한 교육과 문화활동에 힘을 기울였다.

자료 3

조련 주최로 조선독립대연주회(1945.12.21~23)나 동포위안회(1946.2.3) (『민중신문』1946년 2월 5일자) 등을 조직진행 하였으며 1946년 2월부터 8월까지 지방순회위안대를 조직하고 공연도 진행하였다. 당시 아동학예대회, 조국해방 1주년기념 연회공연에는 합창, 무용, 아동극, 촌극 등 다양한 종목들이 올랐다.

해방 후 일본에 남은 1세문화인들에 의하여 결성된 일본조선예술협회(약칭 예협, 1946.3.25), 조련측문화인들이 중심이 되어 1947년 2월 20일 조련과 민단소속의 문화단체연합전선인 재일본조선문화단체연합회(35 문화단체대표 66명 참가)가 결성되었다. 그 후 민청(청년단체)과 여성단체들과 협력하면서 위안대나 문화공작대(문공대—1947년경부터)들을 조직하여 연극, 합창, 무용 등을 위주로 활발히 활동하였다.

조련은 조련문화상(1948.7)을 설정하고 문학과 함께 미술, 무용, 연예 부문 지도자양성을 위한 조련중앙고등학원 12기(1948.12)를 예술학원으로 하여 민청문공대지도자양성을 목표로 하였으며 문화선전대, 문화공작대 활동을 적극적으로 함으로써 재일조선인들의 계몽활동, 선전활동을 벌여 민족적 자부심과 긍지, 재일조선인사회를 활성화하기 위한 민족문화활동을 발전시키려(吳圭祥,『ドキュメント・在日本朝鮮人連盟』)고 하였으나 미일당국에 의하여 1949년 9월 8일에 강제해산되고 말았다.

조국이 해방된 직후 주로 우리 동포들 속에서 민족적인 노래와 춤, 해방 후 새 조국건설을 하는 북에서 불리고 있던 노래들을 가르친 것은 1세 예술가인 장비(張飛), 서묵(徐黙)이었다.

장비는 북은 홋카이도로부터 규슈에 이르기까지 리어카(인력거)에다 풍금을 싣고 화려한 무대가 아니라 동포들의 부락을 찾아다니면서 7년이 넘도록 예능공작(우리 춤과 노래)을 하여 청년들과 일본학교에 다니는 학동들, 여성들과 심지어는 할머니들에게까지 〈새아리랑〉, 〈릴리야〉, 〈뽕따러가세〉와 같은 민요와 〈애국가〉, 〈인민공화국선포의 노래〉 등을 가르치며 계몽활동을 계속하였다.

조련이 강제 해산된 후에도 재일조선동포들은 조국의 융성, 발전에서 자기들의 미래를 그려보며 민족성을 되찾고 살려나가기 위한 활동을 중단 없이 진행하였다.

이 시기 주목되는 것은 1946년 2월부터 시작된 지방순회위안대가 발전한 문화공작대(문공대), 문화선전대(문선대) 활동이다. 당시 문공대, 문선대는 무수히 조직되었으며 8.15해방과 9.9 공화국창건을 기념하는 문화제, 5.1절 메이데이 등에서 활발히 활동하였다. 여러 곳에서 문공대 (소년단문공대, 조선중학교문공대, 민애청문공대, 녀동문공대)들이 민족교육과 동포들을 묶어세우는 사업, 생활을 지키기 위한 투쟁, 조일문화교류를 목적으로 문화제나 순회공연활동을 하였다.

중앙문선대(1954년 2월)의 공연연목에는 〈어랑타령〉, 〈양산도〉, 〈밀양아리랑〉 등의 민요와 〈농악〉, 〈승무〉, 무용극 〈흥부와 놀부〉, 무용단편 〈빛나는 조선〉 등의 민족무용이 포함되었으며 민족고유의 복장에다 어깨춤을 비롯한 민족적인 춤들이 추어져 일본인민들은 처음 보는 조선민족예술에 찬사를 아끼지 않았고 우리 동포들은 민족적 긍지와 자부심에 흥이 나서 춤판을 벌였다고 한다.

노래와 춤을 위주로 하는 제1문선대는 1955년 6월에 재일조선중앙예술단으로, 연극을 주로 하는 제2문선대는 1950년 1월 모란봉극장으로 되었다가 1965년 1월에는 재일조선연극단이 되었다.

해방 직후로부터 1960년대 초까지 재일조선인들의 무용활동에서 중심이 되어 보급과 공연활동을 진행한 것은 김장안(金長安), 조봉희(趙鳳熹), 부수현(夫守絃), 정민(鄭珉)을 비롯한 1세무용가들이었다.

또한 해방 후 재일조선인들의 문예활동에서 특징적인 것은 농악대 활동이었다.

이 시기 농악대는 동포들로 무어진 농악대였으며 학교개교 및 건설운동과 생활권을 비롯한 민족권리를 지키고 획득하기 위한 투쟁, 조국통일과 국교정상화를 위한 요청 등 여러 사회적운동과 모임들에서 활동함으로써 재일조선동포들의 마음속에 조국애와 민족심을 안겨주고 동포들을 단합시키는데서 큰 역할을 하였다.

농악대는 음력설을 맞이할 때면 민족의상과 상모, 고깔모자에다 농기를 들고 가두를 누비었으며 북은 홋카이도 아바시리(網走)로부터 남은 규슈 오이타(大分)에 이르기까지 동포부락과 가정, 심지어는 민단동포와 일본사람들의 집집마다 방문하면서 삐라도 살포하고 기금도 모았다.

한편 각지에서 문화소조(서클)들이 조직되어 조선의 춤과 노래를 가지고 문화운동을 활발히 벌였으며 민족교육을 통하여 배운 어린 학생들이 여러 문화제, 학예회에 출연하여 노래와 춤으로써 관중을 감동시키곤 하였다.

이 모든 것은 지난날 자기의 노래와 춤을 마음대로 못했던 우리 재일조선동포들이 해방 직후부터 민족적인 춤을 통하여 민족의 마음을 되찾고 살려나가기 위하여 적극적으로 벌인 활동들이었다.

2) 재일본조선인총연합회 결성 이후 민족무용의 보급과 활동

(1) 1950년대

1955년 5월 25일 재일본조선인총연합회(약칭 총련)의 결성은 재일조선인운동에 있어서 주체가 확립되고 재일 조선인들의 운명개척에서 근본적인 전환을 가져온 역사적 사건이었다.

자료4

총련이 결성된 후 문화예술부문에서는 재일조선중앙예술단(1955년 6월 6일)이 조직되었으며 재일본조선인문화단체협의회(1955년 6월 26일)가 결성되고 그에 기초하여 재일본조선문학예술가동맹(1959년 6월 7일)이 결성됨으로써 동포 대중의 지향과 생활정서, 그들의 요구를 반영한 문예작품들을 창조하기 위한 활동이 보다 적극적으로, 조직적으로 활발히 추진되었다.

특히 북에서 이룩된 문예성과가 사진이나 영화로 널리 알려짐으로써 재일동포들에게 커다란 감화력과 영향을 주었다.

『해방신문』(1955년 11월 19일호)에 의하면 해방 후 북에서 이룩된 10년간의 민족무대예술의 성과를 기록한 조국영화 〈아름다운 노래〉(전9권)(무용 〈부채춤〉, 〈장구춤〉 등 최승희무용연구소와 국립예술극장의 무용 〈장미〉 등이 수록되어 있다), 첫 천연색영화 국립최승희무용연구소 공연 〈사도성의 이야기〉 제작에 대한 소식 (『해방신문』, 1956년 9월 22일호) 등이 전해져왔으며 최승희 초청운동도 벌어졌다.

그러나 당시는 공화국에서 개화발전하는 무용예술들을 사진이나 영화로 볼 수 있었을 뿐 진짜 조선무용이 어떤 것인가를 직접 보지도 배우지도 못하였다.

이 시기 재일조선중앙예술단에 의해서 창조된 무용극 〈아리랑〉이나 〈심청〉, 〈춘향전〉, 무용조곡 〈귀국선〉, 〈부채춤〉 등은 김장안을 비롯한 1세들이 창작하거나 중앙예술단성원들이 조국의 공연사진을 보면서 춤가락도 뽑고 의상, 소도구도 연구하면서 자체로 만들었다고 한다. (김일순 씨, 2012.9)

(2) 1960년대

재일조선인들의 민족무용의 보급과 활동에서 큰 계기가 된 것은 1959 년 12월 14일 귀국의 실현이었다.

귀국선을 통하여 1960년 초에 『조선민족무용기본』(최승희, 1958년 3월 15일 발행)의 교본과 기본동작이 수록된 영화필름을 보내왔으며 귀국선 내에서 재일조선무용가들이 조국의 무용전문가들한테서 처음으로 직접 적으로 조선무용을 배운 것이다.

1960년 3월에는 북에서 무대공예품, 의상, 악기, 레코드 등이 수많이 보내옴으로써 재일조선인들의 무용활동에 큰 도움이 되었다.(『조선민보』, 1960년 3월 18일호)

그리하여 귀국선 내에서 배운 〈부채춤〉, 〈물동이춤〉, 〈환희〉, 〈지상락 원〉, 〈쇠물은 흐른다〉, 〈사당춤〉 등의 작품들은 1964년 10월 도쿄올림픽 대회에 참가할 조국선수단을 환영하는 공연에서 처음으로 선보이게 된 다.

재일조선중앙예술단은 1964년 이후 시기에 들어와서 음악과 무용의 창작공연에서 민족성을 보다 뚜렷이 살려나가는 민족예술단으로서의 면모를 갖추어 발전해나갔다.

1965년 6월 교토에서 조직된 '총련의 문화사업을 보다 발전시키기 위 한 교토부조선인대회'는 총련의 문화예술을 민족적 바탕에서 발전시키 며 대중화하는데서 중요한 계기가 되었는데 이 시기를 전후해서 1947년 이후 중앙과 각 지방, 단위들에서 활발히 진행된 문공대, 문선대들이 기 본으로 되어 가무단으로 발전되어 간다.

재일조선동포들 속에서 조선무용의 보급과 대중화가 급속히 대대적 으로 이루어진 것은 3번에 걸쳐 진행된 〈대음악무용서사시〉 공연이었다.

1966년 12월 13~14일 도쿄체육관에서의 〈조국의 해빛아래〉, 오사카에 서의 〈조국과 수령께 드리는 노래〉(1967년 3월 11~15일), 도쿄에서의

〈위대한 수령님께 영광을 드립니다〉(1968년 6월 1~5일)에는 각각 3천여 명이 출연하였는데 중앙예술단, 지방가무단은 물론이고 조선대학교 학생들과 조선학교 초중고급부학생들까지 참가함으로써 조선무용은 광범한 대중, 학생들 속에 보급 확대되었다.

1960년대는 북의 사회주의문화예술이 보급됨으로써 재일동포사회에서도 문화활동에서 민족적 주체성이 높아져 민족적인 문화를 창조한 시기였다.

(3) 1970년대

재일조선인들의 무용활동에서 특기할 계기가 된 것은 1973년 7월 30일부터 9월 1일까지 진행된 국립평양만수대예술단의 일본공연이었다.

220명의 구성원으로 이룬 만수대예술단은 혁명가극 〈꽃파는 처녀〉와 음악무용종합공연에서 조선무용의 4대명작을 비롯하여 주옥과 같은 11개 무용성과작들을 공연하였으며 〈주체의 예술〉, 〈황금의 예술〉로 재일조선동포들은 물론 일본사람들에게도 감격과 경탄을 일으키게 하였다. 이때 공연을 지원한 재일조선중앙예술단과 예술부문 일군들은 그들에게서 직접 성악, 기악, 무용, 미술, 조명, 효과 등의 기술도 배우게 되었다.

또한 이듬해인 1974년 4월 재일조선인예술단이 처음으로 북을 방문하여 가극 〈금강산의 노래〉를 전습받았으며 그때부터 조선중앙예술단은 금강산가극단(1974년 8월 29일)으로 개칭하게 된다.

그 후 금강산가극단은 여러 번 북에서 지도와 지원을 받으면서 해외동포들의 유일한 가극단으로서 재일조선인들은 물론 일본사람들에게도 조선무용을 널리 선전하였다.

이 시기 수많은 재일조선예술인들이 북의 인민배우, 공훈배우, 공훈예술가칭호와 가지가지 국가훈장을 수여받았으며 1968년 불가리아에 이어 1973년 베를린에서 진행된 세계청년학생축전의 국제적인 무대에도 나설 수 있게 되었다.

1978년 5월 1일부터 6월 4일까지에는 평양학생소년예술단이 처음으로 일본공연을 하게 되면서 그때까지 조선대학교 초중급부에서 보급하던 『조선아동무용기본』(최승희, 1963년)이 개편되어 1975년 여름에 전국적으로 보급된 『학생소년무용기본』(박순덕·김해경, 1971년)도 배우게 된다.

총련은 이 시기 북의 무용예술성과와 무용교육의 성과를 적극 소개 선전하면서 예술소조활동, 각종 예술경연모임 등을 조직하였으며 문화교실을 개설하는 등 문화계몽사업을 다양하게 벌이게 된다.

그리하여 1970년대 재일조선인들의 민족무용은 양적으로나 질적으로 크게 전환되어 갔으며 동포들 속에 깊이 침투됨으로써 주체성과 민족성을 그 어느 때보다 확고히 세우게 되었다.

(4) 1980년대

이 시기에는 민족적 형식에 사회주의적 내용이 담겨진 북의 문학예술 성과에 무한히 고무되면서 조국분단의 가슴 아픈 현실과 재일조선인들의 구성과 사상의식의 변화, 세대교체의 조건 속에서 특히 새 세대들에게 민족자주의식을 심어주고 그들로 하여금 조선민족으로서의 긍지와 자부심을 가지도록 하는 무용작품들이 창조공연되었다.

금강산가극단에서 창조한 가극 〈어머니의 소원〉과 〈한길을 따라〉와 광주민주화운동 1주년을 전후하여 진행된 공연들은 동포들 속에 민족의식을 심어주고 통일열의를 더욱 높였다. 또한 해방 40돌을 맞으며 일본 도시센터홀에서 23년 만에 총련과 민단예술인들의 공동예술공연(1985년 8월 10일)이 진행됨으로써 범동포적인 통일열기를 고조시켰다.

1980년대 후반기는 특히 민족문화유산을 계승발전시키는 데 있어서 중요한 계기가 된 시기였다. 민속무용인 〈오북놀이〉, 〈탈춤〉, 〈한삼춤〉,

〈강강수월래〉, 〈사당춤〉 등 민족적 색채가 짙은 무용들이 창조공연되었다.

1984년 11월에는 조선무용의 본고장에서 배우고 싶어하는 재일조선학생들이 처음으로 평양음악무용대학에서 통신으로 배울 수 있는 길이 열렸으며 1986년 12월 31일에는 해방 직후부터 북에서 해마다 진행되던 설맞이공연에 재일조선학생들(초중급 학생을 기본으로)이 처음으로 참가할 수 있게 되어 학생들에 대한 민족무용교육도 보다 활성화되어갔다.

1980년대에는 금강산가극단을 비롯하여 문예동이나 무용애호가들의 무용활동에서 민족적인 바탕에 재일동포들의 생활감정과 정서가 깃든 무용들이 다양한 형식으로 많이 추어지게 되었으며 무용 후속세대를 양성하는 교육도 체계적으로, 보다 전문적으로 진행하게 되었다.

(5) 1990년대

이 시기 조국의 무용강사에 의한 3번에 걸친 조선무용강습회(1996~1998년)에는 금강산가극단으로부터 무용소조학생들, 민단산하 무용가들과 일본무용가들 약 1,860여 명이 참가하여 최승희의 '조선민족무용기본'을 발전시킨 '조선무용기본동작'과 '조선무용기초동작', 부채춤, 한삼춤, 소고춤을 비롯한 '조선민속무용기본' 동작을 배웠다. 본고장의 민족적 향취와 멋이 깃든 강사들의 지도는 무용전문가, 애호가들은 물론 3세, 4세 학생들에게도 조선민족무용의 진수를 전수해주었다. 조선무용강습회의 성과를 공고히 하기 위하여 문예동 무용부는 3개소에서 5번에 걸쳐 조선무용의 발전 역사를 담은 무용조곡 〈세월과 더불어〉 공연을 성대히 진행하였는데 이 공연을 약 5,300여 명이 관람하였다. 그 후 문예동무용부는 경연대회를 2년에 1번씩 진행하고 있다.

이 시기 높아가는 통일기운에 2번에 걸쳐 진행한 재일동포민족무용축제 〈통일의 춤〉(1993년 12월, 1994년 12월)은 재일조선인들이 소속과 단체를 불문하고 함께 민족춤을 추는 과정에 민족적 단합을 굳건히 하고 조국의 통일을 바라는 재일동포들의 숙원을 내외에 널리 과시하였다.

1990년대는 변화된 환경과 동포들의 의식과 지향에 맞게 무용에서도 민족적 주체를 지키고 재일조선인들의 특색을 살려나가며 민족성을 고수하기 위한 계몽활동과 전동포적인 문화활동을 벌여나가게 된 시기였다.

(6) 2000년대

2000년대는 재일조선인들의 민족무용활동에서 새로운 장이 펼쳐진 시기이다.

금강산가극단에서 1990년대 말부터 공연한 무용특별공연 〈금강산의 무희들〉 1·2·3 과 〈조선무용 50년〉, 〈조선무용의 비단길〉 등은 우리 조선무용의 우수성과 민족무용의 전통을 오늘의 시대적 미감에 맞게 창조함으로써 재일조선동포들에게 민족적자부심과 긍지를 높여주었다. 특히 최승희가 창작출연한 독무 〈풍랑을 뚫고〉, 군무 〈부채춤〉 등이 훌륭히 재형상되었으며 〈고려삼신불춤〉, 〈설죽화〉, 〈보리살타〉 등의 민족적 색채가 진한 작품들도 새로 창작되었다.

또한 조선3대 고전무용조곡 〈심청전〉, 〈홍부전〉, 〈춘향전〉을 창작공연(2009년)하였으며 2012년에는 무용뮤지컬 〈춘향전〉을 가지고 공연을 하였다.

2000년 6월 15일 남북공동선언이 채택된 후 금강산가극단은 3번에 걸쳐 이남공연을 진행하였다. 일본에서 나서 자란 3세, 4세들이 우리 민족의 우수한 문화와 전통을 훌륭히 이어 조선민족무용을 현대미감에 맞게 높은 예술성으로 형상한 것으로 하여 커다란 반향을 일으켰다.

이 시기 재일조선학생소년예술단도 서울, 전주에서 초청공연을 하였다. 조국이 분단된 후 처음으로 재일조선학생들이 한 공연 〈이역에 피는 조선의 꽃〉은 일본이라는 어려운 환경 속에서 민족의 얼과 문화전통을 꿋꿋이 이어가는 우리 학생들의 모습을 통해 순수함과 열정과 민족적 긍지와 자부심, 뜨거운 민족애를 안겨주었다.

2000년대에 들어 재일조선인들 속에서 '총련결성 50돌'(2005년 5월), '중등교육실시 60돌'(2006년 10월), '조선민주주의인민공화국창건 60돌'(2008년), '우리 미래 EXPO'(2010년 11월) 등의 동포대축전이 여러 번 조직되었으며 동포축전에서는 문예동, 무용서클, 학생들에 의한 무용이 발표되었을 뿐만 아니라 3차에 걸쳐 〈농악경연〉도 진행하고 군중무용도 보급함으로써 무용을 대중화하기 위한 사업도 활발히 진행되었다.

3. 민족무용에 대한 재일조선인들의 의식

여기서는 지난기간 재일조선인들이 어떤 의식과 마음을 가지고 민족무용을 보급발전 시켜왔는가를 살펴본다.

1) 1세 - 식민지예속에 의해 잃었던 민족, 민족적인 것에 대한 갈망

자료 5

"동포들은 민족적인 것을 목마르게 바라던 시기, 조선옷만 입어도 눈물을 흘리고 조선노래와 장단만 들어도 어깨춤을 으쓱으쓱하던 시기, 조선적인 것을 동포들은 무척 좋아했다. 민족에 대한 사랑과 긍지, 일본의 노예가 아니라 해방된 민족이라는 자부심으로 하여 조선춤을 열광적으로 환영한 것이었다. 조선춤을 통하여 동포들은 민족적 자부심과 자랑으로 단결하였으며 조선춤은 그만큼 커다란 힘을 가지고 있었다." (김일순 씨)

자료 6

"민족성에서 볼 때 무용만큼 강하게 표현하는 예술은 없을 것이다. 그 것은 사람이 가지고 있는 정념을 직접 자기의 몸으로 표현한다는 장점 이 있기 때문이다. 재일동포들 속에서의 무용은 1세들 개인의 활동으로 부터 문공대, 문선대, 학교소조활동으로 확대되었으며 조국을 따라 배 우자고 모두 나서고 있었다. 특히 총련이 결성된 후 동포교양의 힘 있는 수단으로 될 수 있게 조직적으로, 군중적으로 진행되어왔다." (박종상 씨)

재일조선인들 속에서 민족계몽운동과 건전한 민족문화를 보급하기 위한 활동, 우리 학교에서 민족무용을 교육하는 데서 김장안, 조봉희를 비롯한 1세무용가들이 담당한 역할은 대단히 컸다.

자료 7

김장안은 해방 후에 일본에 건너온 민속무용가였는데 조련의 지원하 에 현재 도쿄조선제2초급학교 뒤에 있는 에다가와 조선인부락에 살았 다. 그는 동포동네를 찾아 가서는 춤판이 벌어지면 으레 뛰어들어 춤을 추었고 8.15기념 예술공연에서 독무를 하거나 우리 학교 학생들에게 조 선무용도 가르쳤다. 도쿄조선제2초급학교, 도쿄조선중고급학교를 비롯 하여 요청이 있으면 여러 학교들에도 나가 무용을 가르쳤는데 당시 학 생이었던 임추자, 리미남 씨에게도 무용을 가르쳤다.

그 후 1953년에는 문공대의 강화와 예술부문 교원을 양성하기 위한중 앙예술학원(『해방신문』 1953년 6월 18일호)에서 무용과장을, 또한 중앙 사범전문학교(1953년 10월) 예능과에서의 학교무용 과목의 강사로, 1955 년에는 김장안무용연구소를, 1956년 조선대학교 창립 후는 학교무용 과 목 강사로, 1959년부터는 재일본조선문학예술가동맹 무용부장으로 되었

으며 1955년 6월에 결성된 조선중앙예술단의 공연에도 출연하다가 1964
년경 북에 귀국하였다.

자료 8

조봉희도 1세무용가로서 1947년 10월 재일본조선민주문화단체총연맹
(약칭 문단련)의 가입단체(「国際藝術研究所」, 趙鳳喜, 大田区大森)로 이
름이 기록되어 있다.

그는 1세 음악가인 남편을 따라 효고에 가서는 학생들과 교원들, 동포
여성들을 대상으로 조선무용을 가르쳤으며 1954년에 〈고베조선무용연
구소〉를 내오고 문단련결성 예술제에도 출연하였고 1955년에는 제1회
발표회를 하였으며 1957년에 도쿄에 돌아온 후 일본 사카키바라학원(榊
原学園 東京舞踊学校, 1949년 창립)의 조선무용 강사를 했다.

조선중앙예술단의 제1세대로 되는 여맹동맹중앙 김일순 고문은 중앙
사범전문학교에서 김장안에게, 그 후 초급부교원을 하다가 학교에서 무
용을 지도하기 위해 사카키바라학원에서 조선무용을 가르치는 조봉희
한테서 무용을 배웠다고 한다.

조봉희는 3회에 이르는 무용발표회를 가졌으며 1960년에는 도쿄 오오
타여맹무용서클을 비롯한 도쿄에 있는 7개소 무용서클의 강사를 맡았고
1960년 3월 총련의 문화서클지도원 양성강습회의 강사도 하였다.

자료 9

오사카에서는 부수현, 정민에 의한 무용활동을 볼 수 있다.

부수현은 1957년 문단협결성추진 준비위원으로, 1958년부터는 부수현
무용연구소를 개설하였으며 재일조선무용가협회 발기인이었다.

정민은 일본에서 태어났으나 서울대학교 사범대학을 졸업하고 남에
서 전통무용과 국악, 발레를 배우다가 1955년에는 일본 각 대학과 고등

학교의 무용강사로 활동하였으며 동시에 개인연구소를 설립하고 오사카를 중심으로 활동하였고 2001년 3월에는 '예술인생 65주년기념 특별공연'을 상연하였으나 그 후 사망하였다.

1세들의 조국과 민족에 대한 열렬한 사랑, 식민지노예로부터 해방된 기쁨이 분출된 정열적인 활동이 있어 그것이 2세들에 의해 이어져온 것이다.

2) 재일조선인무용

(1) 제1세대(2세)

1세로부터 무용을 배우고 자체로 조선무용을 모색하며 창조한 세대이다. '민족적인 맛, 민족의 흙냄새가 나게 어떻게나 민족적인 것에 접근하자'는 마음을 가졌다.

자료 10

"재일조선인의 무용활동도 다른 분야와 마찬가지로 1세들이 씨를 뿌리고 키운 것을 우리 2세가 이어왔다. …1세무용가들이 귀국하고 향방을 잃었을 때 북에서 최승희가 만든 『조선민족무용기본』(1958)을 보내오고 또 영화필름이 온 것을 거듭 보고 연구하면서 일본전국의 조선학교와 동포들 속에 전습하였다. 지금도 북에서 보내준 자료나 작품들을 놓고 감동한 것을 잊을 수 없다.

춤은 민족의 마음을 표현하는 것, 나의 인생그대로 꿋꿋이 살아야 춤이 빛난다. '재일'로서 무용의 꽃을 피우고 젊은 세대들에게 꼭 전하고 싶다." (임추자 씨)

자료 11

"이국의 어려운 생활 속에서도 동포들의 '꽃놀이' 마당에서 장고를 멋지게 치시는 아버지의 모습, 의례히 추어지는 동포들의 모임들에서 춤을 배웠다.

도쿄조선제11학교(현재 니시도쿄조선제1초중) 4학년 때 학예회가 있었는데 그때 강사로 오신 김장안 선생님이 배워준 〈초립동〉이라는 무용을 지금도 외우고 있다. 초급부 6학년 때 조국해방전쟁의 승리를 축하하여 〈복구건설의 춤〉도 추었다.

도쿄중고에 다닐 때는 선배들과 1세무용가들이 조선춤을 가르쳐주었다.

민족이 있고 나라가 있는 한 무용은 없어지지 않는다. 재일조선인들의 무용도 민족교육이 있는 한 보존되고 발전할 것이다." (리미남 씨)

(2) 제2세대(2,3세)

조국에서 직접 무용을 배우고 동포들 속에 조선무용을 보급한 세대이다. '선대들의 뜻을 이어 조선무용을 계승 발전시키며 다음 세대에 물려주어야 한다'는 사명감을 가졌다.

자료 12

"민족의 문화유산이나 역사로부터 소재나 모티브를 골라 조선무용을 세계에 전파하고 싶다. 세대교체가 진행되는 속에서도 조선무용의 기본에 든든히 의거하면서 지금을 사는 동포들의 마음, 갈등, 희망, 생활을 형상해낸다. 재일조선인들의 무용은 철저히 민족적인 것에 뿌리를 두어야 가치가 있다.

이것이 일본에서 조선무용을 지키고 발전시켜나가는 어려움이면서도 과제라고 생각한다." (강수내, 금강산가극단 안무가)

자료 13

"18살 때 북의 선생님들한테서 직접 무용을 배우는 기회가 마련된 후 그 어디에 살아도 조선무용을 하며 발전시켜나가야 한다고 생각하였다. 일본에 있는 우리는 조선무용을 할 때 조국과 함께 호흡할 수 있다는 것을 다음 세대에 넘겨주고 싶다." (임수향, 문예동중앙 무용부장)

(3) 제3세대(3,4세)

오늘에 사는 재일동포들의 존재와 삶을 형상해나가는 세대이다. 민족적 전통을 지키면서도 오늘의 시대적 미감에 맞게 자신(재일조선인)들의 삶을 표현할 것을 지향하고 있다.

자료 14

"최승희의 〈풍랑을 뚫고〉를 형상하면서 3년 전에 돌아가신 외할머니를 더 알고 싶다고 생각했다.

제주도인민들이 겪은 비극은 나 자신에게도 직접 이어지고 있음을 통감하였다." (리화선, 금강산가극단 무용배우)

자료 15

"가무단에 있을 때 동포들 속에서 춤추던 경험을 이제는 동포사회에 새로운 형태로 환원하고 싶다고 생각한다. 무용을 통하여 조선문화에 공감을 느끼는 일본사람들도 있다. 지역의 민속행사로부터 여러 나라, 여러 민족무용이 펼쳐지는 마당에서 조선무용을 더 넓히고 싶다." (계영순, 문예동도쿄 무용부장)

3) 조선학교 무용부 학생들에 대한 설문 조사

2008년 초급부 6교(간토 2, 도카이 1, 긴키 2, 쥬시고쿠·규슈 1), 중급부 6교(위와 같음), 고급부 5교, 대학 1교, 금강산가극단 무용부 등 557명을 대상으로 실시하였다.

설문 항목 중 "학생들에게 있어서 무용이란 무엇인가", "무용을 통해 무엇을 배우고 전하려고 하는가"에 대해서만 보면 다음과 같다.

자료 16

질문 1: "학생들에게 있어서 무용이란 무엇인가" 해답수와 ( )안은 상위 5번째까지

	초급부 (115명)	중급부 (112명)	고급부 (144명)	대학 (49명)	금강산 가극단 (19명)
1	즐거운 것 (31.3)	귀중한 것/ 보물 (18.8%)	여러가지 배워주며 키워주는 것 (21.5%)	자기를 표현하고 알게 한다 (24.5%)	자기의 표현수단 (15.8%)
2	귀중한 것/ 보물 (18.3%)	자신을 키워주는 것 (13.4%)	없어서는 안되는 것 (17.4%)	조선사람을 느끼게 한다 (18.4%)	민족을 느끼는 것 (10.5%)
3	취미(10.2%)	민족적 긍지/ 자랑 (12.5%)	귀중한 것/보물 (9.7%)	인생의 동행자/ 길동무/친구 (14.3%)	생활의 일부 (10.5%)
4	없어서는 안되는 것 (7.8%)	없어서는 안되는 것 (10.7%)	생활의 일부 (9.7%)	생활의 일부 (12.2%)	민족을 배우는 것 (5.3%)
5	집단성(4.3%)	자기의 표현수단 (9.8%)	자기의 표현수단 (6.9%)	없어서는 안되는 것 (10.2%)	긍지와 자랑 (5.3%)

질문 2: "무용을 통하여 무엇을 배우려고 혹은 전하려고 하는가"(복수대답가능)

초급부 (156명)	중급부 (157명)	고급부 (247명)	대학 (64명)	금강산가극단 (21명)

1	기술기교 (20.5%)	기술기교 (19.7%)	기술기교 (17.8%)	민족성과 민족적 정서/민족의 넋 (21.9%)	재일조선인의 존재와 력사 (14.3%)
2	집단주의/단 결력 (17.9%)	표현[형상력] (15.3%)	정신면 (16.6%)	춤성[맛과 호흡] (17.2%)	민족심과 민족의 넋 (14.3%)
3	춤성 [맛과 호흡] (13.5%)	민족성/ 조선사람된 인식 (7.6%)	집단주의 정신/합심 (10.9%)	사상, 시대적배경 [인민들의 모습] (15.6%)	민족문화의 우월성/ 주체예술의 위대성 (14.3%)
4	춤성 [형상력] (12.2%)	춤성[맛과 호흡] (6.4%)	민족성/ 민족적 정서 (9.7%)	기술기교 (12.5%)	동포들에게 힘을 준다(9.5%)
5	춤가락/ 춤동작 (7.1%)	기타	사상감정 (9.3%)	자기자신/ 인간성, 내면세계, 조선무용의 우월성(6.3%)	조선무용의 우아함 (4.8%)

기타 항목들의 조사결과에서 본 경향성은 다음과 같다.

－초급부로부터 높은 학년에 올라갈수록 조선무용을 자신의 지향과 결부하고 있다.

조선무용이 민족의 넋을 안겨주는 더없이 귀중한 것임을 생각하게 되고 작품의 내용이나 춤동작을 통하여 민족에 대하여, 민족의 문화와 전통, 재일조선인의 역사를 알려고 한다.

－조선무용을 하는데서 민족장단과 민족율동, 민족적인 호흡을 잘 해야 조선춤의 특성을 살릴 수 있다는 것, 민족적 흥취와 멋을 배우자는 의욕이 강하다는 것을 볼 수 있었다.

－기타 특징적인 것으로서는 무용을 대하는 마음(정신)이다. 무용이 사람의 감정과 정서를 형상하는 것만큼 진심으로 민족무용을 사랑하는 마음이 나아가서는 민족과 조국을 사랑하는 마음으로 이어진다고 보고 있다.

일본에서 나서 자란 3세, 4세인 우리학교 학생들이 일본에 범람하는 여러 무용들보다 조선무용을 좋아하며 민족적 색채가 진한 민속무용을 즐기는 것은 민족적 감정과 정서를 우리학교 민족교육과정에서 키우고 축적해왔기 때문이다.

4) 토양은 우리 학교에서의 민족무용교육

재일조선인들 속에 민족무용을 보급 활성화하는 데서 우리학교 무용소조는 그 토양으로 된다. 해방 직후로부터 오늘에 이르기까지 민족교육에서 민족무용에 의한 교육은 끊임없이 이어져왔다.

오늘 금강산가극단, 지방가무단의 전문무용수들도 문예동에 들어 지역에서 활발한 문화활동을 전개하고 있는 무용애호가들도 다 우리학교 무용소조에서 배운 사람들이다.

1950년대부터 진행된 예술경연대회도 1963년부터는 재일조선학생예술경연대회로 정례화되었으며 올해 11월에 진행된 학생예술경연대회는 45차로 된다.

학생들에게 무용을 배워주기 위하여 1950년대에는 조선중앙사범전문학교와 조선대학교에서 무용을 가르치는 교원 및 강사들을 양성하였으며 현재 전국의 우리학교 무용교원 및 강사들의 93%는 조선대학교 졸업생들이다.

특히 1990년부터 정연하게 꾸려진 평양음악무용대학 통신제도는 그 역사가 20년이 넘었으며 조국에서 전문적으로 배운 무용부문 졸업생들은 2012년 8월 현재 139명이 된다. 졸업생들은 무용배우로, 교원으로, 지역의 군중문화사업에 적극 나서고 있으며 재일조선인들의 무용보급과 활성화에 크게 기여하고 있다.

또한 평양에서 진행되는 설맞이공연에도 1986년 12월 이후 해마다 참가할 수 있게 됨으로써 초중급부 학생들의 수준이 많이 높아지게 되었다.

조선학교 무용소조는 무용기술만을 배워주는 것이 아니라 조선무용을 통하여 민족의 문화와 전통을 가르치며 그 속에 깃든 민족의 넋을 체득하게 한다. 그 과정에 무엇보다도 조선무용의 우수성과 조선사람으로서의 민족적 자부심과 긍지를 심어준다. 또한 동무를 사랑하고 집단을 위하는 마음을 키워준다.

하여 일본 땅에서 재일조선인이 겪고 있는 2중, 3중의 폐쇄적인 억압 구조 속에서도 되 바라지 않으면서도 당당하고 순수하며 꿋꿋이 살아나가는 정신, 언제 어디서나 소중히 간직해야 할 민족혼의 뿌리를 심고 가꾸어주는 민족교육이 있어 재일조선인들의 무용이 오늘까지 줄기차게 이어져온 것이다.

5) 재일조선인들의 민족무용에 대한 북의 지원

해방 후 북에서는 일본에서 민족의 얼을 지키려고 애쓰는 재일동포들에게 동포애적 사랑과 배려를 돌려주었다.

자료 17

-『조선민족무용기본』(최승희, 1958) 서적과 영화필름(1960초)

-수차례에 걸쳐 개편된 조선무용기본 및 기초훈련동작 동영상자료

-귀국선 내에서의 무용전습(1960초)

-민족악기, 무용의상, 소도구, 무대장치, 레코드 등(1960.3)

-대음악무용서사시에서 쓸 수천 벌의 의상, 소도구, 무대미술, 악보 등 (1966)

-조국의 예술단 일본공연(국립만수대예술단, 국립평양예술단, 국립민족예술단, 평양학생소년예술단 등)(1973~)

–예술단, 가극단, 가무단 조국에서의 공연 및 전습(1974~)

–문예동맹원 전습강습(1988~)

–조선무용강습회 초빙강사(1996~1998)

–평양음악무용대학 전문부통신제도(1984~)

–새해 설맞이공연(1986~)

–무용음악, 무용의상, 소도구, 무대미술 등(현재까지)

북의 지도와 지원이 없었더라면 오늘의 재일조선인들의 무용활동은 없었을 것이다.

4. 민족무용을 놓고 북과 남, 해외동포들의 차이를 전제로 한 '통합' 모델의 가능성을 찾다

2000년 6월 15일 이후 금강산가극단과 재일조선학생소년예술단의 이남공연을 통하여 우리 민족이 하나임을 민족무용을 놓고서 실감하였다.

그것은 공연을 관람한 이남의 인사들과 무용전문가들의 감상에서 충분히 엿볼 수 있을 것이다.

자료 18

"금강산가극단은 1955년 창립 이래 민족성악, 민족무용, 민족음악을 통하여 동포들의 주체성과 민족성계몽을 위해 노력하여왔으며 남과 북이 하나 되는 장을 마련하는데 앞장서 온 해외예술단체이다. 일본에서 나서 자란 3세, 4세들이 민족전통을 계승하고 훌륭한 예술가로 자란 것이 너무 감동적이고 우리 민족의 자랑이다." (강혜숙, 대통합민주신당소속 국회위원)

"그들에게 조국과 민족은 어떤 의미일까. 무엇이 그들로 하여금 이국 땅에서도 민족의 정체성을 잃지 않고 역사와 문화를 온전히 지켜나가도록 만든 것일까. 금강산가극단 공연에서 우리가 고민하고 느껴야 할 대목도 바로 여기에 있다고 봅니다." (명진, 봉은사 주지, 조계종민족공동체추진본부장)

"금강산가극단이 펼쳐준 아름다운 선율과 율동은 우리 안에 남아있는 분계선을 허물어버리는 큰 힘이 되었다. 이것이 바로 문학예술의 힘이며 가극단 단원들의 통일에 대한 열망이라고 본다." (조영건, 6·15 공동선언실천남측위원회학술본부 상임공동위원장, 통일불교대학 학장)

"전통무용을 오늘의 미감에 맞게 개화 발전시킨 훌륭한 민족무용이었다. 결국 전통예술이라는 것은 새로운 해석과 표현력이 있어야 계승발전 한다는 것을 오늘 공연을 통하여 새삼스럽게 느꼈다." (이재정, 통일부 장관)

"호흡이나 동작이 남측의 전통춤과는 차이가 있지만 최승희계통 춤을 본류로 북과 총련의 가치관을 잘 나타낸 것 같다" (이애주, 서울대학교 교수, 인간문화재)

재일조선학생들의 서울, 전주공연에 대한 반향도 매우 컸다.

자료 19
"참으로 감격스러웠습니다. 반세기 분단과 대립을 접고 총련 학생들이 남녘에서 예술공연을 하다니 얼마나 감격스러운 일입니까. 몇 번이나 흐르는 눈물을 참지 못했습니다. 이국땅에서 우리의 민족혼을 힘겹

게 이어가는 우리 학생들이 자랑스럽고 존경스럽기까지 합니다." (주종환, 동국대학교 명예교수)

"우리에게도 알려진 바와 같이 치마저고리를 입고 등하교하는 민족학교 학생들이 일본인들에 의해 옷을 찢기우는 사건이 있었다. 이러한 상황을 내용으로 하고 있는 〈회오리〉는 찢어진 옷 대신 스스로의 선택에 의해 다시 새 저고리를 입음으로써 강렬한 민족의식을 담아낸다. 재일조선 민족학교 학생들은 이북의 학생들과 유사한 교과내용을 배우고 있고 한편으로는 이남 학생들과 유사한 사회환경 속에서 자라나고 있다. 그러므로 서로의 문화를 합쳐가는 과정에서 매개자의 역할을 훌륭히 해낼 수 있을 것이다." (박인배, 한국민족예술인총연합 기획실장)

"재일조선학생소년예술단은 동포애, 민족문화 사랑정신, 상대에 대한 아량과 포용력, 통일조국에 대한 염원, 열린 마음을 가지고 우리에게 전도사로 다가왔다. 그들이 남긴 통일의 복음이 많은 사람들에게 전달되었으면 한다." (민경찬, 한국예술종합학교 음악원교수)

"…재일조선학생소년예술단의 역사적인 이남 공연의 컨셉은 '하나', 즉 '통일조국'이며 '민족의 운명과 재일조선인사회의 삶은 같은 것'임을 보여주었으며 민족교육의 정당성과 예술소조활동의 성과를 남김없이 보여주었다." (『민족 21』 2002년 10월호)

1945년 조국은 해방되었으나 우리 조국은 둘로 갈라졌고 조선민족의 무용도 분단 속에서 발전하였다. 오랜 분단의 비극 속에서 북과 남의 민족무용은 동질감보다 이질감이 더해가고 있다고 한다.

그러나 하나의 민족인 조선민족의 뿌리는 같으며 무용 또한 그 맥락은 하나일 것이다.

그것은 2000년대에 들어 진행된 북과 남, 재일과의 문화교류 속에서 조선민족은 하나이며 민족무용의 본은 같다는 것이 확인되었고 춤으로 통일에 이바지할 수 있음을 확실히 찾아볼 수 있었다.

북과 남, 재일의 무용이 통일민족의 무용으로, 우리 민족무용의 다양한 종류와 형식으로 다 포괄된다면 조선민족의 무용문화보고를 보다 풍부히 해줄 수 있는 것이 아니겠는가.

무용이 시대를 배경으로 민족성원들의 생활감정과 정서를 형상하는 예술이라면 이남에 보존되고 있는 전통무용과 해방 후 이북에서 개화발전한 최승희 춤체를 살린 주체무용, 그리고 해외동포들의 삶과 지향이 깃든 재일조선무용이 합해진다면 우리의 민족무용은 그 레파토리가 더욱 풍부해질 것이다.

자료 20(도표화)

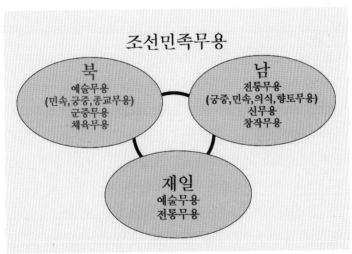

북 — 예술무용(민속무용, 궁중무용, 종교무용), 군중무용, 체육무용,
　　현대무용, 발레

남 — 전통무용(궁중무용, 민속무용, 의식무용, 향토무용), 신무용(창작
　　무용), 현대무용, 발레
재일— 예술무용(민속무용), 전통무용, 현대무용

5. 맺음말

재일조선인들의 민족무용에 대한 애착심은 조국의 북과 남에서 사는
동포들보다 더 강하다고 볼 수 있다. 중국이나 미국, 러시아에 사는 해
외교포들과는 다른 일제 식민지 지배에 의한 결과로 구종주국에 살게
된 조선인의 자손이라는 데서 차이가 난다고 볼 수 있다.

무엇보다도 우리 재일동포들이 자기 나라가 아닌 이국에 있기 때문
에, 이국에서 사는 조선민족의 구성원이라는 의식에서부터 해방 후 오
늘까지 변함없는 억압구조 속에서 더더욱 공고화된 것이라고 본다.

우리가 일본이라는 열악한 사회환경 속에서 재일조선인으로서의 민
족적정체성을 유일하게 긍정할 수 있는 것—그것은 우리말과 글, 역사
와 문화이며 민족의 춤—조선무용이다.

또한 그것은 유구한 역사와 문화전통을 이어 발전해온 세상에 자랑할
만한 조선무용의 우수성과 매력에 있으며 우리 삶을 비쳐볼 수 있는 거
울이기 때문이다.

재일조선인들의 민족무용활동은 주체성과 민족성을 지켜나감으로써
민족의 통일과 번영에 떳떳이 자리매김할 수 있을 것이다. 재일조선인
들의 민족무용활동이 '민족'이라는 시점에서 보다 열린 마음을 가지고
우리 민족의 역사와 발전에 크게 기여하리라는 확신을 가진다.

제4장 재일코리언의 미술에 대하여

리용훈*

재일코리언 미술이 미술사적으로 주목을 받고 연구되기 시작한 것은 최근의 일이고 불과 10년 남짓한 기간이다.

1993, 1999, 2003 하정웅 씨가 재일코리언 미술작품들을 광주시립
    미술관에 기증
1999   제1차 아름전개최 심포지움 교토시립미술관
2000   재일의 인권전 (하정웅컬렉션) 광주시립미술관
2004   도쿄경제대학에서 제1회 디아스포라아트 연구회
2004~5 아름전 neo vessel 뉴욕전 서울전 홍익대학교 미술관
2009   문예동 결성 50주년기념전 도쿄 호쿠토피아
    아리랑꽃씨전 서울 국립현대미술관
    서울국립현대미술관에서 'Korean Diaspora artists in Asia 아리

* 일본 조선대학교 교수.

랑꽃씨'라는 전시회가 개최, 재일, 재중, 재러(구소련방국들을
포함)의 코리언들의 작품 소개.

디아스포라라는 용어는 최근 많이 사용되는데 원래 유태민족의 이산
을 의미하는 용어로 코리언 디아스포라는 20세기의 식민지, 분단 상황
속에서 이산된 조선민족을 말한다.

아리랑꽃씨전에는 15명의 재일코리언 작가 작품이 전시되었다. 이제
까지 여러 번 소개되어 온 곽덕준이나 곽인식과 같은 재일한국 계열의
작가들과 함께 채준, 백령과 같은 재일조선인총연합회(약칭 총련) 계열
의 미술인이나 조선대학교 미술과를 졸업한 젊은 작가들의 작품도 전시
되었다.

베트남 전쟁에 파병된 한국 병사의 아내와 아이를 그린 백령의 〈이
아이의 아비를 돌려 달라〉나 사카이조선초급학교의 아트 프로젝트 〈기
억의 그릇〉과 같은 작품이 서울의 현대미술관에서 전시된다는 것은 그
때까지는 생각 못했던 일이었다.

리우환이나 조량규와 같이 일본의 미술계에서 성공을 한 작가들을 개
별로 취급하여 소개하는 것이 아니라 재일코리언의 미술을 역사적으로
계통적으로 연구해나가야 한다는 의식이나 관점이 이제 겨우 생긴 것으
로 보인다.

그것은 조선민족의 근현대미술사의 잃어버린 고리를 메우는 작업, 재
일미술을 민족미술사 속에 자리매김하는 작업이겠으나 디아스포라아트
라는 범주에서 보게 되면 또 다른 관점이 드러난다.

이남에서 재일코리언 미술을 말할 때 하정웅 컬렉션이 행한 역할이
자못 크다. 하정웅 씨는 재일 2세의 재일거류민단 계열기업가로 1960년
대에는 총련 재일본조선문학예술가동맹(약칭 문예동)에 속하면서 화가

가 될 것을 지망하였으나 기업을 하여 70년대부터 재일미술작품의 수집
을 시작했다.

수집한 작품이 일정한 양이 되자 그는 어린 시절을 지내던 일본 아키
타현 다자와코초에 〈기도의 미술관〉이라는 미술관 설립을 계획하고 자
치단체와 구체적인 협의를 거듭하였으나 여러 가지 이유 때문에 그 계
획은 없어지고 말았다. 그래서 수집한 2,000점을 넘는 작품들을 광주시
립미술관에 기증하였다. 그 속에는 유럽이나 일본인의 작품들도 포함되
어 있으나 약 반수, 핵심을 이루는 것은 재일작가들의 작품이었다.

초기는 전화황, 리우환, 송영옥, 곽인식, 문승근과 같은 자신이 마음에
든 작가들을 한정해서 수집하였으나 그 컬렉션이 재일코리언 미술의 유
일하게 독립적인 수집이라는 의의가 부각되면서 수집의 범위를 지금도
넓혀가고 있다. 올해 9월에는 한국의 고향인 전라남도 영암에 〈영암군
립 하미술관〉을 새로 개관하였다.

2003년에는 경남도립미술관이 채준의 작품을 100점 가까이 소장하였
다. 채준은 조선신보지상에 수십 년에 걸쳐 한국정부와 일본의 재일조
선인 정책을 강하게 비판, 야유하는 풍자만화를 그려온 정치만화가로
유명하지만 50세를 넘고 정력적으로 타블러 제작을 시작하였다. 타블러
는 만화적인 수법이 아니라 슐리얼리즘(surrealism)적인 은유를 활용하는
방식으로서, 이를 사용하여 일관되게 상황과 맞서왔다.

한국정부를 비판한 만화원화를 포함한 작품들을 한국의 공립미술관
이 소장한다는 것은 획기적인 일이었다고 생각한다.

이제 20세기의 재일조선인 미술작품들을 보려면 한국에 가야 하는 상
황이 된 것이다.

물론 미술작품을 보존, 관리해 나가자면 공적기관의 관여가 불가결하
지만 우리 재일조선인들이 자신의 미술작품을 저들의 문화유산이라는

의식이 희박하고 무관심했던 것도 사실이다.

평양의 조선미술박물관에도 재일미술가와 귀국 작가들의 작품이 상당수 소장이 되어 있으나 초보적인 조사에 의하면 작품목록조차 갖춰있지 않아 이제부터의 연구가 기다려진다.

하정웅 씨는 컬렉션의 콘셉트를 '기도'라고 하고 있다. 그것은 자기 저서에 거듭 언급하고 있는바 수집의 계기로 된 전화황의 작품의 기본소재가 부처그림이었다는 데서도 관련이 있겠지만 재일조선인의 미술의 근저에 기도와 비슷한 침전된 사색과 심정이 강하게 깔려있어 그것이 창작동기나 표현으로 되는 경우가 많다는 것이다. 그 생각이란 민족일수도 있고 정체성일수도 있으나 그 자체가 재일코리언의 미술의 특색일지 모른다.

하정웅은 저서 속에서 재일미술가 손아유의 다음과 같은 말을 소개하고 있다. "재일의 작가는 사물을 객관적으로 보는 힘이 있다. 자기를 발견하기 쉬운 적절한 위치에 있다. 예술이란 일을 하면서 언제나 민족의 피를 이은 자신을 살펴보아야만 한다." 이러한 감각은 주류사회에는 그리 없는 것으로 생각한다.

재일조선인 미술의 첫 번째 고비는 1950년대 중엽에 이루어진다. 1953년 조선인화가들이 모여 재일조선인미술회가 결성되어 리인두, 김창덕, 조량규, 전화황, 오병학, 오림준, 허훈, 백령들이 여기에 참가하면서 이해부터 기관지 『조선미술』을 발간하고 니홍앙데팡단전을 축으로 왕성한 창작발표를 전개해나갔다.

니홍앙데팡단전은 일본공산당계열의 미술인들이 다수 가맹하는 니홍미술회가 주최하는 무감사공모전으로 현재도 도쿄의 신국립미술관에서 매해마다 개최되었으나 50년대, 60년대에는 지금과 비할 수 없는 큰 규모와 의미를 가졌던 전시회다.

거기에 재일조선인화가들은 고향 이남 땅에서의 민주화투쟁, 재일동
포들의 생활, 북으로의 귀국투쟁 등 테마를 설정하여 집단적으로 출품
을 하여 독특한 리얼리즘운동을 전개하였다.

미술사 연구자인 마츠타니 츠요시는 62년에 발간된 화집에 다음과 같
이 썼다.

> 처음은 몇 줄기의 초라한 흐름에 지나지 않았으나 그것이 짧은 동안에
> 폭과 세력을 확장하고 합류하여 한줄기의 큰 흐름으로 되었다. 근 10년
> 동안의 일이다. 재일조선인미술가제군들은 이 짧은 세월동안에 놀랄만한
> 역사의 한 토막을 창조하였다. 이역 땅 위에서 고유한 민족미술의 창조,
> 그것이 이렇게 집단적인 규모로 이루어진 것은 예술의 역사가 일찍이 경
> 험해본 적이 없는 특이한 일이라고 말해도 과장이 아닐 것이다.

허훈의 1961년 앙데팡단전에 출품된 〈가련다 조국의 품안으로〉는 5m
가까운 대작으로 인물들로 꽉 메워진 바로크적인 충일감에 압도된다.
북으로의 귀국운동은 자기의 운명을 스스로가 결정하는 권리를 위한 큰
운동으로서 그 에너지가 화면에서 넘칠듯하다.

작년에 사망한 허훈은 재일조선인 화가 속에서 유일한 김일성상 수상
자이면서 재일화가 속에서 가장 북의 미술에 가까운 그림을 그린 화가
이며 80년대까지 문예동 미술부의 중심적인 존재였다.

말년에 경제적인 불행이 겹쳐 주요한 대작들은 산일(散逸)되어 조선
대학교가 5점 정도를 소장하고 있다.

허훈은 해방 후 서울에서 리쾌대의 성북미술연구소를 다녔다 한다.

아시다시피 리쾌대는 조선 근대미술을 대표하는 작가인데 월북하여
88년까지 금지작가였다. 당시 젊은 허훈은 그림을 배우러 일본으로 가
고 싶다는 상담을 리쾌대에 하였는데, "그렇다면 곽인식을 찾으라"고 조

언을 받는다.

곽인식은 해방 전 일본에서 구상회화를 하였으나 해방을 전후하여 실험적인 모더니즘을 추구하여 후에는 리우환들의 모노파의 선구적인 작가로 된다.

허훈은 곽인식의 집에서 며칠 묵으면서 이야기를 들었으나 자기의 지향과 다르다고 곽인식의 곁을 떠났다고 회상하고 있다. 해방을 맞은 젊은 화가가 민족의 에너지의 분출을 군상표현으로 나타내자 한 것은 리쾌대의 영향으로 생각된다.

1910년에 태어난 김창덕도 오랫동안 문예동 미술부장을 맡아온 총련의 대표적인 미술인의 한명으로서 해방 전에는 다카하시 스스무라는 일본명으로 니카전(二科展)에 출품하여 전후에는 행동전(行動展)에 발족부터 참여한다. 67년에는 행동전 발전에 큰 기여를 하였다는 것으로 행동전 창립상의 첫 번째 수상자로 되었다. 김창덕의 자택에는 매일과 같이 동료화가들이 모여들어 술을 마시면서 토론을 하고 가난한 젊은 미술학도들이 곁방살이를 하면서 그림을 배웠다고 한다. 독특한 흰 마티엘과 인간미 넘치는 무게 있는 화풍이었다.

1961년 앙데팡단전에 당시 미술부장이였던 김창덕은 조선신보에 다음과 같은 평을 기고하였다.

평소 우리들은 사상적으로 그리 튼튼하지 못하다는 것을 자기 자신도 느끼고 있다.

또 주위 사람들도 그렇게 보는 것 같다. 그러나 일본화가들의 작품과 비교한다면 확실히 진지함을 엿볼 수 있다. 우리들이 북과 직결하고 있기 때문이라는 그것만으로는 설명이 부족할 것이다.

역시 우리들은 과거 30여 년간 일제의 포악과 압제 밑에서 그에 대한 분노를 가슴속에 품어왔기 때문에 정치에서 눈을 뗄 수가 없지 않았을까

싶다.

허훈도 김창덕도 생전에는 한 번의 개인전도 안했고 회고전도 아직 못하고 있다.

먼저 소개한 백령은 제국미술대학(지금의 武蔵野美術大学)을 졸업한 후 슐리얼리즘 경향의 창작을 하였으나 재일조선미술회의 참가를 계기로 자신의 화풍을 리얼리즘으로 변혁해나간다.

그것은 북의 사회주의사실주의창작방법으로 자신을 개조해나가는 작업이었으나 기관지 조선미술의 편집과 평론도 맡아한 그로서는 불가피한 일이었을 것이다. 슐리얼리즘에서 사회주의리얼리즘으로 양식을 변혁한 후에도 백령의 독특한 시정성은 강하게 작품 속에 느껴진다.

김희려는 허훈, 백령과 동세대 오사카의 화가로 오래 문예동 오사카 미술부장을 지냈다. 해방 직후 한국에서 많은 사람들이 일본으로 밀항해왔다. 정치적인 이유도 있고 가족을 찾으러 온 사람들도 많다. 조량규도 정치적인 이유 때문에 48년에 밀항으로 일본에 왔다.

김희려는 〈밀항〉이란 작품 속에 고향인 제주도에서 일어난 4·3사건을 배경에 두면서도 어릴 적 가족과 함께 일본으로 건너온 자신의 경험을 투영시키고 있다. 소년의 불안스럽고 순결한 인상적인 표정은 김희려의 자화상으로 보여진다.

백령과 김희려의 작품들은 유가족의 협력으로 지금은 조선대학교 미술과가 보관하고 있다. 백령은 2005년에 조선대학교에서 회고전을 개최하였고 김희려는 작년과 올해 조선대학교와 오사카에서 각각 회고전을 열었다. 전시를 하면서 새롭게 작품이 발굴되거나 성과도 있었으나 무엇보다도 재일동포들이 선대미술인들의 작품을 자기들이 지켜나가야 할 문화유산이라는 인식을 가지는 계기로 되었으면 하고 생각한다.

그 외에도 소개하고 싶은 작가는 많으나 오늘 소개한 미술인들은 앞으로 더욱 조명을 받아야 할 작가들이라고 생각한다. 그래야 재일조선인미술의 전체상을 옳게 파악할 수 있을 것이다.

예컨대 조량규의 작품 〈멘홀B〉는 일본의 권위 있는 미술잡지인『미술수첩』올해 6월호가 특집을 한 일본근대미술의 걸작 130선에 선발되었다.

평론가 하리우 이치로가 말한 것처럼 일본의 전후미술의 중요한 일각이 그 한명에 의해 지탱되어 왔다는 평가는 일본미술의 흐름속의 이야기로 재일조선인의 미술의 명맥에서 볼 때 또 다른 양상을 보일 것이다.

1999년에 그때까지 재일조선중앙미술전으로 매해마다 한번 전람회를 개최하여오던 문예동 미술부를 중심으로 한 미술인들이 새롭게 아름아트네트워크라는 단체를 만들어 교토시립미술관에서 전람회를 가졌다.

아름전은 우선 재일코리언미술 속에서 정치적, 양식적 담벽을 부수고 재일미술인들이 모이는 의의에 대하여 되물어보면서 오키나와나 재중미술인들도 그에 뜻을 같이해서 후에는 재러, 재미, 재유럽의 많은 코리언 아티스트들과 연계를 넓히면서 동시에 과거의 재일미술을 검증하는 심포지엄과 전시를 진행하였다.

아름전 이전과 이후로는 재일조선인미술양상이 역시 변화하였다. 80년대까지 구상회화 중심이었던 총련계 미술이 우선 양식적으로 확산하였고 아름전 이후의 젊은 미술인들은 자신의 정체성을 미술을 통해 추구해나가는 자세를 더욱 명확히 가지게 되었다. 재일조선인미술은 재일조선인이 그리는 미술로부터 테마로서의 재일조선인의 미술로 변화하였다고 생각한다.

테마로서의 재일이란 재일조선인의 삶과 상황만을 테마로 한다는 것이 아니고 단순한 민족주의도 아니다. 재일코리언이라는 자기 정체성에 대한 어떤 사색과 의식이 창작의 중요한 고리로 되는 미술이라는 것이다.

후쿠시마현립미술관이 기획을 한 '후쿠시마의 신세대 2009'라는 전시
회에 초대된 김영숙의 작품, 〈매일 죽어가는 나에 대한 장의식〉이란 제
목으로 전날에 찍은 사진을 품에 안으면서 자신의 사진을 100일간 찍어
낸 작품이다. 흰 저고리를 입고도 비관적인 느낌보다 매일 새로 태어나
는 자신의 존재를 물어보는 행위로서의 작품일 것이다. 이 작품은 올해
재일조선학생미술전에서 입상을 한 고급부 2학년 학생의 작품이다.

전시를 할수록 증식을 해간다는 작품으로 철사로 만든 〈재일군〉이 위
를 향하고 있다. 이러한 경쾌한 감각이 앞으로의 재일조선인들에게 더
필요한 것이라고 생각하였다.

이 학생은 작품의 해설문에서 "나는 차별이 없어도, 민족교육을 안 받
아도 재일조선인이다" 라고 쓰고 있다.

1, 2 세대들은 재일조선인이라는 부(否)의 역사를 극복하는 것이 삶의
테마였고 그 해결, 연장선상에 통일이 있었다. 지금 새 세대들은 처음부
터 재일이라는 것을 역사적으로 해석하지 않는다.

아름전과 연동하면서 디아스포라아트라는 시점도 활발히 제기되어왔
다. 2004년에는 도쿄경제대학 서경식 교수와 도쿄외국어대학 리효덕 교
수들이 중심이 되어 디아스포라아트 연구회가 조직되었다. 아름전에서
나는 자신의 정체성이라든가 재일코리언의 미술을 상대화해서 보고 싶
다는 개인적인 요구가 막연하게 있어 다른 지역 코리언들의 아트와 미
술인들을 알려고 했다. 그러나 디아스포라아트라는 시점은 이산된 사람
들의 아이덴티티의 표현이 공통점으로 존재한다는 것을 문제제기하고
식민지 이후라는 어감에서 부(否)의 이미지를 털어버리고 오히려 긍정
적으로 거기에서 세계를 보자고 한다. 그것을 물어보고 표현해나가는
것이 지금의 아트로서 유효하다는 것은 젊은 코리언 아티스트들에게 영
향을 주었다고 생각한다.

그러나 개인적으로는 디아스포라아트라는 틀 속에서 재일조선인미술을 논하는 것은 다소 어울리지 않다는 느낌도 있다. 재일조선인의 미술을 주연적이고 아웃사이더적인 부분적인 미술로 틀어잡기보다 재일의 미술로 독립적으로 틀어잡는 것이 가능한가, 또 그것은 어떤 의미를 가지는가를 생각하는 것 자체가 하나의 테마이다.

II부

코리언의 문화통합을
위한 제언

제5장 고려인 · 사할린 한인과 한국인의 역사연대와 문화공존

정진아*

1. 머리말

한반도에는 아직도 식민과 이산, 분단과 전쟁의 역사가 지속되고 있다. 탈냉전에도 불구하고 동아시아에는 탈냉전과 화해의 기류가 아니라 신냉전의 기류가 흐르고 있고, 그 중심에는 한반도의 분단이 가로 놓여 있다. 끝나지 않은 식민과 분단의 역사는 동아시아 지역의 체제적 분단과 연결되어 긴장과 갈등을 증폭시키고 있다.

더욱 심각한 문제는 한반도와 동아시아 지역의 식민과 분단의 역사가 단지 국가와 국가, 국민과 국민 간의 갈등을 낳았을 뿐만 아니라 이 지역에 살고 있는 한(조선)민족, 즉 남과 북의 주민, 코리언 디아스포라를

---

* 건국대학교 통일인문학연구단 HK교수.

분열시켰고, 코리언의 마음에 생긴 역사적 트라우마의 골이 깊다는 것
이다. 그리고 코리언의 역사적 트라우마는 식민과 이산, 분단과 전쟁을
경험한 1세대 뿐 아니라 이후 세대에게까지 전승되고 있다는 점에 그
심각성이 크다.[1]

　그것은 식민과 이산이 한(조선)민족의 해방으로 귀결되지 못하고 한
반도에 두 개의 분단국가가 형성되었기 때문이다. 서구의 경우 자유로
운 개인의 정치경제적 결합으로서의 민족과 그 이익의 실현체로 민족국
가가 탄생했다. 하지만 한반도에서는 일제의 식민지 지배가 끝난 후 통
일된 자주적 독립국가가 형성되지 못하고 대한민국과 조선민주주의공
화국이라는 적대적인 두 개의 분단국가가 형성되었다.

　대한민국과 조선민주주의인민공화국은 미국을 중심으로 하는 자본주
의, 소련을 중심으로 하는 사회주의의 진영 간 대립의 최전선에 서서 세
계, 특히 동아시아 지역과의 관계에서 두 개의 체제 구심력을 작동시키
는 축으로서의 역할을 하였다. 남과 북의 주민들 또한 두 분단국가의 강
력한 구심력과 지역적인 체제 분단과 대립의 자장 속에서 자신의 삶과
역사를 구축해왔다. 한편, 두 개의 분단국가에조차 소속되지 못하였던
동아시아의 코리언 디아스포라는 미국, 소련, 중국, 일본 국가에 편입되
어 살면서도 자신들만의 민족정체성과 생활문화를 구축하며 살아왔
다.[2]

---

1) 코리언의 트라우마에 대해서는 건국대학교 통일인문학연구단, 『코리언의 역
　사적 트라우마』, 선인, 2012 참조. 이 책에서는 한(조선)민족이 가진 역사적
　트라우마를 ①식민 트라우마, ②이산 트라우마, ③분단 트라우마, ④6·25전쟁
　트라우마, ⑤국가폭력의 트라우마로 구분하고, 식민·이산·분단 트라우마를
　근본적인 트라우마로 규정하고 있다.
2) 건국대학교 통일인문학연구단, 『코리언의 민족정체성』, 선인, 2012; 건국대학
　교 통일인문학연구단, 『코리언의 역사적 트라우마』, 선인, 2012; 건국대학교
　통일인문학연구단, 『코리언의 생활문화』, 선인, 2012; 『코리언의 분단·통일
　의식』, 선인, 2012 참조.

동아시아의 식민과 분단의 역사에 대한 문제제기는 역사학계를 중심으로 꾸준히 이루어졌다.[3] 그 과정에서 동아시아 식민과 지역 분단의 역사를 성찰하고, 극복하는 유력한 방안으로서 한일, 혹은 동아시아 3국 공동의 역사쓰기가 제안되었다. 이는 유럽이 전쟁과 파시즘의 상처를 극복하고 유럽인의 정체성을 형성하기 위한 방안으로 기획했던 공동의 역사교과서 만들기에 시사점을 얻은 것이었다.[4]

유럽은 제2차 세계대전 이후 전쟁과 학살에 대한 유럽인들의 깊은 반성과 성찰을 바탕으로 국가가 나서서 반전과 반파시즘, 평화와 인권, 유럽인의 연대에 기초한 공동의 역사교과서 만들기를 독려하였다. 뿐만아니라 교과서의 제작과 배포, 전후 세대에 대한 교육에도 전폭적인 지원을 아끼지 않았다.

그러나 동아시아는 식민과 전쟁, 지역의 체제 분단으로 인한 국가 간의 대립과 반목이 여전히 상존하고 있고, 식민과 전쟁, 분단의 역사에 대한 시각차 또한 매우 커서 국가 중심의 공동 역사쓰기 프로젝트는 결국 성과를 거두지 못하였다.[5] 이에 시민사회가 나서서 공동의 역사쓰기

---

3) 역사문제연구소, 『화해와 반성을 위한 동아시아 역사인식』, 역사비평사, 2002; 곤도 다카히로, 『역사교과서의 대화』, 역사비평사, 2006; 김기봉, 『역사를 통한 동아시아 공동체 만들기』, 푸른역사, 2006; 아시아 평화와 역사연구소 편, 『동아시아에서 역사인식의 국경 넘기』, 선인, 2008; 김용덕, 『21세기 동북아의 공동번영을 위한 역사문제의 극복』, 동북아역사재단, 2008; 아시아 평화와 역사연구소 편, 『한중일 동아시아사 교육의 현황과 과제』, 선인, 2009; 신주백, 『역사화해와 동아시아형 미래 만들기』, 선인, 2014 참조.

4) 김정인 외, 『동아시아의 역사 갈등의 현황 및 대안적 역사교육의 모색』, 학술진흥재단 2005년도 협동과제 결과보고서; 강택구·박재영 외, 『세계의 역사교과서 협의』, 백산자료원, 2008; 페터 가이스·기욤 르 캉트렉 외 지음, 김승렬 외 옮김, 『독일 프랑스 공동 역사교과서』, 휴머니스트, 2008.

5) 한일 국가 간 역사대화의 본격적인 출발이라고 할 수 있는 한일역사공동연구위원회의 활동과 한계에 대해서는 현혜선, 「한일역사공동연구위원회와 역사교과서 대화 방안」, 한양대학교 교육대학원 석사논문, 2010년 참조.

에 나섰고, 동아시아 3국 역사학자들의 오랜 회합과 연구의 결과로서 공동의 역사교과서 개발이라는 의미 있는 성과를 거두고 있다.[6]

이처럼 동아시아 지역의 식민과 분단 문제에 대한 성찰과 문제제기는 많았지만, 지금까지 동아시아에서 한(조선)민족의 식민과 이산, 분단의 상처에 대해서 논의하고, 극복과 통합의 방안을 모색하는 논의는 거의 없었다. 그것은 첫째, 식민과 분단 문제를 바라보는 시각이 '국가'라는 틀 안에 갇혀 있었기 때문이다. 식민의 문제는 한일 간의 문제이고, 분단의 문제는 남북의 문제라는 통념이 그것이다. 둘째, 남북 분단의 실재성이 작동하고 있기 때문이다.

사람을 중심에 놓고 보았을 때 식민의 문제는 단지 한국과 일본, 국가 간의 문제로 끝나는 것이 아니라 식민으로 인해 이산하게 된 한(조선)민족 구성원의 문제이기도 하다. 또한 분단의 문제는 남과 북의 문제뿐 아니라 남과 북의 대결에 따른 동포 사회의 분열, 다른 체제의 민족 구성원에 대한 망각과 배제를 수반했기 때문에 분단의 문제는 코리언 디아스포라까지 포함하는 문제로 시야가 확장되어야 한다.

미래 만들어질 통일 한반도가 전 세계 8천만 코리언의 조국임을 염두에 둔다면, 식민과 분단으로 인해 찢어지고 갈라진 한(조선)민족의 통합을 어떻게 만들어갈 것인가는 지금부터 우리가 심각하게 고민해야 할 과제이다. 통일한반도가 남북 주민 및 코리언 디아스포라가 함께 만들어가는 미래 기획이라고 할 때 가장 중요한 것은 정치경제적, 제도적 차원의 통합 모델을 내어오는 것이 아니라 통합된 주체로서 코리언의 문화 정체성을 형성하는 것이다. 그리고 그것은 서로에 대한 진정한 이해 없이는 이루어질 수 없다. 특히 이는 식민과 분단, 전쟁과 냉전, 탈냉전

---

6) 한중일3국공동역사편찬위원회, 『미래를 여는 역사』, 한겨레출판, 2005; 한중일3국공동역사편찬위원회, 『한중일이 함께 쓴 동아시아 근현대사 1·2』, 휴머니스트, 2012.

과 신자유주의로 인해 찢기고 상처 입은 동아시아 코리언의 민족적 자존심을 북돋고, 서로를 깊이 이해하는 과정이 되어야 할 것이다. 이 글에서는 먼저 고려인·사할린 한인과 한국인의 민족사 인식의 특징에 대해서 살펴볼 것이다. 다음으로는 고려인, 사할린 한인과 한국인 사이에서 발생하고 있는 민족사 인식의 차이와 상호 충돌 지점을 찾아볼 것이다. 그리고 마지막으로는 민족 내부에서 발생하고 있는 민족사 인식의 충돌을 막고, 코리언의 공존과 통합을 위한 방안으로서 역사연대의 문제를 검토해볼 것이다.

2. 식민과 분단으로 인한 민족사 인식의 어긋남

1) 고려인과 사할린 한인의 역사 기억

(1) 고려인

1937년 중앙아시아로 강제이주된 후에도 고려인들은 조선학교에서 민족어와 민족사를 학습하였다. 그러나 소련이 1964년 조선학교를 폐지하고 사회주의 동화정책을 강화면서 재러고려인은 민족어와 민족사를 학습할 수 있는 공간을 잃었다. 이후 고려인의 역사는 1세대의 이야기와 문학이라는 도구를 통해 기억되었다. 1990년대 이후 러시아 정부에서 각 민족에 대한 문화적 결사를 허용하면서 고려인민족문화자치회가 각지에서 발족하고, 고려인 독자적으로 혹은 한국의 학자 및 시민단체의 지원과 연대 활동을 통해 기념관, 박물관 등이 설립되면서 고려인의 기억이 기록되고 대중적으로 공유되고 있다.

연해주 우스리스크의 고려인이주140주년기념관 내부에 건립된 고려

인역사관은 고려인 이주 140주년을 기념하여 설립되었으며, 고려인역사
관에는 고려인들의 역사와 생활문화가 재구성되어 후대에게 고려인의
역사를 전승하는 역할을 하고 있다. 이를 통해 우리는 고려인이 자신들
의 역사기억을 어떻게 재구성하고 있는지 파악할 수 있다.

전시내용을 통해 본 고려인 역사 기억의 특징은 다음과 같다. 첫째,
항일운동을 강조함으로써 일본의 스파이 노릇을 했다는 혐의에 대해 적
극적으로 항변하였다.[7] 고려인은 강제이주의 원인이 되었던 친일 혐의
를 부정하기 위해 이들이 항일운동의 선봉에 서서 얼마나 치열하게 싸
웠는지를 형상화하고자 하였다.

둘째, 고려인을 러시아혁명의 일 주역으로서 위치시키고자 하였다.[8]
러시아혁명을 전후한 시기 고려인들은 항일 독립운동을 전개하는 한편,
백군 혹은 적군에 가담하여 러시아 내전에 참가하였다.[9] 고려인역사관

---

7) 이정선, 『중앙아시아 고려인 소설 연구-역사 복원 양상을 중심으로』, 경희대
학교 국문과 박사학위논문, 2011, 47~48쪽. 관련 작품으로는 김기철, 「칼자욱」,
『레닌기치』 1961.12.24; 김기철, 「복별」, 『레닌기치』 1969.11.15; 김준, 「해당화」,
『레닌기치』 1958.3.19; 김준, 「지홍련」, 『레닌기치』 1960.10.2~10.11; 리 왜체쓸
라브, 「저멀리 산이 보인다」, 『레닌기치』 1988.4.29~5.3을 들 수 있다.

8) 대표적인 작품이 김준, 『십오만원사건』, 카사흐 국영문학예술출판사, 1964와
김남석, 「뚠그쓰 빠르찌산」, 『레닌기치』 1971.11.20~11.23이다. 그 내용에 대
해서는 이정선, 위의 글, 57~64쪽.

9) 일찍이 러시아에 귀화하여 넓은 토지를 소유한 원호인들을 중심으로 조직된
대한국민의회는 백군과 손을 잡고, 청년들을 무장시켜 항일무장투쟁을 전개
하고자 하였다. 한편, 소작인으로서 무국적 상태를 유지했던 여호인들은 한
인빨찌산 부대를 편성하여 적군과 손을 잡고, 백군을 후원하는 일본군과 싸
웠다. 백군의 한계를 경험한 대한국민의회를 비롯한 고려인사회는 이후 적군
의 편에 서서 백군과 일본군에 맞서 싸웠다(반병률, 「러시아 한인(고려인)사
회와 정체성의 변화-러시아원동 시기(1863~1937)를 중심으로」, 『한국사연구』
140, 2008; 반병률, 「3·1운동 전후 러시아 한인사회의 민족정체성 형성과 변
화」, 『한국근현대사연구』 50, 2009; 윤상원, 「시베리아내전기 러시아지역 한
인의 군사활동 : '한인사회당 적위군'과 '에호한인부대'를 중심으로」, 『한국민
족운동사연구』 66, 2011).

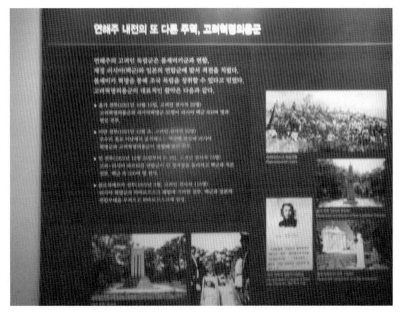

〈사진 1〉 연해주 내전의 또 다른 주역, 고려혁명의용군[10)]

은 "연해주의 고려인 독립군은 볼세비키군과 연합하여 제정 러시아(백
군)과 일본군의 연합군에 맞서 결전을 치렀다. 볼세비키혁명을 통해 조
국을 성취할 수 있다고 믿었기 때문이다."라고 기술하고 있다. 백군과
결탁했던 과거는 소거되고, 적군과 협력한 사실만이 부각되고 있는 것
이다. 이는 러시아혁명의 성공 이후 새롭게 건설된 사회주의 조국 소련
의 정치적 토양에 한인의 민족적 정체성을 결합시킴으로써 소련(러시
아)의 국가정체성과 고려인의 민족정체성을 일치시켜 나가고자 했던 고
려인들의 노력을 보여준다.[11)]

   셋째, 사회주의 소련 건설의 주역으로서 고려인의 역할을 부각시키고

10) 우수리스크 고려인민족문화센터 박물관 전시내용.
11) 윤정헌, 「중앙아시아 한인문학 연구-호주 한인문학과의 대비를 중심으로」,
    『Comparative Korean Studies』 10-1, 2002, 222쪽.

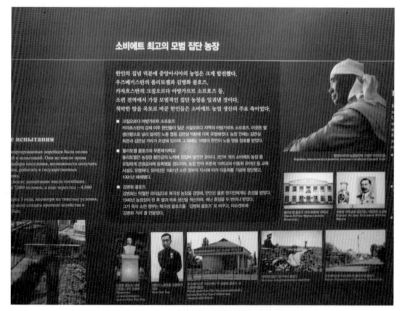

〈사진 3〉 소비에트 최고의 모범집단농장[12]

있다. 쌀 생산왕 김만삼과 18명의 고려인이 노동영웅 칭호를 받은 카자
흐스탄 크질오르다 아방가르드 소프호즈와 황만금의 노력으로 3만 개의
소비에트 농장 중 유일하게 관광공사에 등록되었던 플리토젤 콜호즈,
북극성 농장을 경영, 쌀과 목화생산을 혁신하여 레닌훈장을 두 번이나
수여받고 현지인들에게도 존경을 받았던 김병화 콜호즈 등 소비에트 최
고의 모범 집단 농장 건설은 고려인들의 자부심이었다. 고려인은 모국
과의 관계가 끊어진 후, 소련사회에서 생존할 뿐 아니라 성장하기 위해
모범적인 소비에트인이 되는 길을 선택했던 것이다.

넷째, 소련 강제이주 정책의 폭력성과 고려인이 겪은 고통과 수난의
역사는 소설 속에 간접적으로만 등장하지만,[13] 1세대들의 구술을 통해

---

12) 수리스크 고려인민족문화센터 박물관 전시내용.

이후 세대에게 면면히 전승되고 있다. 강제이주로 인해 이들은 수많은 민족지도자를 잃었고, 극한의 생존위기와 민족 말살의 위기에 직면하였다.

따라서 1993년 러시아가 "재러시아 한인 명예회복에 대한 법률"을 통과시켜 과거 고려인에 대한 강제이주를 반성하고, 고려인들의 명예회복과 원래 거주지로 귀환할 권리를 부여하기 전까지는 공개적인 비판은 불가능하였다. 그럼에도 불구하고 1세대들은 구술을 통해 자신들이 누구인지, 왜 자신들이 중앙아시아라는 낯선 땅으로 오게 되었는지 후대들에게 전승하였다. 강제이주에 대한 고려인 자신의 역사기억을 전승하고 있는 것이다. 현재는 학자들이 강제이주의 역사를 집중 조명하면서 소설과 구술로만 전승되던 강제이주의 기억이 체계적으로 수집, 정리되고 있다.

(2) 사할린 한인

고려인들과 마찬가지로 사할린 한인들의 기억 또한 소설과 1세대들의 구술을 통해 전승되었다. 사할린 한인의 역사 기억의 가장 큰 특징은 첫째, 기억이 소설보다는 구술과 편지, 수기 등을 통해 전승되고 있다는 점이다.14) 역사 기억 쓰기가 귀환청원운동의 일환으로 시작되었고, 일본과 한국의 정부와 국회에 한국 귀환의 정당성을 설파하는 자료로서 사용되었기 때문이었다.

둘째, 사할린 한인의 기억과 구술이 강제징용의 비참했던 체험과 고향에 대한 그리움, 일본인의 학살, 미귀환의 상처에 집중되어 있다는 사실이다.15) 따라서 이들이 경험한 사회주의와 사할린 한인들이 사회주의

---

13) 이정선, 『중앙아시아 고려인 소설 연구-역사 복원 양상을 중심으로』 경희대학교 국문과 박사학위논문, 2011, 81~108쪽 참조.

14) 지구촌동포연대(KIN)에서 배포하는 「사할린에서 온 편지」가 대표적이다.

15) 이금자 인터뷰, 2014년 3월 26일, 경기도 안산시 고향마을 아파트 이금자 씨

에 어떻게 적응 혹은 대응해갔는지에 대한 내용은 극히 드물다. 장윤기의 「삼형제」만이 소련체제를 경험하면서 사회주의의 우월성을 칭송하는 내용을 담고 있지만, 이 역시 이들을 곤경에 빠뜨린 주체는 일본으로 설정되어 있다는 점에서 여타의 구술과 일맥상통하는 측면이 있다.[16]

특히 1945년 8월 20일부터 25일에 걸쳐 미즈호(현 포자르스코예) 마을의 일본 주민들이 같은 마을에 사는 한인 27명을 잔인하게 학살한 '미즈호 사건'은 강제징용과 함께 사할린 한인이 일본인에 대한 뿌리 깊은 원한을 쌓게 된 결정적인 계기가 되었다.[17]

셋째, 강제징용과 미귀환의 책임을 철저히 일본에게만 묻고 있다는 점이다. 일본은 이들을 조선으로부터 끌고 와서 버리고 간 제국주의 원흉이자, 소련과 전쟁을 한 적국이었다. 소설에는 이들에 대한 치 떨리는 분노와 적대감, 원한이 사무치게 그려지고 있다.

사할린 한인의 미귀환에 대해서는 일본정부 뿐 아니라 전후 사할린 한인의 존재를 파악했으면서도 사하린 지역의 노동력 문제를 해결하기 위해 이 문제에 눈감았던 소련정부, 반일이라는 정치적인 이슈를 위해 사할린 한인을 이용하고자 했던 한국정부 모두에게 책임이 있지만, 사할린 한인의 구술과 역사 속에는 소련정부와 한국정부에 대한 비판은 모두 소거되어 있다.

넷째, 사할린 한인의 역사를 전승하던 1세대들의 한국 귀환으로 인해 포자르스코예의 사할린 한인 피학살자추모비, 망향의 언덕에 세워진 기

자택; 이태엽 인터뷰, 2014년 5월 14일, 경기도 오산시 중림마을아파트 노인정.

16) 장윤기, 『삼형제』, 유즈노싸할린쓰크, 싸할린서적출판사, 1961(이정선, 『중앙아시아 고려인 소설 연구-역사 복원 양상을 중심으로』 경희대학교 국문과 박사학위논문, 2011, 53쪽에서 재인용).

17) 일본인들이 조선인에게 학살을 자행한 이유는 조선인들이 소련의 스파이 노릇을 해서 일본이 전쟁에 지게 되었다고 생각한 점, 전후 조선인의 보복이 두려웠던 점을 들 수 있다.

념탑 등을 제외하면 사할린 한인의 역사 기억이 전승될 수 있는 길이 끊어지고 있다는 점이다.

2) 한국인이 기억하는 고려인·사할린 한인의 역사

(1) 고려인과 사할린 한인에 관한 연구

고려인은 1860년을 전후한 시기부터 조선 말기의 삼정문란과 농민층 분해 과정에서 연해주 지역으로 이주하여 블라디보스톡에 신한촌이라는 자치공동체를 만들었다. 1910년 일제가 한국을 강점하면서 연해주로의 이주가 급증하였고, 신한촌은 고려인의 삶터이자 독립운동의 중요한 거점이 되었다.[18]

러시아혁명을 전후한 시기 고려인들은 독립운동을 전개하는 한편, 러시아 내전에 가담하였다. 일찍이 러시아에 귀화하여 넓은 토지를 소유한 원호인들을 중심으로 조직된 대한국민의회는 백군과 손을 잡고, 청년들을 무장시켜 항일무장투쟁을 전개하고자 하였다. 하지만 백군의 가장 큰 정치적 후원자가 일본이었기 때문에 대한국민의회의 시도는 결국 실패할 수밖에 없었다. 한편, 소작인으로서 무국적 상태를 유지했던 여호인들은 한인빨찌산 부대를 편성하여 적군과 손을 잡고, 백군을 후원하는 일본군과 싸웠고, 이후 대한국민의회를 비롯한 고려인사회는 적군의 편에 서서 백군과 일본군에 맞서 싸웠다.[19]

---

18) 권희영,『한국과 러시아: 관계와 변화』, 국학자료원, 1999, 제1장 소련의 한인과 민족운동, 제4장 1920년대 연해주지역의 독립운동과 신한촌; 박환,『대륙으로 간 혁명가들』, 국학자료원, 2003; 윤병석,「해외동포의 원류: 한인 고려인 조선족의 민족운동」, 집문당, 2005, 제2부 제2장 연해주 의병의 편성과 항일전, 제3장 러시아혁명과 고려인의 민족운동; 국사편찬위원회 편,『러시아·중앙아시아 한인의 역사(상)』, 2008, 제1장 초기 이민사회의 형성(1863~1917).
19) 반병률,「러시아 한인(고려인)사회와 정체성의 변화—러시아원동 시기(1863~

그러나 중일전쟁이 발발하고, 동북아시아 지역에 대한 일본의 침략이 가속화되는 가운데 소련정부는 1937년 일본의 첩자라는 누명을 씌워 수많은 고려인 지도자들을 숙청하고, 18만 명의 고려인을 중앙아시아로 강제이주시켰다. 이후 고려인들은 모국과 단절된 채 중앙아시아에서 농업 개척자로서 새로운 생활을 시작하였다.[20]

고려인은 '불온세력'이자 "행정적으로 소거된 자들"로서 특별위수지역으로 한정된 지역에서 감시와 통제를 받으며 생활하였다. 고려인 청년들은 불명예를 극복하고자 반파시즘 전선에 적극 참여하고자 소원신청서를 제출하였으나 거부당하였다. 단지 후방의 노무부대로서 동원되었을 뿐이다.[21]

민족말살의 위기 속에서 고려인들은 근면함과 성실함을 바탕으로 민족 단위 콜호즈를 일구어 소련 국가의 노력영웅으로, 충실한 사회주의의 공민으로 인정받았다. 1960년대부터 콜호즈의 통합과 대형화 속에서 고려인의 입지가 좁아지고, 집단생산의 비효율성이 발생하자 고려인들은 임대 영농형태인 고본질을 발전시켜 경제력을 향상시키는 한편, 이를 바탕으로 도시로 이주하여 자녀들을 교육시키고 안정된 정치경제적인 지위를 획득하고자 노력하였다.[22]

1937)를 중심으로」, 『한국사연구』 140, 2008; 반병률, 「3·1운동 전후 러시아 한인사회의 민족정체성 형성과 변화」, 『한국근현대사연구』 50, 2009; 윤상원, 「시베리아내전기 러시아지역 한인의 군사활동 : '한인사회당 적위군'과 '에호 한인부대'를 중심으로」, 『한국민족운동사연구』 66, 2011.

20) 최근 연구에서는 고려인 강제이주가 단지 정치적인 이유뿐 아니라 중앙아시아의 척박한 농지 개척이라는 경제적인 이유 때문이라는 분석이 나오고 있다. 소련정부가 벼농사에 탁월한 기술을 가진 고려인의 능력을 활용하여 중앙아시아를 개척하고자 하였다는 것이다. 따라서 고려인은 중앙아시아에서 주로 벼농사 플랜테이션이나 곡물생산, 목화나 사탕무 생산에 종사하였다.

21) 심태용, 「중앙아시아 한인의 현지 정착과 사회적 지위」, 『러시아·중앙아시아 한인의 역사(상)』, 2008, 219~223쪽.

한편, 사할린섬에도 1860년대부터 한인들이 들어와 살았다. 이들은
조선정부의 수탈과 식량난을 피해 함경북도와 평안북도에서 이주한 사
람들이었다. 소련이 사회주의화되면서 북사할린에는 한인학교가 세워
졌고, 한인들은 농업과 어업에 종사하면서 콜호즈에 소속되었으며 지방
소비에트에 참가하기도 하였다. 하지만 소련이 1937년 북사할린의 한인
들도 중앙아시아로 강제이주시키면서 북사할린에서 한인들은 거의 사
라지게 되었다.

따라서 지금 사할린의 한인들은 1910년 일제가 조선을 강점함으로써
취업, 동원을 통해 사할린으로 이주한 사람들과 그 후예들이다.[23] 특히
1938년 일본이 석탄과 석유개발을 위해 한반도의 한인들을 강제징용하
면서 남사할린에는 한인수가 4만 명으로 급증하였다. 이들은 주로 경상
도와 충청도, 제주도에서 강제징용당한 사람들이었다. 사할린 한인들은
민족적 차별, 강제노동, 폭력과 구타에 시달리면서도 해방되어 고국으
로 돌아갈 날만을 손꼽아 기다리고 있었다.[24]

전쟁이 끝난 후 사할린 지역은 소련이 접수하였고, 1946년 '소련지구
귀환미소협정'에 의해 일본인들은 본국으로 송환되었다. 그러나 조선인
들은 일본으로도, 조선으로도 돌아가지 못하고 버려졌다. 강제징용의
책임이 있는 일본은 이들의 송환을 책임지지 않았고, 소련은 노동력이
부족한 사할린의 개발을 위해 이들을 억류하였다.[25] 일본과 소련뿐 아

---

22) 백태현, 「중앙아시아 경제의 산업화와 고려인의 역할」, 『러시아·중앙아시아
한인의 역사(상)』, 2008, 262~263쪽.
23) 이재혁, 「러시아 사할린 한인 이주의 특성과 인구발달」, 『국토지리학회지』
44-2, 185~187쪽.
24) 지구촌동포연대, 『사할린, 사할린한인』, 2009 참조.
25) 1956년 일본과 소련이 국교를 재개하면서 잔류 일본인들에 대한 귀환을 완료
하였지만, 이때도 한인들은 제외되었다. 전경수, 「한인동포 사회의 이주역사와
정착배경」, 『러시아 사할린·연해주 한인동포의 생활문화』, 국립민속박물관,

니라 미국과 한국정부도 이들의 존재를 인식하지 못하였다.

1960년대 소련은 한인들에게 소련국적 취득을 종용하였다. 90%가 남한 출신이었던 이들은 고향으로 돌아가기 위해서는 소련국적을 취득하지 않고 기다려야 한다고 생각하였다. 그러나 무국적자에게는 거주이전의 자유도, 대학교육을 받을 권리도 없었기 때문에[26] 자녀들의 교육과 소련사회에서의 정착을 위해 북한국적이나, 소련 국적을 취득한 사람들도 많았다.[27] 1990년 한소수교가 수립되면서 사할린 한인들의 숙원사업이었던 사할린 한인의 귀환문제가 현실화되었다. 일본 적십자사의 귀국 및 정착자금 지원, 한국 지자체의 부지 확보 등이 결실을 맺으면서 1992년부터 1945년 이전 출생자들의 귀환이 이루어졌다.[28]

(2) '배신자' 담론과 민족 내부의 위계 만들기

고려인과 사할린 한인의 역사는 1945년 이후 사할린 한인의 사회주의 경험에 관한 내용을 제외하고는 개괄적인 수준에서는 정리되었다고 할 수 있다. 한소수교 이후 재외동포들에 대한 관심이 급증하였고, IMF이후 재외동포들이 가진 경제적 잠재력을 겨냥하고 실태조사와 연구프로젝트가 쏟아졌기 때문이다.[29] 그러나 일반인들의 인식은 연구자들의 인식과 괴리가 크다. 그것은 고려인과 사할린 한인들과 한국인들의 접촉

2001, 70~72쪽.

26) 이은숙 · 김일림, 「사할린 한인의 이주와 사회 · 문화적 정체성: 구술자료를 중심으로」, 『문화역사지리』 20-1, 2008, 28쪽.

27) 전체 4만 3천 명의 사할린 한인 가운데 65%가 북한적, 25%가 소련적, 나머지 10% 내외가 무국적이 되었다(이정희, 「러시아 사할린주 한인의 실태연구」, 『영남정치학회보』 7, 1997, 289~290쪽).

28) 김성종, 「사할린 한인동포 귀환과 정착의 정책과제」, 『한국동북아논총』 40, 2006 참조.

29) 정진아, 「연해주 · 사할린 한인의 삶과 정체성」, 『한민족문화연구』 38, 404~405쪽.

경험 속에 고스란히 드러나고 있다.

한국인들과 대면하면서 고려인이 가장 당황하게 되는 것은 한국인들의 고려인에 대한 무지와 그들의 자부심 어린 역사에 대한 냉소적인 반응이었다. 한국인은 고려인에 대해 전혀 모르거나, 혹은 "우리가 살기 힘들 때 도망간 사람들", "배신자", 그래서 민족 구성원이 아닌 존재라는 배제 담론을 형성하고 있었다.[30]

이것은 조선정부의 부패와 농민층 분해 과정에서 경제적 기반을 잃고 조국을 떠나게 된 사람들, 일제의 식민지 수탈을 견디지 못하고 유리하게 된 코리언 디아스포라의 신산한 역사를 이해하지 못한 결과이다. 한국인은 고려인을 조국이 가장 힘들 때 생사고락을 함께 하지 않고 도피한 사람들로 치부하였다. 그것은 기성세대가 갖는 소련에 대한 강렬한 '반공의식'에서 비롯된 것이었다.

한국과 소련은 1990년 6월 4일 한국 노태우 대통령과 소련 미하일 고르바초프 공산당 서기장이 정상회담을 갖고 한소수교 원칙에 합의하였다. 이는 1904년 러일전쟁으로 단교한 이후 86년 만의 국교 정상화였다. 조선과 러시아는 1884년 조러수호통상조약을 체결하였으나 1904년 이를 파기하였고, 이후 공식 교류는 전무하였다.

특히 해방 후 미국과 소련 중심의 자본주의, 사회주의 진영 간 대립 속에서 한국은 미국 중심의 자본주의 진영에 편입되어 소련을 중심으로 한 사회주의 진영과 오랫동안 적대관계를 지속해왔다.[31] 소련은 사회주의 종주국으로서, 북한이라는 소련의 꼭두각시 정권을 수립하였으며,

---

30) 신현준, 「포스트소비에트 공간에서 재한고려인들의 월경 이동과 과문화적 실천들」, 『귀환 혹은 순환-아주 특별하고 불평등한 동포들』, 그린비, 2013, 199쪽. 필자가 심층인터뷰를 한 대부분의 고려인은 한국인에게 이런 말을 들은 경험을 가지고 있었다.
31) 노태우, 『노태우 회고록』, 조선뉴스프레스, 2011; 한정숙 외, 『한러관계사료집 (1990-2003)』, 서울대학교서울대학교출판부, 2005 참조.

6·25전쟁을 배후조종한 '악의 중심축'이었다. 따라서 그곳에 살고 있는 고려인들 또한 대한민국을 기준으로 할 때 '배신자'가 되는 것이다.

사할린 한인들에 대한 한국인들의 반응은 무지하다는 점에서는 고려인과 동일하지만, 위안부 문제와 강제징용 문제가 이슈화되면서 사할린 한인에 대해서는 일본에 의한 수탈과 탄압을 함께 경험한 사람들이라는 공감대를 형성하고 있다. 그러나 이러한 인식은 또한 사할린 1세들의 한국 귀환으로 문제가 청산되었다고 생각한다는 점에서 한계를 가지고 있으며,[32] 또한 한국인들의 이러한 인식은 민족 내부에서 고려인과 사할린 한인의 위계를 생산하고 있다는 점에서 더욱 문제적이다.

1945년 일본의 패전후 소련정부는 일제의 지배하에 놓여있던 사할린 한인들의 사회주의 재교육과 지도를 위해 중앙아시아 고려인을 사할린에 이주시켰다. 중앙아시아에서 이주한 고려인은 사할린 사회의 권력층을 형성하였고,[33] 사할린 한인들은 이들의 태도를 "사회주의 물을 먼저 먹었다고 거들먹거리는", "사할린 한인 위에 군림하는" 자세로 치부하였다.[34] 사할린 한인들은 이들과 자신들을 구분하여 연해주 고려인들을 대륙에서 온 사람들이란 뜻으로 '큰땅배기' 혹은 '큰땅치'로 불렀다. 연해주 고려인들은 이에 대응하여 사할린 한인을 '화태치'라고 불렀다.[35]

---

32) 사할린 한인 1세와 가족들의 이산 및 동반귀국 문제, 가족들과의 이산이 싫어서 귀환을 포기한 사할린 한인들의 복지 및 의료지원 문제, 사할린 한인들의 임금과 저금에 대한 배보상 문제, 역사기념관 설립 문제 등 아직 해결되지 않은 많은 문제들이 산적해있기 때문이다.

33) 이은숙·김일림, 「사할린 한인의 이주와 사회·문화적 정체성: 구술자료를 중심으로」, 『문화역사지리』 20-1, 2008, 24쪽; 이재혁, 「러시아 사할린 한인 이주의 특성과 인구발달」, 『국토지리학회지』 44-2, 2010, 191쪽.

34) 텐옥사나, 「러시아 사할린 한인의 민족정체성-우즈베키스탄 고려인과의 비교를 중심으로」, 연세대학교 석사학위논문, 2010, 19쪽; "큰 땅에서 온 사람들은 자기가 더 높으다 생각하고 계속 그렇게 행동해요. 사할린 사람들을 사람으로도 안봤어요."(이태엽 인터뷰, 2014년 5월 14일, 경기도 오산시 중림마을 아파트 노인정).

소련 시절에는 고려인들이 사회적으로 우월한 위치에 서 있었지만,
한국에 들어와서 이 위치는 역전되었다. 고려인이 '도망자', '배신자'라
면, 사할린 한인은 '강제징용자', 한국인과 동일한 '일제의 피해자'라는
한국인들의 인식이 영향을 미쳤기 때문이었다. 소련시절 러시아어와 사
회주의 시스템에 익숙한 고려인 앞에서 사할린 한인은 소련의 적국인
일본의 신민이자, 자본주의 물을 먹은 자들로 규정되어 위축되었다. 그
러나 이제는 대한민국의 국민으로서 소련에 자발적으로 이주한 고려인
들과 일제시기 강제징용으로 끌려간 자신들은 다르다는 사실을 당당하
게 얘기하고 있다.[36] 과거에는 소련인들의, 지금은 한국인들의 구분법
이 민족 내부의 위계의식을 재구축하고 있는 것이다.

3. 민족사의 재정리와 역사연대의 필요성

1) 역사 기억의 망각 혹은 충돌

고려인, 사할린 한인과 한국인의 문화가 충돌을 넘어 접점을 형성하
고 새로운 문화를 창출해나가기 위해서는 세 가지 전제조건이 필요하
다. 첫째는 역사와 문화에 대한 상호 이해, 둘째는 민족동질성에서 민족
공통성으로의 인식 전환, 셋째는 법제 개선이다.[37] 이 글에서는 역사와

---

35) 일제시기 사할린의 지명인 화태(樺太)에서 비롯된 이름이다. 4~5세대 고려인
    중에는 사할린 한인이 자신들을 싫어하므로 어울리지 말라는 얘기를 부모님
    을 통해 들었다고 했다.
36) "(큰땅배기들) 지금은 그렇게 권리는 안 해. 자꾸 기자들이 댕기고 한국에 우
    리가 더 큰소리 하고"(이금자 인터뷰, 2014년 3월 26일, 경기도 안산시 고향마
    을 아파트 이금자씨 자택)
37) 정진아, 「국내 거주 고려인, 사할린 한인과 한국인의 문화갈등」, 『통일인문학』

문화에 대한 상호 이해를 위한 역사연대의 문제를 제기해보고자 한다.

고려인, 사할린 한인은 한반도의 주민과 조선후기까지는 역사적 경험과 이름을 공유하는 존재였으나 일제의 조선강점과 그에 따른 이산과 강제이주, 강제징용으로 한반도의 주민과는 다른 역사적 경험을 하게되었고, 소련과 한국과의 국교 단절로 인해서 한국인에게 잊혀진 존재가 되었다. 현재 한국인은 고려인과 사할린 한인의 역사와 문화에 대해 알지 못하고, 고려인과 사할린 한인 또한 한국인이 경험한 역사와 문화에 대해서 알지 못한다.

최근 코리언 디아스포라에 대한 관심이 높아지면서, 고등학교 한국사 교과서에도 그들의 존재가 언급되고 대중서를 통해서도 이들의 역사가 소개되고 있다. 하지만 기억 속에서 호명되는 고려인과 사할린 한인의 역사는 단지 일제시기에 국한되어 일제의 식민정책을 비판하기 위한 소재로서 다루어질 뿐이다. 이들은 「일제의 강점과 민족운동의 전개」라고 하는 영역에 포함되어 일제의 식민정책과 수탈로 이산되었지만, 타국에서의 신산한 삶에도 불구하고 민족운동을 지원하는 강력한 후원자로서, 일제의 강제징용과 학살, 소련의 강제이주를 고발하는 산 증인으로서만 등장할 뿐이다.[38]

정작 고려인들이 자랑스럽게 생각하는 역사 기억, 즉 러시아혁명 과정에서 계급모순과 민족모순을 함께 해결하고자 하였던 고려인들의 활동과 소련의 사회주의 건설과정에서 노력영웅과 모범 소비에트인으로 인정받았던 경험과 내용은 전혀 언급되지 않고 있다. 그러나 이러한 언

58, 55~60쪽.

38) 김종수 외,『고등학교 한국사』, 금성출판사, 2013, 295 · 339쪽; 권희영 외,『고등학교 한국사』, 교학사, 2013, 243쪽; 한철호 외,『고등학교 한국사』, 미래엔, 2013, 243쪽; 최준채 외,『고등학교 한국사』, 리베르스쿨, 2013, 279쪽; 도면회 외,『고등학교 한국사』, 비상교육, 2013; 정재정 외,『고등학교 한국사』, 지학사, 2013, 284쪽; 주진오 외,『고등학교 한국사』, 천재교육, 2013, 275쪽 참조.

급조차도 해방 후가 되면 흔적도 없이 사라진다. 사할린 한인의 경우에
도 강제징용의 역사만이 서술될 뿐 사할린 이주 후의 생활과 문화에 대
해서는 전혀 언급된 바가 없다. 고려인과 마찬가지로 사할린 한인 역시
해방 후가 되면 적국의 공민으로서 한국인의 시야에서 완전히 사라졌다.

통일이 남북 주민과 코리언 디아스포라가 함께 만들어 가는 미래기획
이라고 할 때, 식민과 분단으로 인해 고통 받고 있는 남북 주민과 코리
언 디아스포라의 분열된 역사를 그대로 두고 통일의 미래를 열어갈 수
는 없다.

그렇다면 식민과 분단으로 인한 민족사의 어긋남을 극복하기 위해서
는 무엇이 필요한가? 미국과 소련 중심의 냉전체제에 이은 동아시아의
신냉전, 남북 분단의 현실을 사는 한국인이 과연 어떻게 하면 사회주의
체제 속에 살았던 고려인, 사할린 한인과 함께 민족사를 재정리하고, 역
사연대를 이룰 수 있을까?

해방 후 지금까지 민족사를 분열시키고, 망각시킨 것은 학술적 쟁점
이 아니라 이데올로기적인 입장의 차이였고, 지금도 우리를 가로 막고
있는 것은 분단의 실재성이다. 하지만 어긋난 민족사가 미래에도 되풀
이 되지 않게 하려면 반드시 민족사를 재정리하고 교훈을 남겨야 한다.
어제의 문제를 청산하지 않는 것은 곧 내일의 문제를 조장하는 것이고,
기억이란 한 개인과 민족의 존재를 존재하게 해주는 정체성과 문화공존
의 중요한 근거이기 때문이다.

문화통합의 가장 바람직한 방법은 자기의 정체성과 문화의 긍정성을
인정받고, 다른 문화에서도 안정감을 갖게 되면서 문화가 통합되는 것
이다.[39] 지금이야말로 동아시아 민족사의 재정리를 위한 역사연대를 통

---

39) 정진경, 새터민-남한주민 간의 갈등과 문화이해교육의 방향」,『사회과학연구』
24-1, 2007, 167쪽 참조.

해 문화공존과 문화통합의 길을 열고, 올바른 통일의 미래를 건설하기 위해 실천할 때이다.

2) 역사연대 속에서 찾는 문화 통합과 공존의 가능성

그렇다면 통일의 미래를 건설하기 위해 민족사를 재구성하고 역사연대를 이루기 위한 첫걸음은 무엇일까? 필자는 동아시아의 민족 구성원들이 주체가 되어 동아시아사와 민족사를 결합한 근현대사를 서술하는 방법을 제안하고자 한다.40) 이 과제를 달성하기 위해서는 다음과 같은 몇 가지 문제에 대한 합의와 공감대가 형성되어야 한다.

첫째, 코리언 디아스포라 뿐 아니라 남북의 주민과 동아시아의 코리언 모두가 식민과 분단으로 인한 '역사의 조난자'라는 인식을 갖는 것이다.41) 그럼으로써 망각되고, 억압당했던 민족 구성원들의 목소리가 들릴 수 있도록, 조각난 민족사를 전체의 이야기로 다시 쓸 수 있도록 민족 내부의 경계와 위계를 허무는 것이다.42) 그것은 한국인의 역사 또한

---

40) 시민들이 중심이 되어 만든 한중일 3국의 동아시아 근현대사는 한중일이 중심이 됨으로써 의도치 않게 고려인과 사할린 한인의 역사를 배제하는 결과를 낳았다(한중일3국공동역사편찬위원회,『미래를 여는 역사』, 한겨레출판, 2005; 한중일3국공동역사편찬위원회,『한중일이 함께 쓴 동아시아 근현대사 1 · 2』, 휴머니스트, 2012 참조).

41) 박영선은 이들을 '역사의 조난자'로 규정하는 이유로서 이들이 자신의 의지와는 상관없이 국가가 주권을 잃으면서, 동족상잔의 비극을 겪으면서 버려지고 잊혀진 존재이기 때문이라고 말하였다(박선영, 「사회통합을 위한 국민범위 재설정」,『저스티스』통권 제134-2호, 2013, 405쪽).

42) 연변대학교 김호웅 교수는 민족의 통합을 저해하는 요소로서 조선족, 고려인, 북한 주민 등 민족 구성원에 대한 한국인의 우월의식을 지적했다. "한국인들이 잘 산다고 조선족, 고려인, 탈북자들을 무시합니다. 그런데 아시다시피 우리 민족은 자존심이 강한 민족이지 않습니까? 다른 건 몰라도 민족적 자존심을 세워주지 못하면 절대 통일은 어렵다고 봅니다."(2014년 11월 23일 오후 12시~2시, 중국 연길, 김호웅 교수 인터뷰)

반쪽짜리의 불구적인 역사라는 점을 인식하고 자신의 역사를 상대화하며, 동아시아 민족 구성원들의 경험을 겸허히 수용하는 것과 연결되어 있다. 그럴 때 동아시아 근대가 경험한 자본주의와 사회주의가 이룬 성과와 한계가 객관적으로 시야에 들어올 수 있을 것이다.

둘째, 식민과 분단의 역사 속에서 살아간 민족 구성원들이 자신들의 역사와 문화를 자부심을 가지고 이야기할 수 있도록 지원하고,[43] 이들이 처했던 국내외적인 조건과 그렇게 행동할 수밖에 없었던 민족구성원의 처지를 깊이 이해하고 공감하는 일이다. 서로 다른 입장에 놓였던 사람들의 이야기가 제대로 조명되고, 서로 간의 이해가 깊어지면 역사의 간극이 좁혀지고, 민족사의 재구성과 역사연대가 만들어내는 문화적 풍성함과 인본주의적 가치가 살아날 것이다.[44]

셋째로는 '역사의 조난자'들이 연대하여 "기억에 바탕을 둔 진실과 정의"[45]를 추구함으로써 식민과 분단의 구조를 극복해가자고 합의하는 것이다. 그것은 일본정부의 식민 책임을 묻는 것으로부터 시작해야 한다. 구체적으로는 위안부와 강제징용에 대한 공식적인 사과와 배보상의 문제를 제기해야 한다.

다음으로는 한국과 러시아 정부에도 책임을 물어야 한다. 고려인과

---

43) 우즈베키스탄 고려인 한발레리 교수는 "'진짜' 한국사람과 닮고자 하는 모방의 노력은 열등한 한인집합체의 지위로 고려사람을 인도하는 것에 불과"하다고 갈파하고, 고려인 문화의 역사적 존재가치는 다른 세계의 의식을 깊이 받아들인 가운데 문화를 융합시킨 있다고 주장하였다(Valery Han, 「중앙아시아 한인들의 정체성 문제」, 『우즈베키스탄 한인의 정체성 연구』, 한국정신문화연구원, 2001, 113~117쪽).

44) 이인호, 「역사와 역사가, 그리고 역사청산」, 『내일을 여는 역사』 19, 2005, 287~288쪽.

45) "기억에 바탕을 둔 진실과 정의"는 잘못된 과거를 되풀이 하지 않기 위해 프랑스가 과거사 청산에서 가장 강조되었던 부분이다(이재원, 「서평 : 이용우, 《프랑스의 과거사 청산: 숙청과 기억의 역사, 1944~2004》(역사비평사, 2008)」. 『역사학보』 201, 2009, 365쪽).

사할린 한인이 연해주로 사할린으로 이주한 것은 조선정부의 삼정문란과 대한제국의 국권 상실에서 비롯된 것이지만, 그 어느 곳에도 국가의 책임이 명시되지 않고 있다. 또한 1945년 당시 조선인의 존재를 알면서도 이들을 억류한 소련과 뒤늦게 사실을 파악했음에도 불구하고 실제적인 해결책을 모색하기보다 사할린 한인의 존재를 반일감정, 혹은 반공사상을 고취하는 기제로 활용[46]하였던 한국정부에 대한 문제는 전혀 제기되지 않았다. 이제 고려인과 사할린 한인에 대한 두 국가의 책임을 분명히 해야 한다.

책임을 진다는 것은 단지 국가가 '역사의 조난자'들에 대한 책임이 있다는 것을 규정하는 것에 국한되어서는 안 된다. 국가가 책임지지 못하고 방기한 '역사의 조난자'들의 존재와 그들의 삶과 경험을 우리 역사 속으로 걸어들어 오게 하는 것이 중요하다. 그리고 우리의 역사 속으로 걸어들어 온 그들의 역사를 학습하고, 후대에 전승할 수 있도록 하는 것이 더욱 중요하다.

그리고 우리는 식민과 강제이주, 강제징용으로 인해 차별을 받아왔던 이들의 역사적 배경을 고려하여 이들의 권리를 촉진하고, 한국인과 평등한 생활을 보장하기 위해 일정한 기간 동안 특혜와 보호를 취하는 "허용되는 차별"[47] 조치를 적극적으로 마련할 수 있도록 민족적 공감대를 이끌어 내야 한다.

넷째, 고려인과 사할린 한인은 불완전한 국민국가의 존재가 얼마나 민족 구성원들을 고통에 빠뜨려왔는지를 몸에 아로새기고 있는 존재들

---

46) 박정희정권이 사할린 한인을 어떻게 배제하고 포섭해갔는지에 대해서는 한혜인, 「사할린 한인 귀환을 둘러싼 배제와 포섭의 정치―해방후~1970년대 중반까지의 사할린 한인 귀환움직임을 중심으로」, 『사학연구』 제102호, 2011 참조.
47) 노영돈, 「재외동포법 개정방향에 관한 연구」, 『국제법학회논총』 제47권 제3호, 2002, 100~103쪽 참조.

이다. 궁극적으로 분단국가의 통일만이 그 문제를 온전히 극복할 수 있
는 방안임을 제기해야 한다.

4. 맺음말

고려인과 사할린 한인은 민족의 구성원 중에 그 누구보다 민족적 자
부심이 강한 사람들이다. 식민과 이산, 강제이주, 강제징용이라는 위기
를 극복하고 거주지의 당당한 시민으로 살아남은 이들에게 '고려인', '한
인'이라는 이름과 경험, 문화는 자부심의 표현이자 상징이었다. 문학과
구술을 통해 고려인, 사할린 한인의 역사를 되살리고, 재구성하는 하는
이들의 행위는 이들이 자기존재를 증명하고, 정체성을 확보해가는 방식
을 보여주고 있다. 그러나 고려인과 사할린 한인의 문학과 구술이 빚어
내는 역사 기억은 한국의 공식적인 역사기억 속에서 망각되거나 충돌하
고 있다. 이 간극을 어떻게 메꿀 것인가?

이 글에서는 코리언의 문화 공존과 통합, 공통의 문화정체성 형성을
위한 전제조건으로서 역사연대를 제안하고, 그 구체적인 방안으로서 동
아시아의 민족 구성원들이 주체가 되어 동아시아사와 민족사를 결합한
근현대사를 서술하는 방식을 제시하였다. 남한 중심의 역사기억에서 벗
어나 근현대 민족사를 서술하는 방식이다.

고려인, 사할린 한인과 한국인의 문화공존은 같은 혈연과 민족이라는
당위성이나, 민족 내부의 위계 속에서 다수와 주류에 일방적으로 적응
하도록 강요하는 것을 통해서는 만들어질 수 없다. 민족사의 재구성과
역사연대를 통해 역사적 존재로서 민족을 성찰하고, 불가항력적인 역사
속에서 분열되었던 민족 구성원 간의 차이와 상처, 그들의 성장과정을

온전히 이해하며, 연대하고자 하는 마음을 바탕으로 가르치고 배울 때 만들어질 수 있는 것이다.

이를 위해서는 먼저 남북의 주민과 동아시아의 코리언 모두가 식민과 분단으로 인한 '역사의 조난자'라는 인식을 가져야 할 것이다. 다음으로는 서로의 역사와 문화를 풍부히 이야기하고, 깊이 공감하는 과정을 거쳐야 할 것이다. 마지막으로는 "기억에 바탕을 둔 진실과 정의"를 추구함으로써 식민과 분단의 구조를 함께 극복해가고자 노력해야 할 것이다.

제6장 조선족을 통해 본 문화통합과 민족문화의 현대성 담론

김 면*

1. 머리말

중국 동북3성, 길림성, 흑룡강성, 요녕성 지역 조선족 사회의 한인들이 국내로 이주를 시작한 지 20년이 지났다. 현재 51만 명[1]이 넘는 조선족들이 우리와 함께 살고 있다. 이들은 중국국적을 가지고 있지만 강한 민족의식을 갖고 있는 동포로서 국내에 들어와 체류하면서 주변 상점점원, 식당 종업원, 건설업 일꾼, 건물청소원, 공장노동자 등 다양한 직업으로 우리 사회 곳곳에서 일을 하고 있다. 이들은 처음에 코리안 드림을 안고 조국의 땅을 찾아왔으나, 이주노동자로서 차별과 멸시를 겪으며

---

* 건국대학교 통일인문학연구단 HK연구교수.

1) 법무부 출입국·외국인정책본부, 『2013 외국인정책연감 Annual Report』, 86쪽.(2013월 12월 31일)

냉혹한 현실을 인식하게 된다. 조선족은 한국인과의 간극을 느끼며 국내에서 중국 본국의 이국적 환경을 조성하며 함께 생활하고 있다. 수도권 지역만 해도 가리봉동 연변거리, 대림역 주변, 신림동, 자양동 양꼬치 거리, 구로4동, 경기도 안산 원곡동의 다문화 거리 등을 중심으로 조선족 밀집지역이 생겨났다.

조선족은 지리적으로 먼 중국에 살면서도 고향을 생각하며 언어와 전통풍속을 잊지 않았다. 그러나 국내이주 후 이들은 한국인들에게 낯선 이방인으로 느껴져 차별적인 시선을 받게 된다. 새로운 환경에서 형성된 이들의 문화양식과 정체성은 많은 차이점을 노정하고 있는 것이다. 조선족이 한국 사회에서 겪는 사회적 배제의 경험은 한민족으로서의 소속감을 느끼지 못하게 하고 주변화 될 위험성을 높이고 있다. 따라서 본 연구는 조선족과의 내적인 문화통합의 가능성에 초점에 맞추어 한국인의 자문화중심주의에서 벗어나 이들이 보이는 정체성과 생활문화의 성격을 고찰해 보고자한다. 그리고 나아가 조선족과 한국인 사이에서 보인 문화적 이질감을 해소하기 위한 사회통합의 지향성을 제시해보고자 한다.

이 글의 첫 장에서는 조선족의 문화정체성과 생활문화의 양상을 살필 것이다. 조선족 공동체가 보인 집거지 형성과정과 특징이 어떠한 것인지, 과거 전승되던 민속현상이 어떠한 변화과정을 겪고 현재의 문화양식으로 표출되고 있는지, 그리고 조선족이 중국과 한국에서 겪는 일상의 경험이 이들의 이중정체성에 어떤 영향을 미치는지 고찰할 것이다.

다음 장에서는 문화통합을 지향하는 민족문화의 현대성 담론을 구상해보고자 한다. 조선족은 중국과 한국, 두 국가의 사회적 전통들 사이에 위치하는 존재이기에 문화적 경계선을 넘나들며 불안정한 정체성과 타협해야했다. 또한 시간적으로 과거와 현재, 익숙함과 낯설음을 아우르는 경계성의 위치에 자리하고 있음을 부인하기 힘들다. 이들의 유동성

과 이중성은 우리의 시각에서는 수용하기 어려운 요소였다. 또한 이들
은 우리와 민족문화를 공유하는 내적인 관계임에도 다른 문화권에 속한
외적인 관계처럼 존재하였다. 조선족과 한국인이 상호공존을 위해 이들
사이의 문화적 간극과 정서적 이질감을 어떻게 받아들이고 상호이해의
폭을 넓혀갈 것인지 살펴보고자 한다.

2. 조선족의 문화정체성과 생활문화의 양상

1) 조선족 공동체와 언어섬 민속문화

조선족은 과거 한 세기 전 한반도를 떠나 새로운 거주지를 찾아서 만
주지역으로 건너왔다. 이들은 낯선 타지에 정착을 결정하고 고향사람들
끼리 함께 모여 연대감을 이루며 살게 되었다. 이들은 한반도의 고향을
그리워하며 우리 고유의 '민속촌'을 재현하였고 고향에 대한 특별한 기
억이 없어도 풍속을 지키며 조선을 잊지 않았다.

조선족마을은 지리적으로 중국에 속해 있지만, 주변 한어(漢語)와 경
계를 설정하고 조선어를 사용하면서 차별화된 민속문화를 유지하여 왔
다. 이념과 체제로 인하여 다시 조국으로 돌아갈 수 없는 사정이 있었지
만 거주지역을 중심으로 한(韓)민족의 문화영역(ethnische Enklave)을 지
켜왔다. 새로운 환경에서도 민족의 내부적 단결로 전통과 생활양식을
공고히 하였고 문화요소 가운데서 언어를 민족정체성을 이루는 핵심적
가치로 여겨왔다.

훔볼트(Wilhelm von Humboldt)는 '민족성과 언어'의 관계에 대해서,
"언어는 민족정신의 외적인 표현과 같다. 언어는 정신이고, 정신이 곧

언어이다"[2]라고 언급했다. 특정한 언어는 한 민족을 특징화하며 다른
민족과 구분을 짓는 것이기에, 한 언어를 공유하는 것이 한 민족공동체
를 형성하는 데 결정적인 것임을 부연하기도 했다.

한 지역의 언어가 그 주변의 언어와 다르고, 마치 독립된 '섬처럼' 특정
문화를 지닌 고립된 지역을 조사하는 것을 '언어섬'(Sprachinsel) 민속학이
라고 한다.[3] 조선족은 중국 동북3성 지역을 배경으로 민족성향을 지닌 채
주변과 낯선 고유문화, 언어 및 생활환경을 지속시켜왔다. 기존 학술연구
는 이 지역을 조사하면서 한반도와 다른 특별한 문화적 형태에 주목하게
되었다. 특히 국내에서 산업화와 도시화로 사라지거나 찾기 힘든 전통유
산이 불변된 형태로 잔존하고 있음이 확인되기도 한다. 민속의 변형된 폭
넓은 문화요소를 찾을 수도 있다. 주거문화에서 온돌을 이용한 좌식문화
형태, 초가집, 농기구, 계절음식의 요리법, 부엌양식이나 세시민속의 문화
원형이 추적되기도 한다. 한국에서는 생명력을 잃은 어휘들이 연변지역에
서는 아직도 많이 쓰이고 있고, 일본 식민지시대 고어의 흔적을 간직 한
예전의 모습이 확인되기도 한다. 조선족은 중국현지에서 타자의 경계구역
을 설정하여 정체성을 유지하려고 노력하였음을 쉽게 가늠할 수 있다.

1992년 중국과 한국이 수교를 맺은 이후 조선족의 고국방문과 역이주가

2) Wilhelm von Humboldt, "Über die Verschiedenheit des menschlichen Sprachbaues
und ihren Einfluss auf die geistige Entwicklung des Menschengeschlechts",
*Gesammelte Schriften, d. Königlich Preußischen Akademie der Wissenschaften
(Eds.),* Berlin 1836. p.37.
3) 언어섬(Sprachinsel)은 주변에 하나 혹은 여러 언어들에 의해 둘러싸인 특별한
언어사용지역으로 주변과의 지리적 관련성을 지니지 않는다. Cf. Helmut Glück
(Eds.), Metzler-Lexikon Sprache, 2., überarb. u. erw. Aufl., Stuttgart, Weimar 2000,
p.661./ 언어섬 개념의 의미는 언어사의 좁은 의미를 넘어서 거주사와 민족이
동(이주사)의 틀 안에서 파악된다. 일반적으로 문화의 생활사측면에서 문화
현상(문화역동성)으로 이해된다. Cf. Vilmos Voigt, "Bedeutung und Beleuchtung
der Sprachinsel", *Acta Ethnologica Danubiana,* 2000~2001, p.211.

큰 폭으로 증가하였다. 이들의 귀환은 향수 같은 정서적 요인보다는 단기간에 큰돈을 벌 수 있다는 경제적 동기로 볼 수 있다. 사실 조선족 후속세대들은 부모님의 고향인 한반도에 대해서 애틋한 생각을 가질 수 없었다. 이들은 다른 외국인노동자에 비해서 같은 말, 외모, 식습관으로 한국생활이 용이할 수 있을 것으로 생각하였고, 먼 한국인 친척의 소식이나 성공한 사례들을 접한 뒤, 막연한 기대 속에 새로운 기회의 땅으로 한국을 선택했다.

그러나 조선족은 한국을 경험하면서 같은 민족의 일원인 한국인들로부터 사회적 차별을 느끼면서 상대적 박탈감과 비애감을 갖게 된다. 조선족에게 언어는 민족성을 상징하였기에 중국 내 민족학교나 가정에서 조선의 말과 글을 가르치며 지키고자하였다. 그러나 이들의 언어는 억양, 말투나 어휘에서 통상적인 한국의 그것과 다르기에 의사소통에서 쉽게 자신의 출신이 드러난다. 공통 조상을 둔 같은 언어였지만 파생된 조선어와 한국어는 이질적인 문화의 지표로 작용하였다. 또한 언어 외에도 다른 사회체제에서 체득된 생활방식은 국내에 쉽게 적응할 수 없게 하였다.

조선족은 일상생활에서 차별과 편견을 경험한 이후 가능한 한국인과 접촉을 줄이게 된다. 이들은 국내사회로의 진입을 주저한 채 주변적 존재로서 경계를 지으며 그들만의 이주공간에 머무르고자 한다. 조선족이 과거 소수민족으로서 중국 사회에서 느꼈던 것 같이 문화적 이질감을 국내에서 다시 마주하는 시련을 겪게 된다. 따라서 국내에서 조선족들이 지역사회와 거리를 두고 자신들의 타자성의 전유공간을 구성하고 있다. 과거 한 세기 전 조선족은 만주지역에 공동체의 삶의 터전을 개척하였듯이, 돌아온 조국 땅에서 새로운 독립된 '언어섬'처럼 이국적인 연변거리를 조성한 것이다. 현재 대략 50여만 명의 조선족이 서울 가리봉동, 대림동, 신림동, 경기도 안산 원곡동 등을 중심으로 정착하였다.

이들 '중국동포타운'은 탈국경 시대에 한국이주를 위한 트랜스로컬한 공간으로서 기능을 하고 있다. 비록 주변부에 머무르나 친척이나 지인을 통한 연결망으로서, 혹은 낯선 타지에서 고향음식과 값싼 숙소를 제공받는 쉼터로서, 또는 직업소개 및 일상의 다양한 정보나 경험을 교류하는 사회적 관계망으로서 국경을 매개시키는 초국가적 활동의 장을 이루고 있다. 반면에 조선족 집거지는 국내 주류사회의 가장자리에 위치한 낯선 이방인의 영역으로서 다문화주의의 소위 '컨테이너'와 같은 공간적 분리를 점차 나타내고 있다.[4] 한국사회의 낯설음에 대한 경계와 동화주의적 시선은 이들을 일정지역에 결집시키고 경계를 설정하도록 하고 있다. 이에 조선족들은 민족내부의 다양한 민속문화로서 거듭나지 못한 채, 타자적 위치성을 강화시키고 사회적 벽을 형성하는 '평행사회'(Pararellgesellschaft)[5]로 전락할 위기를 맞고 있다.

2) 전통의 발명과 포크로리즘

전통의 사전적 개념은 '한 집단이나 공동체에서 형성되어 오늘날까지 전수받아 내려오는 사상, 풍속과 행동방식 같은 문화양식'을 의미한다. 내용상 과거 지향적이며 특별한 가치관념 또는 요구조건을 특징화한다.[6] 전통은 과거의 기억을 토대로 옛 가치를 보전하려는 욕망을 지닌 집합적 개념이기에, 세상에서 과거의 것이 사라져 가면 갈수록 보다 큰 의미를 얻게 된다. 우리는 전통을 전근대성의 시간체제에 고정시켰다. 따라서 특

---

4) 최현덕, 「경계와 상호문화성. 상호문화 철학의 기본 과제」, 『코기토』 제66호 2009, 305쪽.

5) 빌레펠트 사회학자 하이트마이어가 90년대 초 독일사회 내 이주한 터키와 아랍 이주민들에 대한 사회적 배제 현상을 지칭하는 용어로 처음 도입하였다. Cf. Wilhelm Heitmeyer, "Für türkische Jugendliche in Deutschland spielt der Islam eine wichtige Rolle", *Die Zeit,* 35/1996.

6) Cf. Edward Shils, *Tradition,* Univ of Chicago, 1981, p.32.

정한 잔존문화와 동일시하였고 이전시대의 역사구성물에 집중하여왔다.

국경너머로 이주한 조선족은 집단고유의 결속력으로 전통풍습을 유지하며 민족성을 지켜왔다. 이들은 멀리서 고향을 생각하면서 한복을 입었으며 관습적으로 반복되는 세시풍속을 예로부터 내려온 양식으로 따랐다. 민속행사를 통해 동질적 전통을 제시하며 내적 통합과 공동체 의식을 굳건히 해왔다. 어려운 환경적 조건 속에서도 전통음식을 전래 고유의 조리법에 맞추어 만들어 먹었다. 조선족주민들은 주요 본향인 함경도, 경상도 지역의 전래민속을 보존하면서도 중국 내 문화 환경에 적응하여 조선족 나름의 새로운 혼재된 전통양식을 발전시켰다.

조선족은 일상 상차림에서도 김치, 찌개와 장국을 즐기고 있지만, 주변의 영향으로 기름이 많은 볶음요리와 '즈란'같은 향신료를 보다 즐기기도 한다. 우리에게 다소 낯선 양고기꼬치, 고추순대, 펑탕을 조리하면서 맛, 양념과 식재료에서 이국적인 혼합된 배합을 확인할 수 있다. 관혼상제에 있어서 국내처럼 만주의 타지에서도 옛 절차를 고수하고자 했다. 중국의 문화대혁명기간을 거치면서 일부 의례가 폐지되거나 축소되기도 했지만, 현재 구습이란 인식에서 벗어나 관련전통이 다시 복구되고 있다. 그 과정에서 일정한 절차와 풍속요소는 사라지고 새로운 요소들이 첨가되기도 하였다. 특히 조선족은 명절로 설날, 추석 및 정월대보름을 온전하게 잘 이어오면서도 새로운 세시행사로 노인절, 3.8부녀절과 아동절을 지내고 있다. 특히 8월 15일 어르신들을 기리는 '노인절'을 시행하는 것에 주목할 필요가 있다.

노인절은 처음 1981년 '노인협회'의 성립을 기념하여 출발했는데 전통적인 효행의 미덕의 의미와 가치를 계승, 발전시킨 기념일이다. 이날 마을노인들에 대해 식사를 대접하고 감사의 선물이 드린다. 특히 노인공경에 대해서 모범가정과 효자, 효부에 대한 표창이 있다. 마을주민들은 민속대잔치를 준비하고 노인운동회, 문예대회 및 오락과 같은 여러 축하활동이 펼쳐진다. 가정에서는 집집마다 명절음식을 준비하고 이웃끼리 모여 노인들의 건강과 장수를 기원한다. 현재 노인절은 "조선족문화의 구심점"으로 평가된다. 시대적인 축제의 성격을 덧붙이며 연변지역의 중요한 민속 문화관광의 코스로도 자리 잡으며,[7] 사회적으로도 영향을 미쳤다. 도덕적 분위기를 확산시키는 점이 높이 평가되어서 중국정부가 '중국 노인절'을 공식적으로 제정하기도 했다. 분명 우리세시와 낯선 요소들을 포함하고 있지만, 연변을 중심으로 시대에 맞게 새로이 발전시킨 '창조된 전통'으로 볼 수 있다.

　연변조선족 사회에서 다양한 민속놀이들이 연행되고 있다. 민요양식에는 구전양식 그대로 전승되기도 하고 새로이 이주한 삶의 환경과 고단한 이주사의 흔적을 반영 각색하여서 민요를 부르기도 한다. 그 중에는 '풍구타령', '시집살이', '농부가', '담바구타령', '박연폭포', '어부의 노래', '개성난봉가'와 같이 원형을 유지하면서 부르는 것도 있고, '백산아리랑', '남포소리', '말몰이 군타령', '상여소리', '굿거리'같이 전래민요인지, 새로운 창작인지 불분명한 것도 있다. '청주아리랑'과 같이 충청도에서 이미 사라진 양식이 연변 땅에서 하나의 전통으로 보존되어있기도 하다.[8] 민속춤과 관련하여 '강강수월래', '천지꽃놀이', '탈춤', '아박춤'은 내용과 형식이 많이 변화되었고, '단풍놀이', '돌물레놀이'는 낯선 환경에서 새롭게 창출된 것들이다.[9] 이처럼 연변지역에는 한반도 고향의 양식을 잃지 않은 전통가락의 노래와 춤이 있기도 하고, 지역사정에 맞게 새롭게 발전시켜 뿌리내린 민요와 춤이 있기도 하다. 오랜 시간 새로운 환

7) 한룡길, 「조선민족의 전통미덕을 토대로 한 '연변조선족자치주 노인절'」, 『비교민속학』 제47집, 2012, 252쪽.
8) 김성희, 「조선족 전통예술의 전승 기반」, 『통일인문학』 제49집, 2010, 55쪽.
9) 김정훈, 『중국 조선족 민속춤과 민속놀이』, 북경: 민족출판사, 2010, 4쪽.

경조건에 따라 변형시킨 살아있는 민속양식을 확인할 수 있는 것이다.

오늘날 조선족과 우리의 문화에서는 정서상 많은 차이를 확인할 수 있다. 이주 제1세대들과 달리 조선족마을의 현지인은 한반도와 직접적인 관련을 가지고 있지 않다. 이들은 대부분 중국에서 태어난 후손들로 이중문화의 생활양식을 지니고 있다. 한때 적성국(敵性國)으로 분류되어 상당기간 양국이 단절되었기에, 공통조상에서 유래한 전통문화가 많은 부분 소멸되었거나 변화되었다. 오래전 공동체의 화합과 안녕을 기원하기 위해 연행되었던 옛 민속이 현대적 감각에 맞게 적절히 변형시켜 표현되기도 한다. 이러한 복원을 형식적 외피만을 답습한 재창조의 과정으로 평가절하하기 힘들 것이다. 우리도 근대화와 산업화를 거치면서 오래된 고형(古形)을 엄격하게 고수하기 힘들었던 시절을 거쳤으며, 외래문화의 유입으로 현대적인 감각으로 문화상품화한 경우를 갖고 있기 때문이다. 연변지역을 중심으로 생겨난 문화전통을 본원적인 맥락의 상실이라는 비판적 문제제기로 보기보다는 새로운 전승력을 창출할 수밖에 없었던 사회문화적 상황을 고려 할 필요가 있을 것이다.

3) 데모스와 에트노스 사이[10] 조선족

조선족은 중국에서 인민공화국정부가 출범하면서 소수민족의 지위를

---

10) 민속학과 관련하여 민(Volk)의 의미는 사용에 따라 다음과 같이 유형화될 수 있다. 1.세상 사람들로서 세인(世人) 의미, 2.피지배(被支配)계급층의 계급적 의미, 3.민간전승의 민속(民俗)적 의미, 4.정치 사회적 행위의 권리가 주장되는 시민(市民)의 의미, 5.일반 통속적인 대중화의 의미, 6.잃어버린 이상적 보편성(普遍性)의 신비적이고 유토피아적 의미 등으로 구별한다. Cf. Hugo Aust, "Zum Stil der Volksbücher", *Euphorion 78/1(1984)*, p.63; 여기서 '데모스'(Demos)는 계몽주의적 흐름의 민속연구대상인 행정통치상의 지역 구성원과 영토주민을 의미하며, '에트노스'(Ethnos)는 낭만주의적 흐름의 민속연구대상으로서 민족정신과 민족혼의 담지자를 의미한다.

보장받고 중국공민으로서 통합되었다. 조선족은 56개 다민족국가구성
원으로서 사회적, 정치적 성원권이 주어졌지만, 주류문화와 대비되는
소수자로서의 지위를 벗어나기 힘들었다. 중국정부는 하나의 국가로서
체제를 유지하고 국민의식을 통일하기 위하여 '다원일체론'이라는 제도
적 장치 속에서 국가공식 언어인 한어(漢語)를 배우게 하고 공민으로서
자질을 교육받도록 함으로써 국민정체성을 갖추도록 하였다.[11]

조선족은 '중국의 일원' 혹은 '국가에 복무할 수 있는 인민'이기에[12]
앞서 이들이 지닌 뿌리의식은 열악한 환경 속에서도 조선을 잊지 않고
한족과 비교하여 도덕적 우월의식을 지니고 있다. 조선족 1세대는 낯선
이주지에서도 특유의 응집력을 바탕으로 스스로를 차별화하며 민족적
정체성을 유지하고자 했다. 이들은 소수민족정책으로 차별을 비교적 받
지 않았다고 할 수 있으나, 주류민족이 될 수 없는 것은 분명한 것이다.
조선족사회의 민족교육을 포함한 자치운영도 소수민족의 권익을 보장
하는 활동이지만 동시에 중국이라는 국가적 귀속성을 전제로 하고 있
다.[13] 따라서 이들은 조선의 후손이란 민족의식과 중국공민으로서의 관
념을 함께 지니며 복합적인 이중정체성을 자연스럽게 갖고 있다.

현재 소수민족 우대정책의 약화와 함께 상대적으로 한족 중심주의로
빠져들고 있는 것이 현실이며,[14] 조선족의 종족정체성도 큰 변화를 겪
고 있다. 오늘날 조선족 사회의 구심점인 민족적 집거지가 공동화(空洞
化)되며 민족문화의 명맥에 큰 어려움을 겪고 있다. 개혁개방 이후 도시

---

11) 최병우, 「조선족 소설에 나타난 민족의 문제」, 『현대소설연구』 제42호, 2009,
502~503쪽.
12) 이정은, 「국가와 종족의 상호작용을 통해 본 조선족의 종족정체성; 대련시 조
선족학교의 사례를 중심으로」, 『비교문화연구』 제16집 제2호, 2010, 154쪽.
13) 서령, 「중국 조선족문학의 '중국화' 문제」, 『한국학연구』 제33집, 2014, 182쪽.
14) 임재해, 「다문화사회의 재인식과 민속문화의 다문화주의 기능」, 『비교민속학』
제47집, 2012, 157쪽.

화와 산업화로 인하여 조선족 총인구의 60%가 자치구지역을 벗어나 있고, 70% 이상이 도시지역으로 유출되었음을 보인다.[15] '이촌향도'현상이 확산되면서 농업을 중심으로 형성되어 있던 조선족 촌락공동체가 점차 해체되어가는 위기를 맞고 있다. 빈 생활터전에 한족(漢族)의 유입이 늘고 있고 조선족 학생의 급감으로 민족학교가 통합되거나 폐교되고 있다. 따라서 한족학교로의 진학이 자연스러워지고 있다. 젊은 세대에 있어 보편적으로 중국어를 구사하는 비율이 높아지고 민족 간 문화적 차이가 좁혀짐을 알 수 있다. 과거 민족공동체는 혈통적인 동질성을 강조하기 때문에 조선족은 같은 민족과 혼인해야한다는 관념을 가졌고 전통적인 혼례문화를 유지해왔다. 그러나 생활환경의 변화로 조선족 후속세대는 한족과의 민족통혼의 비율이 상당히 늘고 있음을 확인할 수 있다. 최근조사에 따르면 동북3성 연변조선족자치주에서 조선족의 비율은 점점 낮아지고 있는 추세이다. 인구비율에서 절대다수이던 조선족은 1953년 68%에서 2007년 37%로 31%가 줄어든 통계수치를 보이고 있다.[16] 이에 따라서 조선족 자치주의 존속이 어렵고 점진적으로 한족마을로 동화될 수 있다는 전망이 나오기도 한다.

한국을 더 가깝게 느꼈던 조선족의 민족정체성은 국내 이주 후에 심각한 위기를 겪게 된다. 1990년대 국가 간 경제적 불균형으로 노동인구의 이동현상이 증가하였고 조선족사회에서도 한국으로의 진출이 본격적으로 이루어졌다. 조선족은 민족구성원으로서 같은 혈통을 갖고 공통의 동족의식을 지녔다고 생각해왔다. 그러나 이들은 재외동포임에도 한국사회에서 자유롭게 체류를 할 수 있는 권리를 얻기가 쉽지 않았고 경

15) 박광성, 「세계화시대 조선족을 이해할 수 있는 핵심적 키워드들」, 『미드리』 제6호, 2011, 74쪽.
16) 권향숙, 「조선족의 일본 이주와 에스닉 커뮤니티; 초국가화와 주변의 심화사이의 실천」, 『역사문화연구』 44집, 2012, 4쪽.

제적으로 필요한 이주노동력으로서 받아들여졌다. 조선족은 중국에 거
주하면서도 같은 민족일원으로서 한국사회 안에서 동등한 사회적 지위
를 기대했었다. 다른 외모나 피부색을 지닌 외국인노동자들과 다르게
대우받기를 기대하였으나, 단지 이주노동자의 신분으로 취급되었다. 이
들에게 부가된 법적, 제도적 배제장치는 사회적 차별로 다가왔다. 특히
이들은 한국인이 기피하는 3D업종에서 일자리를 얻게 되고 내국인 노
동자보다 훨씬 낮은 임금을 받는다. 더불어 깊이 있는 언어소통의 어려
움, 작업장에서 폭언과 차별 그리고 인간적인 모욕감을 받게 되면서 비
애감과 상실감을 경험하였다.

　조선족이 한국을 겪으며 깨닫는 현실은 한민족으로서의 유대감이 아
니라, 한국인과 다른 중국인노동자로서 자신들을 경계 짓게 하고 스스로
의 정체성을 고민하게 하였다. 많은 이들이 이질적인 생활환경을 느끼고
타자의 정체성을 확인한다. 따라서 경제적 목적을 이룬 후에 국내 정착
보다는 낯선 한국생활을 접고 자신의 고향인 중국으로 돌아가고자 한다.

　조상의 땅인 한국에서 조선족은 하나의 주류문화가 중심이 되는 사회
구조 속에서 같은 민족으로 편입되지 못하는 상황을 겪고 있다. 거주국
인 중국에선 많은 조선족들이 경제적인 이유로 대도시로 진출하면서 농
촌집거지가 점차 해체되었고, 급속한 인구격감으로 주류민족 동화가 가
속화되고 있다. 이들은 타자적 소수자집단으로 독립적인 정체성을 위협
받고 있다고 볼 수 있다.

3. 문화통합과 민족문화 담론의 확장

국내체류 외국인이 2013년 12월 기준으로 157만 명을 넘었는데, 조선

족이 512,120명을 차지하며 외국인 집단 중 가장 큰 집단을 이루고 있다.17) 현재 한국사회는 다문화사회로 진입하고 있다. 사회통합을 위해 여러 이주민들에 대한 문화적 개방성이 요구되고 있으며 다양한 유형의 문화공존을 준비하고 있다. 조선족의 이문화(異文化)로 인한 국내 갈등 문제는 비(非)동포 외국인 문제와 달리 민족공동체 내부 간 상호소통 능력을 신장시키는 방법으로 대응하는 것이 필요하다고 본다. 이들에 대해서 동질적 문화토양을 기반으로 정서적 접근이 용이할 수 있기에, 민속학이 갈등해소 및 이해증진에서 중요한 역할을 맡을 수 있을 것이다. 이 장에서는 사회 안에서 주변과 중심으로 위계질서화 되어있는 민족 내부의 차별과 갈등문제에 대하여 민속학을 중심으로 극복하는 방향을 제시해보고자 한다.

1) 민족문화개념의 지평확대

조선족은 과거 한반도 고향의 주거지를 상실한 피난민이거나 일본식 민지 시절 여러 이유로 조국을 떠나야 했던 사람들의 후손이다. 중국 이주지의 척박한 환경을 이겨내면서 고유한 문화정서를 잊지 않은 채 자신들의 생활양식을 만들어왔다. 조선족과 한국인, 이들 삶의 양식은 분단이 남긴 체제와 냉전문화 속에서 제각기 달라져갔다. 과거 우리는 대한민국을 중심으로 한민족의 정체성을 확립하였다. 만주지역에 살던 한인들은 같은 민족이면서도 이념과 체제의 차이로 민속전통의 범주에서 배제되어왔다.

이질성의 진입을 견제해 온 우리사회는 동질성에 집착하였고 국내로 이주한 조선족의 다른 상이한 측면이 드러나면서 이들을 수용하기보다

17) 외국인정책연감(2013.12.31), 86쪽.

는 폄하하였다. 학문흐름을 되돌아 볼 때, 지금까지 민속연구는 변하는 사회현실에 대한 인식이 결여된 큰 문제점을 보였다. 민속학은 범주를 국한시켜 국경 너머 살고 있는 이들의 생활양식과 이들이 갖는 고유한 특성이 무엇인지 볼 수 없었다. 조선족과 한국인, 이들의 문화적 소통을 이루기 위해서라도 민속연구는 한국사회에 맞춘 단일문화를 지향할 것이 아니라 새로운 문화토양에 적응하면서 변화를 이룬 한인들의 삶과 문화적 실체를 포착하고 연구할 필요가 있다. 민족내부에서 위계서열을 만들어 우리의 잣대로 다른 삶을 재단하기보다는 다양한 민족구성원이 만들어내는 새로운 형태의 문화자산을 가치 있게 인정해야 할 것이다.

우리보다 빠른 산업화 과정을 거치면서 다인종, 다민족 사회를 경험했던 프랑스, 영국, 독일과 같은 서구사회는 여러 구성원들에 대한 공존의 필요성으로 소수그룹의 권리를 인정하는 다문화정책을 일찍이 도입하였다. 그러나 사회구성원 내 이질적인 집단들은 서로 병존하였을 뿐이며 소통이 없었기 때문에 오히려 고립성이 심화되었다. 나아가 중심과 주변의 위계구도 속에서 주변부의 소수자들이 사회 중심부와 거리감을 두고 격리된 '평행사회'로 후퇴하는 결과를 낳았다. 이렇게 암묵적으로 시행되는 문화차별은 타자로서의 이미지를 강화하고 사회통합을 위한 적절한 접근일 수 없을 것이다. 순종주의적 정서가 강한 우리의 사회는 대내적으로 민족을 하나의 동질적인 단위체로 취급하였고 대외적으로 민족단결을 주창하였다. 이제 문화적 이질성에 대한 인식전환을 통해 자폐적 태도로부터 벗어나서 타문화권과 진정성 있는 소통과 열린 자세를 지향할 필요가 있다.

크라머(D.Kramer)는 문화적 차이를 존중하고 평화롭게 공존할 수 있는 자세의 형성을 강조한다.

"첫째, 문화다양성은 보편적이며 불가결한 원칙이다. 평화를 이루는 역량은 다양성을 축소시킴으로써 얻는 것이 아니다. 둘째, 한 영토 내 문화다양성은 역사적으로 보면 정상적인 것이다. 문화와 분리되어있는 정치권력 혹은 경제적인 측면의 목적을 위해 문화적 특수성이 악용되지 않으면, 다양성은 보다 용이하게 대처되고 전쟁을 부르는 갈등 없이 살 수 있다. 셋째, 세계적으로 보면 문화다양성은 평화를 위한 기회를 향상시킬 수 있다. 문화다양성은 미래역량과 지속가능성을 위한 의미 있는 자원이기 때문이다."[18]

우리 민족 내 구성원들은 지역별로 이산되어서 다양하고 차별적인 문화양식을 형성하여 왔다. 정착지에서 오랫동안 형성된 다소 낯선 생활문화는 우리민족의 창조력을 보여준다고 할 수 있다. 민족문화연구에 있어서 주변 인접국에 정주하는 한인 커뮤니티와 이들 촌락을 주목하여 이들의 문화적 정체성과 함께 변용된 생활실체를 함께 기록하는 '비교민족학'으로 넓은 시야를 갖추는 협력연구를 촉진해야할 것이다. 이주해 간 지역 환경에서 모국의 복제된 민속양식을 확인하는 조사보다 민족문화 내 다양성을 인지하는 자세가 한국 사회에 새로운 문화생태학적 풍성함의 가능성을 제공해 줄 수 있을 것이다. 어떤 민족도 홀로 그리고 단독으로 존재할 수 없으며 한 민족은 다른 민족문화와 함께 그리고 이들과의 접촉을 통해서 존재의미성을 찾을 수 있는 것이다. 따라서 민속학은 민족적이면서도 국제적인 학문으로 평가되어야 한다.

국내 거주 이주민들의 문화소통을 위해서 지역별로 뿌리내린 문화적 변용을 이해하는 상호문화적 교류의 패러다임이 요구된다고 할 수 있다. 코리안 디아스포라의 미래를 위한 민속학을 정립하기 위해 단일한

---

18) Dieter Kramer, "kulturelle Vielfalt ist eine notwendige Struktur menschlicher Vergemeinschaftung", *Osnabrücker Jahrbuch Frieden und Wissenschaft VI*, 1999, p.143.

맥락의 유사한 형태를 추구하기보다 실증적 연구를 기반으로 다양한 지역의 한인 일상생활과 보편적 정체성을 탐구하는 비교민족학연구가 활성화되어야 하는 것이다.

2) 탈전통성의 문화전통

민속학은 민속문화를 언급하면서 사회변동과 상관없이 '과거학'이라는 시간적 틀로 고정시켰다. 그리고 과거의 풍습과 전승된 고전양식에 절대적인 의미를 부여하였다. 선조들이 만들어 향유하던 옛 문명이 산업화로 점차 잃어버리는 것에 대해 민속학은 거부감을 표하였고, 민속문화를 연구하면서 유구한 세월 전승되어 온 마을풍속, 농촌축제, 민속음악, 민속춤, 세시행사에 주요한 관심을 보여 왔다. 공동체사회가 점차 약화되는 현실에서도 민속학의 시각은 근대화로 훼손되지 않은 농촌이 민족공동체의 원형과 진정한 민속문화를 보존하고 있다고 보았고 낭만주의적 절대화를 추구하였다. 이렇듯 민속학의 관행은 기억 속의 소멸된 문화에 집중했고 민속을 내부에서 불변되지 않고 과거로부터 전해내려온 정체된 전통문화로 규정하였다.

조선족과의 문화통합을 위한 적절한 접근방안을 찾기 위해서 시간개념을 초월한 민속 원형을 찾아다니는 과거지향적 연구는 한계가 있다. 오늘날에도 동북3성에 주변의 한족 문화권과 달리 고유전통의 풍속과 우리말을 지키고 있는 조선족 촌락이 있다. 이 지역에서 때로는 대한민국에서 사라졌거나 찾기 힘든 전통유산을 옛 형태로 찾을 수 있다. 민속학계에서 이러한 잔존된 고풍적 민속을 통해 근원적인 민족성을 발견할 수 있다며 그 의미를 평가하기도 한다. 분명 국내 민속양식의 온전한 전승형태를 주목할 필요가 있을 것이다. 전통문화가 점차 소멸되어가는 가운데 고풍적 전통문화가 어떻게 외적 환경에서 지속될 수 있는지, 얼마나 원형에서 변형되어 남아있는지를 밝히는 연구는 민족의 자아가치를 고양시키는 결과를 가져올 수는 있다. 그러나 실용적 측면에서 문화충돌이나 사회갈등 같은 문제들에 대해 제대로 된 통합의 해법을 찾는데 기여하기는 힘들다고 볼 수 있다.

전통의 발명과 관련한 논쟁은 독일 민속학계에서도 있어왔다. 전후동부유럽에서 이주해온 실향민들이 새로운 모국환경 속에서 정착하면서 변화된 정체성에 따라 민속축제를 재창조한 사례가 언급되기도 한다. 또한 독일남부지역에서 관광객을 위하여 옛 향수를 자극하는 민속공연을 다시 복원하여 공연하는 예를 찾을 수 있다.[19] 모저(Hans Moser)는 새로이 만들어진 전통양식에 대하여 비판했다. 그는 민속의 재창조에 대하여 '간접적인(aus zweiter Hand) 중재'로 규정하면서 '포크로리즘(Folklorismus)'이란 용어를 썼다. 그는 이와 관련하여 '민속원형적 맥락으로부터 멀어진 문화양식', '다른 계층에서 민중적 모티브를 유희적으로 모방하는 것', '알려진 전승과 다른 목적으로 민속을 발명, 재창조하는 것'과 같이 3가지 유형으로 분석했다. 미국의 도슨(R. Dorson)은 본래의 담당자나 시공간의 영역을 벗어나 다른 형태로 바뀌어져 새로운 맥락에서 재현된 것이고 근원적인 것과 차이를 보이기에 원형에서 벗어난 '허구민속'(fakelore)으로 해석했다.

반면에 바우징거(H. Bausinger)는 '포크로리즘의 비판에 대하여'란 논고에서 포크로리즘을 과거풍속의 원형이 현재의 삶과 혼용되어 재창조된 '어제의 응용민속학'이라고 의미를 부여하기도 했다. 러시아의 구제프(V.Gusev)는 포크로리즘을 민속의 적응, 재생산과 변형의 과정으로 폭

---

19) 이상현, 「안동문화의 변화와 민속의 재창조」, 『비교민속학』 제26집, 2004, 530~531쪽.

넓게 정의를 내린다.

> "민속학은 사회의 진보적 발전 속에서 살아남은 무형적 문화요소를 보
> 전하는 것이 아니라, 과거유적이 혁신과 함께 공존하는 동적인 구조를 이
> 해하는 것이다. 주민의 일상생활의 새로운 조건의 영향 하에 잔존물은 동
> 시대적 삶에 맞는 새로운 의미를 취하는 것이다."[20]

민속학자 비겔만 교수는 "문화시스템과 환경"이론을 제시하여 민속문
화를 사회 내 끊임없는 변화의 과정에 있는 하나의 체계(Systeme)로 보
는 시각을 제시하였다.[21] 그는 루만(Niklas Luhmann)의 시스템 이론을
도입하여 문화시스템이 외적인 조건 즉, 사회의 구체적인 환경 속에서
생산되고 기능한다고 보았다. 그의 이론은 문화의 외적인 부분들인 경
제활동과 구조, 지역토대, 기술, 정치, 국가, 신앙, 소통구조, 학교, 이익
단체 등 사회적 제도를 구성하고 있는 요소들이 상호간에 유기적인 영
향을 미치면서 문화체계를 형성한다고 보았다. 사회 안에서 이미 존재
하는 문화요소들과 새로이 도입된 문화는 상호 작용을 계속해 나가는
과정을 보이게 된다. 문화체계는 하나의 고정불변한 형태로 유지되지
않고, 변화되는 환경을 통해서 영향을 주고받는 역동적인 관계에 놓여
있다는 것이다.

동북3성 지역 조선족자치주는 주변 민족들과 교류가 자연스럽게 발
생하여 왔기에 문화접변과 상호작용이 일어났다. 조선족 생활이 만주지
역에서 어떻게 변용되고 재구성되어 왔는가를 경험적으로 살피는 시각

---

20) Guntis Šmidchens, "Folklrism Revisited", *Journal of Folklore Research, Vol.36,
No.1*, 1999, p.52.

21) Günter Wiegelmann, *Theoretische Konzepte der europäischen Ethnologie; Diskussionen
um Regeln und Modelle*, Münster 1991, p.70.

은 민족정체성의 다양한 측면을 살피는 활동이 될 수 있다. 조선족 고유의 문화를 이해하기 위해서는 현대적 사회 환경에서 생성된 문화현상을 구체적으로 살펴보는 '경험문화학'(Erfahrungswissenschaft)으로서 학술적 접근을 이루어 나아가야 한다. 민속학은 정태적인 이념성의 틀로부터 벗어나서 동시대 사회라는 조건 속에서 현재의 관점으로 '전통'개념에 대한 이해를 확장하고 그것에 새로운 의미를 부여하는 계기를 갖는 것이 보다 의미가 있을 것이다. 기억 속의 박제화된 표상에 따라 조선족의 복합적 문화양식을 왜곡된 민속양식이라고 할 수는 없을 것이다. 과거 삶을 추구하고 불변된 문화현상을 수집하기보다는 새로운 동시대 환경에 맞게 생성, 대체하고 끊임없이 지속하는 민족문화의 전승력을 주목할 필요가 있다. 보수적인 것으로 간주되었던 전통을 오늘날의 사회적 맥락 속에서 새로운 문화구조로 자리매김하는 통시적인 역동성으로 보는 시각의 전환이 생산적일 것이다.

3) 민(Volk)의 재해석과 대상 확장

민속학은 연구대상인 '민'(Volk)과 관련하여 다양한 논의를 가져왔다. 전통적으로 민속의 주체는 농민이었으나, 산업화이후 도시민중과 공장 노동자계층을 새로운 문화 담당층으로 포괄하며 연구대상과 시각을 전환시켜왔다. 그럼에도 불변되지 않는 학문의 범주는 단일민족과 순혈주의였다. 시대상황의 변화 속에서 문화를 창조하는 담당자인 '민'에 대한 개념변화를 시도할 필요가 있다. 카슈바 교수는 "에트노스의 문제는 희미한 역사에서가 아니라, 현재의 위치에 자리하고 있는 것"[22]이라고 언급

---

22) Wolfgang Kaschuba, *Einführung in die Europäische Ethnologie*, München, 1999, p.147.

했듯이, 당면한 시대적 흐름에 맞추어 이질적 문화배경을 지닌 민족구
성원들을 민속의 주체로서 포괄하려는 학술적 시각을 보여주어야 한다.
  조선족은 만주지역을 배경으로 살아오면서 몸에 체질화된 행동과 사
고방식이 우리와 많은 차이가 나타난다. 특히 조선족은 소수민족의 중
국공민이면서 재중동포이기에, 이들이 지닌 이중적 문화정체성은 새로
이 창출된 생활양식이며 우리와 다른 가치관과 낯선 관습을 보이고 있
다. 민속학에서는 이들을 민족범주에서 벗어난 것으로 보았고 이들의
복합적인 생활환경을 비민속적으로 평가했었다. 조선족은 중국의 사회
적 환경에서 강한 집단적 민족의식으로 독자적인 민속문화를 형성하였
다. 반면에 국내로 들어와서 이들은 한국인과 관계를 맺기보다는 익숙
한 만주의 이중문화양식을 함께 즐기는 조선족 타운에 머물게 된다. 이
러한 조선족의 초국가적인 문화양식은 전통적인 귀속의식이 약화되어
있고 새로운 형태의 역동적인 민족문화를 전개시키고 있다고 할 수 있다.
  민속학이 이주의 시대에 맞추어 한민족의 디아스포라 문화와 공존을
위해서는 새로운 '민'의 개념접근이 필요하고 현실적으로 단일문화에 대
한 재성찰이 요구된다고 본다. 현대 민속학의 새로운 기틀을 마련한 바
우징거 교수는 "정체성의 특별한 매력은 경직된 의미를 전하는 것이 아
니라, 바뀌는 상황에서 변치 않는 것을 포착하는 것"23)으로 언급하였다.
민속학계는 우리문화 속에 유입된 이주민들의 문화에 대해 혁신적으로
그 의미성을 진단하고 새로운 맥락에서 기존 인식의 틀을 확장하여 변
화된 이중정체성에 접근하여야 하는 것이다.
  조선족의 다문화적 정체성에 대한 관심은 문화통합을 위한 민속학연
구의 시발점이 된다는 점에서 긍정적인 의미를 갖아야 한다. 이들이 지
닌 이중적 문화정체성은 국경을 가로지르며 한 사회의 문화가 아닌, 두

23) H. Bausinger, Identität, *Grundzüge der Volkskunde*, Darmstadt, 1993, p.204.

사회의 문화 속에서 활동할 수 있는 폭넓은 활동반경을 갖추게 한다.[24] 조선족의 이중 문화 환경은 세계화되는 국제 환경 속에서 중국과 한국, 두 문화를 연결시키는 문화매개자로서도 일정한 역할을 맡을 수 있다. 전 세계 흩어져 있는 화교공동체가 중국의 인적 네트워크가 되는 것처럼, 전 지구적인 한인디아스포라는 사회문화적으로 매우 소중한 역사적 자원이다.[25] 따라서 조선족의 이중문화성이 한국사회의 미래적 자산이 될 수 있는 인식의 전환이 필요한 것이다.

　민속학의 대상에 대한 시각변화는 그동안 보여 왔던 국수주의적 인식 틀을 벗어나서 상호문화 비교연구를 통해 인류보편적인 학문의 지평을 여는 기틀로서 역할을 할 수 있다. 민속주체의 개념을 확장하여 민속학이 보여 왔던 내셔널리즘의 지향성이 강한 전통을 극복할 필요가 있는 것이다. 모국에서 이식된 민속의 원형성에 집착하기보다는 지역마다 서로 다른 독자성을 지닌 한인들의 다채로운 문화다양성을 주목하고 이들의 문화정체성을 포괄해야 한다. 민족의 이념적 특수성과 민족주의의 굴레에 묶이지 않는 민속학의 열림은 다양한 민족구성원들과 소통하고 공존할 수 있는 문화통합으로 변화 발전할 수 있을 것으로 본다.

4. 맺음말

　본 연구는 한국인과 조선족의 문화적 소통과 내적인 통합문제를 다루면서 현재 조선족의 정체성과 생활문화의 성격을 조사하고 어떻게 문화

---

24) 장남혁, 「이주로 형성된 이중문화 환경을 자원화하는 방안 연구-한필 다문화 가족을 중심으로」, 『선교와 신학』 제29집, 2012, P.104.

25) 박명규 · 김병로 외, 『노스코리안 디아스포라』, 서울대학교 통일평화연구원, 2011, 24쪽.

적 이질감을 해소하고 문화통합으로 나아가야할지 살펴보고자 했다. 첫 장에서 조선족을 고찰하면서 이들이 다른 환경에서 형성해 온 문화양식과 변화된 정체성의 양상을 인식하고자 했다. 구체적으로 조선족 공동체의 형성과정과 집거지의 특징이 무엇인지를 살폈다. 그리고 조선족의 민속실태를 통해 전통이 어떻게 전수되고 변화되는지를 고찰하였다. 끝으로 중국과 한국에 걸쳐있는 이들의 이중정체성의 문제를 집중적으로 다루었다.

조선족은 언어와 전통풍속을 잊지 않은 민족구성원이면서도, 중국공민으로서 국가정체성을 소유하고 있다. 이들은 한국을 경험하며 낯선 이방인으로 차별적인 시선을 받으면서 민족정체성을 고민하게 된다. 따라서 다음 장에서는 조선족과 한국인의 정체성과 생활문화의 격차를 해소하기 위한 연구방법을 모색해보았다. 우선 민족문화연구의 지평확대를 통해 조선족의 문화적 이질성과 정체성의 문제들을 문화창조력으로 인정하고 상호이해의 폭을 넓혀가는 과정이 필요하다고 보았다. 그리고 전통성의 개념을 벗어나서 과거 민속원형에 집중하기보다는 현대 환경에서 새로이 변용된 조선족의 복합문화적 성격을 인식하고 민족문화의 전승력으로 보는 시각의 전환을 제안하였다. 끝으로 민속주체의 새로운 개념정립을 통해 민속연구의 대상으로 조선족의 이중정체성의 실체를 인정하고 풍부한 민족문화의 자산으로 만들기 위한 기존 인식의 틀을 확장할 것을 주장하였다.

조선족은 문화적 경계선을 넘나들며 불안정한 이중정체성을 지니고 있음을 부인하기 힘들다. 우리와 민족문화를 공유하는 내적인 관계임에도 다른 문화권에 속한 외적인 관계처럼 조선족과의 문화공존을 위해 문화적 간극과 정서적 이질감을 어떻게 받아들일지, 상호이해의 폭을 어떻게 넓혀갈 것인지 살펴보고자 하였다.

제7장 재일조선인과 한국인의
문화공존 지혜찾기

김진환*

1. 머리말

한·소수교(1990), 한·중수교(1992)를 계기로 중국, 중앙아시아, 러시아 등에 흩어져 살던 코리언 디아스포라와 한국인의 만남이 활발해졌다. 또한 2000년 남북정상회담 이후 일시적으로 가속화된 남북대결구조 완화는 그동안 냉전의 자기장에 강하게 영향 받으며 살아왔던 재일조선인의 귀환을 촉진하는 계기가 되기도 했다.[1]

하지만 오늘날 '모든' 코리언 디아스포라가 자유롭게 대한민국 영토 안에서 한국인과 만나고 있는 것은 아니다. 코리언 디아스포라 중에서

---

* 건국대학교 통일인문학연구단 HK연구교수.

[1] 김진환, 「이분법에 갇힌 조선사람: 국내 이주 재일조선인의 한국살이」, 『통일인문학』 제58집, 건국대학교 인문학연구원, 2014, 77~80쪽.

도 유독 '조선적 재일조선인'만은 남북관계 악화 이후 대한민국 정부의 여행증명서 발급 거부로 지난 몇 년 동안 거의 한국을 찾지 못하고 있다.[2] 조선족, 고려인, 사할린 한인과 달리 재일조선인은 여전히 '냉전의 시간'을 살아가고 있는 셈이다.[3]

남, 북, 해외에 살고 있는 민족 구성원의 자유로운 만남이 통일로 가는 첫 걸음이라는 시각에서 볼 때, 최근 남과 북 사이에서 갈수록 두터워지는 냉전의 장벽, 코리언 디아스포라의 '선별적 귀환' 정책 등은 분명 문제시되는 현상이다. 나아가 학업, 취업, 결혼 등의 이유로 귀환한 코리언 디아스포라와 한국인이 서로의 차이를 존중하며 평화롭게 공존하기보다는, 오히려 몰이해와 갈등의 폭을 넓혀가고 있다면 이 역시 통일을 화두로 삼고 있는 연구자들 입장에서는 가벼이 넘겨볼 수 있는 현상이 아니다.

실제로 코리언 디아스포라와 한국인, 북한이탈주민과 한국인은 한국에서 함께 어울려 살면서, 또는 해외에서 어울려 살면서 다양한 '문화충돌'을 경험하고 있다.[4] 냉전의 장벽을 어렵사리 넘어 한국으로 이주한 '한국적 재일조선인'의 생활 역시 순탄치 않다. 이들은 과거 식민지 종주

---

2) 김진환, 「재일조선인과 통일」, 지구촌동포연대(KIN) 엮음, 『조선학교 이야기: 차별을 딛고 꿈꾸는 아이들』, 선인, 2014, 121쪽.

3) 김귀옥, 「분단과 전쟁의 디아스포라-재일조선인 문제를 중심으로」, 『역사비평』 91호, 역사문제연구소, 2010, 88쪽.

4) 조선족, 고려인·사할린 한인, 재일조선인, 북한이탈주민과 한국인의 문화충돌에 대해서는 아래 글들을 참조. 김면, 「국내 거주 조선족의 정체성변용과 생활민속 타자성 연구」, 『통일인문학』 제58집, 건국대학교 인문학연구원, 2014; 정진아, 「국내 거주 고려인, 사할린 한인의 생활문화와 한국인과의 문화갈등」, 『통일인문학』 제58집, 건국대학교 인문학연구원, 2014; 김진환, 「이분법에 갇힌 조선사람: 국내 이주 재일조선인의 한국살이」, 『통일인문학』 제58집, 건국대학교 인문학연구원, 2014; 전영선, 「북한이탈주민과 한국인의 집단적 경계 만들기 또는 은밀한 적대감」, 『통일인문학』 제58집, 건국대학교 인문학연구원, 2014.

국이었던 일본에서 받았던 민족차별과 설움을 조국에서는 반복하지 않았으면 하는 기대감을 가지고 돌아오지만, 한국인이 지닌 '이중적(문화적·정치적) 이분법'이라는 굴레에 갇혀 상처 받고 있다.[5]

이러한 상황에서 통일을 지향하는 연구자들이라면, 코리언끼리의 갈등을 완화시키고 서로가 더 이상 상처를 가하지 않은 채 지난 상처까지 치유할 수 있는 해법찾기, 문화공존의 지혜찾기를 게을리 할 수 없다. 이 글에서는 한국인과 한국인 이외 코리언의 문화충돌을 일으키는 사회문화적 원인에 대해 논의해본 뒤, 재일조선인과 한국인이 문화적으로 공존할 수 있는 실마리를 중심으로 어떻게 하면 각 지역 거주 코리언이 지닌 개성적 행태와 의식들이 평화롭게 공존할 수 있는지를 제안해보려 한다.

2. 본질찾기: 문화충돌의 원인

북한주민, 코리언 디아스포라, 북한이탈주민 등은 한국인이 함께 통일을 만들어가야 할 동반자들이다. 그런데 이들을 바라보는 대다수 한국인의 심리적 기층에는 '동질화 욕구'가 자리 잡고 있으며, 어떤 경우에는 강박증에 가까운 형태로 표출되기도 한다. 예를 들어 최근 한 한국인 교사는 캐나다인 아버지와 한국인 어머니 사이에서 태어난 학생에게 급식시간에 "반(半)이 한국인인데 왜 김치를 못 먹나. 이러면 나중에 시어머니가 좋아하겠나"라는 말을 내뱉었고, 그 학생이 평소 질문을 자주 했다는 이유로 반 학생 전체에게 "바보"라고 세 번 외치게 했다고까지 한다.[6]

---

5) 김진환, 위의 논문.
6) 「"바보" "반(半)한국인이 김치 못 먹나…"…교사 막말 유죄」, 『연합뉴스』, 2015년 2월 12일.

이처럼 때로는 강력하게 표출되거나, 때로는 은밀하게 드러나는 '동질화 욕구'야말로 한국인 이외의 코리언과 한국인이 만났을 때 다양한 문화갈등을 유발하는 핵심 원인이라고 말할 수 있다. 이러한 동질화 욕구는 기본적으로 많은 한국인들이 가지고 있는 '민족'에 대한 선입견에 뿌리를 두고 있다. 곧 민족은 핏줄로 이어지며, '같은' 언어, 문화를 공유하고 있는 집단이라는 민족관은7) 21세기 코리언의 '다양한' 혈통, 언어, 문화에 대한 수용을 가로막는 '장벽'이 되고 있는 게 사실이다. 그런데 문제는 민족에 대한 선입견, 또는 그러한 선입견을 토대로 하고 있는 동질화 욕구는 다른 선입견과 마찬가지로 타고나는 게 아니라는 사실이다. 선입견은 후천적·사회적으로 구성된다.

예를 들어 학교 현장에서는 "한반도의 통합과 통일은 단순히 영토의 통합뿐만 아니라 역사를 복원하고 민족 문화를 회복한다는 의미"(두산동아 발간 교과서『중학교 도덕 2』), "민족의 동질성을 회복하는 과정은 민족 문화의 고유한 특성을 재발견하고 발전시켜 더욱 풍요로운 우리 문화를 세계에 전할 수 있다"(천재교육 발간 교과서『고등학교 도덕』)고 가르치고 있다.8) 오랜 분단으로 민족문화가 이질화됐고, 이질화된 민족문화는 통일 과정에서 동질화되어야 한다는 인식이 학교 교육을 통해 한국인에게 정답으로 제시되고 있는 것이다.

한편, 오늘날 한국인들은 세시풍속, 생애의례처럼 일상적이지 않은

---

7) 2012년 초 한국인 501명에게 물어본 결과, 한국인은 "민족정체성은 어디에서 가장 잘 드러난다고 생각하는가?"라는 질문에 문화 34.9%, 역사 23.8%, 언어·문자 17.8%, 생활풍속 14.4%, 혈연 7.4% 순으로 대답했다. 정진아·강미정, 「한국인의 생활문화」, 건국대학교 통일인문학연구단 엮음,『코리언의 생활문화』, 선인, 2012, 66쪽. 순혈주의는 낮아진 반면에, '같은' 문화가 민족공동체의 핵심 요소라는 생각은 완고하다는 점을 알 수 있다.

8) 차승주, 「교과서에 나타난 통일담론에 대한 고찰: 민족주의를 중심으로」,『윤리교육연구』제29집, 한국윤리교육학회, 2012, 483~484쪽.

생활문화9)가 특히 많이 이질화됐다고 생각한다. 이렇게 된 핵심적인 이유 역시 냉전시대의 교육을 꼽을 수 있다. 남북 체제경쟁이 극심하던 1970년대 중반 이후 대한민국 정부는 북한이 전통문화를 왜곡·말살해왔다는 점을 부각시키는 방식으로 민족사적 정통성을 과시하려 했다.10) 이와 더불어 일상적 생활문화의 이질화를 판단할만한 '기준'이 모호하다는 점도 무시할 수 없는 이유다. 현재를 살아가는 대다수 한국인에게는 분단 이전의 의식주문화, 가족·친족생활문화, 언어생활문화 같은 일상적 생활문화에 대한 구체적 인식과 정보가 부족하다. 남한 이외 지역에 거주하는 코리언의 일상적 생활문화, 예를 들면 북한의 일상생활에 대한 인식과 정보도 부족하다. 이로 인해 현재 코리언의 일상적 생활문화가 과거에 비해 얼마나 달라졌는지는 쉽게 판단하기 어려운 게 사실이다. 반면에 세시풍속, 생애의례에 대해서는 과거에 어땠는지 어느 정도 '안다'고 생각하고, '자신의 인식과 정보'를 기준으로 동질성과 이질성을 판단하는 경향이 있다.

그런데 문제는 남북 체제경쟁, 냉전적 교육 등의 후과로 실제 대다수 한국인이 북한이나 해외에 거주하는 코리언에 비해 비일상적 생활문화의 '전통'을 더 잘 고수해왔다는 '우월감'을 지니게 됐다는 사실이다. 분단 이후 남북 모두에서 전통문화가 이질화되었다 하더라도, 남한 생활문화의 이질화는 "국민의 자발적 선택"이었고 오늘날에는 "전통문화가

---

9) 생활문화란 "당대 사회 구성원이 살아가며 창조·향유하는 문화 중에서도 특정한 조건에 따라 창조·향유가 제한되지 않고 '보편적으로' 창조·향유하는 문화"를 가리킨다. 이는 의식주문화, 가족·친족생활문화, 언어생활문화, 경제생활문화 같은 일상적 생활문화와 세시풍속, 생애의례 같은 비일상적 생활문화를 모두 포괄한다. 생활문화에 대한 정의는 아래 글 참조. 김진환·김종군, 「코리언의 생활문화: 개념, 의의, 연구방법」, 건국대학교 통일인문학연구단 엮음, 『코리언의 생활문화』, 선인, 2012, 21~23쪽.

10) 김상철, 「남북한 문화의 이질화와 동질성 회복방안」, 『복지행정연구』 제19집, 안양대학교 복지행정연구소, 2003, 299~300쪽.

문화적 다원화라는 시각과 민족의 재발견이라는 인식 속에서 복원되고"
있는 반면, 북한은 "봉건적 잔재로서 새로운 사회주의 건설에 불필요할
뿐만 아니라 장애요소가 된다고 생각하여 대부분의 전통문화를 철저하
게 배제하였다"고 주장하는 것도 이러한 사례의 하나다.[11] 나아가 어떤
한국인들은 일상적 생활문화에 속하는 남북 언어의 '차이'를 바라보며,
전효관이 아래처럼 잘 지적했듯이 한국인의 언어생활은 '순수'한 반면,
북한의 언어생활은 정치에 의해 '오염'됐다고 여기기도 한다. 이 역시 한
국어가 민족어의 순수한 본질에 더 가깝다는 식으로 은연중에 문화적
우월감을 드러내는 행태다.

> 순수한 것과 오염된 것이라는 이분법은 오염을 매개하는 주체를 상정
> 한다. 이른바 '이질화'담론이 이에 해당한다. '이질화'의 대표적 사례로 거
> 론되는 언어에 대한 이질화 문제를 예로 들어보자. 국어학계의 일반적 문
> 제의식은 남북한 사이의 언어 이질화가 진전되어 의사소통에 장애를 일
> 으킬 정도에 이르렀다는 전제에서 출발한다. **이 문제틀에서 주목해야 할**
> **것은 이질화를 주도하는 주체가 북한으로 나타난다는 사실이다. 북한의**
> **언어가 체제의 필요성에 구속되어 언어를 생활세계의 영역에서 정치의**
> **영역으로 이전했다는 식의 분석시각과 결합할 때, 이질화는 '다르다'는 의**
> **미화를 넘어서 '더럽혀졌다'는 부가의미를 추가한다.** (…) 더욱 중요한 사
> 실은 학적 담론 내에서 이루어지는 시각이 대중 이데올로기로 기능한다
> 는 점이다. 남한사람들이 북한의 용어들에 육체적 거부반응을 일으키는
> 것은 북한에 대한 무의식적 거부가 내면화되어 있다는 사실을 잘 보여준
> 다. 특정한 용어와 표현 방법은 논리 이전에 거부된다. 하지만 대부분의
> 남한사람들이 '5호 담당제', '밥공장', '배급' 등의 어휘에 거부감을 갖듯이,
> 북한사람들 역시 '복덕방', '반상회', '민방위훈련' 등의 단어에 거부감을 가
> 질 것이다. 하지만 남한 언어를 준거로 한 북한언어의 정치적 오염이라는

---

11) 김상철, 위의 논문, 311~312쪽.

담론은 이 사실을 의식하지 못하게 한다(강조는 글쓴이).[12]

사실 현대 한국인은 세시풍속이나 생애의례를 '전통적'으로 해야 한다
는 규범에 대해, 해외 거주 코리언보다 낮은 충성도를 가지고 있다. 예
를 들어 2011년 하반기부터 2012년 초까지 중국 조선족, 재러 고려인, 재
일조선인, 한국인, 북한이탈주민 등 총 1,547명의 코리언에게 물어본 결
과 재중 조선족, 재러 고려인은 응답자의 90% 가까이가, 재일조선인은
60% 이상이 '반드시' 또는 '가급적' 관혼상제를 전통풍습에 따라 해야 한
다고 대답했다. 반면에 한국인은 53.3%가 '그럴 필요가 없다'고 대답했
다.[13] 그럼에도 불구하고, 대다수 한국인은 한국인의 문화가 좀 더 민족
문화의 '본질'에 가깝고, 나아가 다른 코리언의 그것에 비해 우월하다고
'믿고' 있다.

문제는 자신의 내면에 지닌 우월감이 상대방을 향해 표출될 때 발생
한다. 한국인은 1990년대 이래 그들의 생활공간으로 가깝게 다가온 다
른 코리언과 잦은 문화충돌을 일으키고 있는데, 대부분의 충돌은 아래
에 소개하는 사례들처럼 우월적 위치에 있다고 생각하는 한국인의 '본
질찾기' 욕구, 문화적 동질화 욕구로부터 비롯된다.

재일조선인과 한국인의 문화충돌을 알아보기 위해 2014년 초에 구술
조사를 진행했는데, 결혼을 계기로 한국으로 이주한 재일조선인 여성들
은 생일상 차리기, 아이 키우기, 시부모와 며느리의 관계 등에 대해 주
변 한국인이 가지고 있는 '본질적 기대'와 자신의 행동이 달랐을 때 겪었
던 갈등을 자주 이야기했다. 한편, 유학, 취업 등을 계기로 이주한 재일

---

12) 전효관, 「분단의 언어, 탈분단의 언어: 통일담론과 북한학이 재현하는 북한의
   이미지」, 『통일연구』 2권 2호, 연세대학교 통일연구원, 1998, 60~61쪽.
13) 건국대학교 통일인문학연구단 엮음, 『코리언의 생활문화』, 선인, 2012, 44쪽;
   129쪽; 167쪽; 205쪽.

조선인 남성들은 주변의 '한국 남자'들이 전통문화로 여기는 권위주의, 특유의 군사문화 등을 강요할 때가 힘겹다는 증언을 자주 했다. 자신의 음식취향이 아니라, 재일조선인 입장에서는 실체가 무엇인지 모를 '한국인의 음식문화', 예를 들면 홍어삼합이나 순대를 좋아하느냐, 좋아하지 않느냐를 기준으로 재일조선인과 자신의 거리를 설정하는 한국인들도 많았다.14)

재일조선인과 한국인의 문화충돌은 특히 일상적인 언어생활에서 많이 나타난다. 한국인은 재일조선인의 모어(母語)인 일본어의 권리를 존중하기보다는 일상생활에서 한국어를 구사할 것을 요구한다.

> 일본에서 첫 딸을 낳은 뒤 아이에게 어느 말을 써야 할지를 두고 남편과 다퉜어요. 남편은 아이가 한국에서 살 것이기 때문에 제게도 무조건 한국어로만 이야기하라고 했어요. 심지어 한국어를 못 하는 제 부모님에게까지 아이 앞에서는 한국어를 써 달라고 부탁했어요. 그렇게 지내다 제가 남편을 설득했어요. 내가 쓰는 한국어가 제대로 된 한국어가 아니니까, 아이가 나한테 한국어를 배우면 한국에서도 힘들 것이라고. 그렇게 해서 아이에게 남편은 한국어로, 저는 일본어로 이야기하기로 합의 봤어요.15)

설령 재일조선인이 한국어를 구사하더라도 한국인은 그들의 언어를 무언가 결핍된, 온전치 못한 언어로 규정함으로써 재일조선인에게 상처를 입힌다.

> 일전에 한국의 어떤 분이 '올바른 한국어를 공부하기 위해서 우리가 많은 교재를 보내겠다'고 이러한 말을 말씀하신 적이 있습니다. 그때는 제

---

14) 김진환, 「이분법에 갇힌 조선사람: 국내 이주 재일조선인의 한국살이」, 『통일인문학』 제58집, 건국대학교 인문학연구원, 2014, 80~86쪽.

15) 재일조선인 이성실(가명) 구술(2014년 3월 20일, 김포)

가 이렇게 생각했습니다. 왜 '올바른 한국어'라는 말을 꼭 붙여써야하는
가? '그냥 교재를 보내겠다.' 이러한 것만 있으면 좋잖아요. 그 분이 나쁜
뜻이 아니라 좋은 뜻으로서 하는 건 알겠지만, 이러한 말들을 들었을 때
'우리들이 역시 부족한 사람이라고, 부족한 존재라고 생각하고 있구나'라
는 문제의식이 생겨납니다. 또 한 가지는 거꾸로요. 제가 좀 한국어를 공
부중인데 공부하고 싶은 것도, 하고 싶은 마음으로 한국인을 만나면 한국
어로 이야기를 해요. 그런데 제 한국어가 어색한 느낌이 있기 때문에 그
렇게 느끼시는지, 아님 일본사람이라고 느끼시는지 일본말로 대화를 하
세요. 이 경우에도 저는 부족한 사람이라고 이렇게 느끼는 겁니다.16)

  그러니까 저는, 한국 분들 만났을 때, 어떤 한국인이 "너의 한국말은
한국말이 아니야'라고 해서 제가 너무 억울했어요. 그래서 한국말 습득해
준다라는 만남이 있을 몇 년 동안까지는 그거에 큰 관심을 안 가졌어요.
그러니까 자기 언어사용을 좀 높여야겠다. 이런 거 뭐 좀 생각이 있어도,
별로 관심이 없었어요. (…) 제 서울말 그럭저럭하죠? 그러면서 인제 전,
말 문제로 갈등을 하게 되는데, 한국 분들이 그러대요. "아 진짜 한국말
잘하십니다" 이렇게 말씀해주시면, "아 저는 서울말을 따라하는 것이지,
한국말을 제대로 배운 것도 아니고, 저는 오히려 한국말을 배운 적은 없
다"고 말합니다.17)

  바로 위 인용문에서 구술자가 '한국말'과 '서울말'을 의도적으로 구별
한 건, 많은 한국인들이 지니고 있는 '한국말(한국어)=서울말'이라는 선
입견에 대한 재일조선인 나름의 문제제기로 볼 수 있다. 서울말이 한국
'표준어' 지위를 가지고 있는 건 사실이다. 하지만 엄밀히 말하면 한국말
은 서울말과 방언을 포함한다. 부산에 정착한 미국인 변호사가 방송에
나와 부산 말을 잘 쓰는 걸 보고, 전라도에서 오래 산 일본인 교수가 방

---

16) 재일조선인 김봉앙 구술(2012년 5월 19일, 서울)
17) 재일조선인 이미선(가명) 구술(2012년 11월 10일, 도쿄)

송에 나와 전라도 말을 잘 쓰는 걸 보고, 한국인들은 그들에게 한국어 잘 한다고 말하기보다는 부산사투리를 잘 쓴다, 전라도사투리를 잘 쓴 다고 '먼저' 말한다. 이 역시 '한국말=서울말'이라는 선입견이 배후에서 작동한 결과다. 한국인에게 한국어의 '본질'은 표준어인 서울말인 셈이다.

심지어 한국인들은 한국어에는 중국어처럼 성조가 없는데도, 마치 지 켜야 할 목소리 높이가 있기라도 한 듯 재일조선인의 목소리 높낮이까 지 시비 삼는다. 조금 길지만 구술자가 한국인 사이에서 느꼈을 심리적 긴장감을 전달하기 위해 구술내용을 그대로 인용한다.

> 일단 목소리 내는 거부터 달라졌어요. 지금은 이렇게 낮은 목소리로 내고 있는데 맨 처음에 (한국에) 왔을 때, 일본 사람들 항상 이렇잖아요. '안녕하세요?' 이런 식으로 높게 하잖아요. 저도 이랬었거든요. 근데 풍물 패 갔을 때 제일 먼저 지적 받은 게 그거였어요. 목소리가 어디서 나오냐 이래서. 고쳐야 된다고. 사람들이 귀가 가렵다고. 왜 이러냐고 말하니까 '아 고쳐야 되는구나' 이래서. (…) 힘들었어요. 익숙하지 않아가지고 잘 못 내겠더라구요. 의식해서 말해야 되겠다 이렇게 많이 느꼈어요. 지금도 의식해요. 의식하지 않으면 금방 목소리가 이런 식으로 올라가거든요? 원 래 이렇게 높게 높게 얘기 하는 편이에요, 목소리가. 근데 막상 좀 긴장을 해서 얘길 하다 보면 '아, 네. 맞아요' 이런 식으로. 좀 차이가 나시나요? 들었을 때? (…) 한국 사람답게 얘기를 하려면 한국 사람들 보통 배에서 소 리 많이 내니까 저도 '아, 네. 안녕하세요. 저는 이순옥 입니다. 잘 부탁드 립니다.' 이런 식으로 배에서 소리가 나게 되었죠. 소리가 조금 달라요.[18]

한편, 한국인의 동질화 욕구는 한국인 이외 코리언뿐만 아니라 주로 아시아 지역에서 온 타민족 이주자들을 향해서도 발현되고 있다. 우스

---

18) 재일조선인 이순옥(가명) 구술. 윤다인, 「모국수학이 재일동포와 민족정체성 에 미치는 영향에 관한 연구」, 서울대학교 석사학위논문, 2014, 93쪽.

갯소리로 '다문화라고 쓰고 동화라고 읽는' 현상이 확대되고 있는 것이다. 대한민국 정부가 2000년대 중반 들어 이주민 정책을 다문화주의에 입각해 전환한다고 '선언'하면서 한국사회 공론장에는 다문화사회에 대한 논의들이 그야말로 범람하기 시작했다.[19) 하지만 대한민국 정부의 실제 '다문화정책'은 사실상 '인구대책'에 불과한 '동화정책'이라는 혹평을 받기도 한다.[20) 베트남 엄마를 두었지만 '김치'가 없으면 밥을 못 먹기 때문에, 세종대왕을 존경하기 때문에, 독도를 우리 땅이라 생각하기 때문에, 축구를 보면서 대한민국을 외치기 때문에 "이 아이는 당신처럼 한국인"이라는 광고를 '다문화 공익광고'라고 내보내는 것이[21) 아직까지는 한국사회의 실정이다.

요컨대 여러 시민단체의 노력에도 불구하고 한국사회에서는 '동화지향적 다문화주의'라는 형용모순의 다문화주의가 퍼져나가고 있으며, 이

---

19) 오경석, 「어떤 다문화주의인가?: 다문화사회 논의에 관한 비판적 조망」, 오경석 외, 『한국에서의 다문화주의: 현실과 쟁점』, 한울아카데미, 2007, 32~38쪽.

20) "'다문화주의' 사회 통합 지원대상의 주요 대상은 결혼 이민자와 코시안들이다. (…) 사실 차별시정위원회에 의해 발표는 되었지만 결혼 이민자에 대한 사회통합 지원 방안의 기본틀이 저출산고령화사회위원회에서 성립되었다는 것으로 볼 때, 결혼 이민자에 대한 한국 정부의 지원은 진정한 의미의 다문화 사회 통합보다는 인구대책으로서의 성격이 더 강하다고 할 수 있다. 이는 아이를 출산한 결혼 이민자의 경우, 국적 취득 전이라도 원칙적으로는 한국인에게만 해당되는 각종 혜택을 받을 수 있도록 하고 있다는 것에서도 나타난다. (…) 결혼 이민자들에게 제공되는 한국 문화교실 등도 한국에서의 주부로서 며느리로서의 책임과 의무감을 교육하는 것에 초점이 맞춰져 있는 경우가 많다. (…) 즉, 결혼 이민자들이나 코시안들의 문화적 권리를 보장하는 다문화주의가 아니라 그들을 한국인으로 동화시키는 정책의 성격이 더 강하다." 김희정, 「한국의 관주도형 다문화주의: 다문화주의 이론과 한국적 적용」, 오경석 외, 『한국에서의 다문화주의: 현실과 쟁점』, 한울아카데미, 2007, 67~68쪽.

21) MBC와 하나금융그룹이 함께 만든 공익광고 '우리 사회에 행복하나 더하기'(2009년 대한민국 광고대상 우수상 수상작)의 내용. LG에서 2011년에 만든 다문화 공익광고에서도 '우리말'을 잘 하고 '우리음식'을 잘 먹으니 다문화가정 아이들을 '포용'하자는 메시지가 반복된다.

러한 사회분위기 속에서 '강제적으로' 또는 '자신의 의사와 무관하게' 조국으로부터 분리된 코리언 디아스포라,[22] 북한이탈주민 등 한국인 이외 코리언의 문화적 권리 보장도 요원한 상황이다. 한국인은 타민족 이주자를 향해서는 어쨌든 다양한 문화적 권리 보장을 약속하고 있는 반면, 일제 식민지배와 분단으로 흩어져 살게 된 북한 주민, 북한이탈주민, 코리언 디아스포라 등에 대해서는 이러한 권리 보장을 약속하기보다는 오히려 '민족 동질화'를 주장하고 있으니, 어쩌면 타민족 이주자보다 한국인 이외 코리언의 갈 길이 더 먼 게 아닐까?

3. 맥락이해: 문화공존의 실마리

한국인의 주류 통일담론이라고 할 수 있는 문화적 본질주의 또는 민족 동질성 회복론을 한마디로 요약하면, 민족이 과거에 – 정확히 말하면

---

22) '자신의 의사와 무관한'이라는 조건을 고려할 때 대한민국 정부 수립 이후 해외로 보내진 '코리언 입양인'도 코리언 디아스포라의 범주에 반드시 포함시켜야 한다고 생각한다. 같은 맥락에서 재일조선인 서경식은 부산에서 태어나 벨기에로 입양된 뒤 예술가·활동가로 살아가고 있는 '미희'를 '우리'에 포함시키자고 주장한다. "미희는 '우리'에 포함될 수 있을까? 미희의 국적은 벨기에, 혈통의 반은 '일본인'인 듯하다. 10년 이상 한국에서 살았지만 우리말(한국어)을 능숙하게 할 수는 없다. 김치를 먹지 못한다. 그럼에도 이런 미희를 '우리'의 일원이라고 할 수 있을까? 그리고 미희의 미술은 '우리 미술'에 포함될 수 있을까? (…) 나의 대답은 확실하다. 그랬기에 더더욱 미희는 '우리'이며, 그 미술은 '우리 미술'이다. (…) 미희가 미희인 까닭은 그녀가 어느 날, 부산의 길가에 버려져 한국 정부가 추진한 입양 제도에 의해 벨기에로 보내졌기 때문이다. 거기에는 '우리'의 아프고도 부끄러운 역사가 남김없이 투영되어 있다. 이름, 말, 문화, 습관, '한국적'이라고 여겨지는 이런 지표의 거의 대부분을 상실한 이유는 미희가 '우리'이기 때문이다. 민족이란 그러한 문맥까지 함께 공유한다는 의미가 아닐까?" 서경식, 『나의 조선미술 순례』, 반비, 2014, 326~327쪽.

분단 이전－문화적으로 동질적이었으며, 앞으로 통일 과정에서 민족문
화의 동질성 회복을 목표로 삼아야 한다는 것이다. 이러한 주장은 크게
두 가지 측면에서 비판해 볼 수 있다.

첫째, 민족 동질성 회복론은 민족공동체의 문화를 풍부하게 만들기보
다는 왜소하게 만들 가능성이 높다. 민족 구성원의 문화가 동질적이었
다는 주장은 사실명제가 아니다. 현재건 과거건 관계없이 같은 민족 안
에서도 문화는 신분, 계층, 성에 따라 다르고, 주류문화를 따르는 사람
들과 대안적 삶을 모색하는 사람들의 문화도 다르다.[23] 실제와는 무관
하게, '조선문화', '한국문화', '일본문화'처럼 민족이나 국가의 이름을 붙
여 문화를 지칭하는 행태는 근대 국민국가가 형성된 이후 현상이다.[24]

> '일본'이라는 장소의 윤곽 그 자체도 불확실하지만 그 내부 또한 너무
> 나 다층적이다. 교토의 구게(귀족), 오사카의 상인, 에도의 조닌, 사쓰마
> 와 아이즈의 농민, 그리고 피차별자들, 게다가 남성과 여성 사이에서도
> 문화는 서로 다르게 존재한다. 이렇게 지역적으로도, 계급적으로도, 그리
> 고 젠더로서도 매우 다양한 사람들이 엮어낸 문화의 다발이 이른바 '일본
> 문화'라는 한 단어로 불리고 있다. 일본이라는 장소에서 현재까지도 시시
> 각각 변화하며 전개되고 있는 다양한 문화적 문맥의 다발을 그렇게 부르
> 고 있을 따름이다. (…) 한국 문화라는 것도 마찬가지다.[25]

물론 어느 사회에나 주류문화는 존재한다. 어느 정도 경계 지어진 장
소에서 형성된 '문화의 다발' 속 다양한 문화 중에 대다수 사람들이 향유
하는 문화는 있다는 얘기다. 이러한 주류문화의 존재를 분단 이전 민족

---

23) 최현덕, 「경계와 상호문화성: 상호문화 철학의 기본 과제」, 『코기토』 66호, 부
    산대학교 인문학연구소, 2009, 305~306쪽.
24) 서경식, 『나의 조선미술 순례』, 반비, 2014, 244~245쪽.
25) 서경식, 위의 책, 244~245쪽.

문화가 동질적이었다는 주장의 근거로 삼을 수도 있겠지만, 그래도 문제는 남는다. 코리언이 흩어지고 분단되기 전인 19세기 후반~20세기 초반의 생활문화, 곧 '원형(prototype) 생활문화'[26]의 실체 또는 주류문화의 실체가 여전히 불분명한 것이다. 일찍이 중앙아시아 거주 코리언의 생활문화를 탐구했던 한 연구자 역시 "원형의 한국 문화를 상정하기가 지극히 어려우며" 이 때문에 "많은 경우 전자를 별로 고려하지 않은 채 비교의 준거를 '오늘날'의 한국 문화로 상정하여 비교 평가하기 쉽다"며 방법론상 난점을 토로하고 있다.[27]

사정이 이런 탓에 만약 민족문화의 동질성 주장을 밀어붙이려면 필연적으로 역사적으로 존재하지 않았던 동질적 생활문화, 또는 과거의 주류문화를 다른 민족 구성원에게 어떻게든 '상상시켜야' 한다. 이 경우 대부분 현재 민족사회 지배세력의 이해와 결합되어 있는 문화가 민족문화로 주장되며 이와 다른 문화는 배제된다.[28] 이러한 '배제 패러다임'[29]이 코리언 생활문화를 바라보는 주류 패러다임으로 자리 잡고 있는 한, 민족공동체의 문화적 외연은 좁아지고 내포도 빈약해질 수밖에 없다. 이산과 분단으로 흩어져 산 '덕분에' 오히려 '문화의 다발'이 커졌는데, 배제 패러다임, 본질찾기는 이를 오히려 축소시키고 있는 셈이다.

둘째, 민족 동질성 회복이라는 목표 설정은 민족공동체 형성, 통일을

---

26) '원형 생활문화' 개념에 대한 좀 더 자세한 논의는 아래 글 참조. 김진환, 「코리언 생활문화 비교연구: 배제 패러다임에서 통합 패러다임으로」, 『코리언의 생활문화, 낯섦과 익숙함』, 선인, 2014, 23~24쪽.

27) 정근식, 「중앙아시아 한인의 일상 생활과 문화」, 『사회와역사』 제48권, 한국사회사학회, 1996, 88쪽.

28) 최현덕, 「경계와 상호문화성: 상호문화 철학의 기본 과제」, 『코기토』 66호, 부산대학교 인문학연구소, 2009, 306쪽.

29) 코리언 생활문화를 바라보는 배제 패러다임에 대해서는 아래 글 참조. 김진환, 「코리언 생활문화 비교연구: 배제 패러다임에서 통합 패러다임으로」, 『코리언의 생활문화, 낯섦과 익숙함』, 선인, 2014.

향한 열망을 높이기보다는, 떨어뜨리는 쪽으로 작동할 가능성이 높다. 권혁범은 민족 동질성 회복 논리는 여러 가지 이유로 형성된 차이를 단일한 틀에 용해시켜 버리는 획일주의적 경향을 갖는다고 비판한다. 획일화의 압력 아래에서 "다양한 사상과 문화, 다중적인 정체성을 바탕으로 한 수많은 개성적 개인과 집단이 숨 쉴 공간은 사라진다"는 것이다.30) 자신의 문화적 권리를 존중받지 못한 채 같은 민족이라 여겨왔던 한국인에게서 때로는 은밀하게, 때로는 격렬하게 동화 압력을 받고 있는 재일조선인이라면, 민족 동질성 회복이라는 목표 아래 아예 '동화'를 향해 달려가는 통일에 찬성할 수 있을까?

'전통문화'를 토대로 민족 동질성을 회복하자는 익숙한 주장도 민족 구성원끼리의 갈등을 유발할 가능성이 높다. 이러한 입장을 고수할 경우 전통문화31)의 실체가 무엇인지, 어느 쪽이 전통문화를 원형 그대로 계승해왔는지, 어느 쪽이 전통문화를 시대에 맞게 잘 변용시켜 왔는지에 대해, 과거처럼 남과 북이 또 다시 다툴 수 있다. 전통문화가 통일의 추동력이 되는 것이 아니라, 역으로 남북갈등의 소재가 될 수도 있다는 얘기다.32)

---

30) 권혁범, 「통일에서 탈분단으로: '민족 동질성 회복'론 및 '민족 번영'론에 대한 비판적 성찰」, 『당대비평』 12호, 삼인, 2000, 164쪽.

31) 정태적 개념으로서의 통일적 '전통'은 허구라고 생각하는 이들도 있다. 이들이 보기에 전통이란 한번 만들어진 후 완결된 형태로 그 사회를 지배하는 것이 아니라, 그 자체가 끊임없이 새로 만들어지는 것이다. 최현덕, 「경계와 상호문화성: 상호문화 철학의 기본 과제」, 『코기토』 66호, 부산대학교 인문학연구소, 2009, 306쪽.

32) 남북 당국이 권위주의나 가부장제를 전통문화로 호명하는데 동의할 경우에는 갈등이 없을 것이라는 주장도 있다. "'동질성의 회복'이나 '민족 공동체 의식의 함양'이라는 차원에서 보면 우리는 결국 남북한에 남아있는 전통적 문화의 잔재에 초점을 맞춰야 하고, 그 논리를 연장하면 권위주의적 위계 질서나 가부장적 문화에 대한 동의에 다다르게 된다. 남북한의 남자들은 '가부장적 통일'에 대해서 '동질성'을 '회복'할 필요조차 없이 그냥 합의할 수 있게 된

그렇다면 어떻게 해야 재일조선인과 한국인이 서로의 문화적 차이를 존중하며 공존할 수 있을까? 일단 만남 없이는 차이의 확인, 공존 등도 애당초 불가능하기 때문에 재일조선인과 한국인이 자유롭게 만나고 소통할 수 있도록 다양한 정치적·법적·제도적 문제를 풀어나갈 필요가 있다.[33] 이와 더불어 특정한 민족 구성원 문화의 배제로 이어질 수밖에 없고, 민족공동체 형성도 방해할 수밖에 없는 '동질성 신화'로부터 대다수 한국인들이 벗어나는 게 시급하다. 학교의 통일 관련 교육 내용도 '민족 내 다양한 문화의 존재'를 염두에 두고 바꿀 필요가 있다.

또한 '일본인 문화', '재일조선인 문화', '한국인 문화'처럼 동질성을 선험적으로 전제하고, 개별적 일본인, 개별적 재일조선인, 개별적 한국인이 지닌 문화적 개성을 은폐하는 개념에 대해서도 비판적으로 성찰해야 한다. 극단적 예로 한국인들은 '꼼꼼함'을 '일본인다움'의 상징처럼 이야기하고,[34] 김치를 한국 음식문화의 정수라고 말하는 경우가 많은데, 일본인이라고 해서, 또는 일본에서 자란 재일조선인이라고 해서 다 꼼꼼한 건 아니고, '토종' 한국인이라고 해서 다 김치를 좋아하는 것은 아니다.

이러한 노력과 함께 '바로 내 앞에 있는' 재일조선인 또는 한국인이 왜 그렇게 생각하고 행동하는지를, 그가 살아온 역사, 정치, 경제, 문화 등 다층적인 맥락 속에서 이해하려는 노력이 필요하다. '맥락이해'라고

다." 권혁범, 「통일에서 탈분단으로: '민족 동질성 회복'론 및 '민족 번영'론에 대한 비판적 성찰」, 『당대비평』 12호, 삼인, 2000, 162~163쪽.

33) 재일조선인과 한국인의 공존을 위해 재일조선인의 다양하고 수월한 귀환을 보장해주어야 한다는 주장은 아래 글 참조. 김진환, 「이분법에 갇힌 조선사람: 국내 이주 재일조선인의 한국살이」, 『통일인문학』 제58집, 건국대학교 인문학연구원, 2014, 91~94쪽.

34) "동네 어린이집에 아이를 맡길 때였어요. 원장님께 어린이집에서 아이가 어떻게 지내게 되는지 이것저것 꼼꼼히 물어보니 "역시 일본사람이라 이렇게 꼼꼼한 건가요"라며 불편한 내색을 했어요." 재일조선인 김정숙(가명) 구술 (2014년 2월 13일, 서울).

부를 수 있는 이러한 행위를 통해서, 곧 상대방이 경험했던 역사, 정치, 경제, 문화의 흐름을 이해하가다보면 '지금 마주 서 있는' 재일조선인과 한국인은 상대방의 기쁨, 분노, 슬픔, 당혹스러움 같은 다채로운 감정까지 이해하는 수준에 도달할 수 있을 것이다.

맥락이해를 통해 문화공존의 실마리를 찾자는 이 글의 주장은 '디아스포라의 눈'으로 한국인의 '동질화 욕구'를 꾸준히 비판해 온[35] 재일조선인 서경식에게 크게 빚지고 있다. 서경식은 최근 펴낸 저작에서도 이 글에서 '맥락이해'라고 지칭한 행위의 중요성을 아래처럼 강조했다.

> 2004년 처음으로 만났을 때 신 선생은 나에게 자신의 개인전 도록을 주었다. 도록의 제목은 『넋이라도 있고 없고 1968~1992』이다. 이 제목부터 벌써 재일조선인인 나에게 난해하다. 일본어 번역도 가능하지 않다. 한국 친구들에게 물어보고 설명을 들어보아도 나에게는 그다지 명쾌하게 다가오지 않는다. 고유의 문화, 고유의 역사적 문맥과 결부된 어떤 정서를 표현하는 말임은 틀림없지만 그렇게 고유한 것일수록 다른 문맥에서 살아온 나에게는 간단하게 이해되지 않는다. 하지만 "한국인이라면 누구라도 알아요."라던가 "그러니까 재일조선인은 이미 같은 민족이라고는 말할 수 없어."라는 식으로 단언해버리는 것은 옳지 않다. 또 그 '고유'라는 것이 '한국'과 동일하지도 않다. 우리에게 필요한 것은 참을성 있게 그 고

---

35) 서경식은 디아스포라를 바라보는 연민어린 시선에 대해서도 비판적이다. 그가 생각하기에 디아스포라는 한국인에게 새로운 깨달음을 주고 있는 존재다. "디아스포라는 결코 애처로움이나 동정의 대상이 아니다. 오히려 많은 사람들이 안주하고 있는 '국민, 인종, 문화의 동일성'이라는 관념이 얼마나 허구에 차 있으며 위험한가를 일깨워주는 존재일 따름이다." 서경식, 『나의 조선미술 순례』, 반비, 2014, 327쪽. 재일조선인을 바라보는 한국인의 시선 중에는 일본 내 민족교육기관인 '조선학교' 아이들을 '불쌍하게' 여기며 시혜의 대상으로만 바라보는 시선도 있다. 하지만 조선학교 아이들은 대한민국 정부가 재일조선인에게 가했던 상처를 확인하게 해줌으로써, 한국인에게 부끄러움을 일깨워주는 존재이기도 한다. 김진환, 「재일조선인과 통일」, 지구촌동포연대(KIN) 엮음, 『조선학교 이야기: 차별을 딛고 꿈꾸는 아이들』, 선인, 2014.

유의 문화를 풀어내고 이해하며 서로 다른 문맥을 인정하면서 거기에서
공통점을 찾아내려는 지적인 노력이다.[36]

2014년 상반기 재일조선인 구술조사 과정에서도, 맥락이해가 재일조
선인과 한국인의 공존에 어떻게 기여할 수 있는지 확인할 수 있었다. 먼
저 재일조선인 최성훈은 한국인이 재일조선인에게 가끔 상처를 입히는
건 본래 한국인의 국민성 같은 것이 아니라 "교육이 부족했기 때문에 발
생한 문제"라며 구술 내내 자기 주위 한국인의 행태를 이해하려는 태도
를 보여줬다.[37]

결혼 이주한 재일조선인 공정순(가명)과 이웃으로 살고 있는 한국 여
성 3명을 2015년 2월에 만나서 들어보니, 그들 역시 정규 교육과정에서
재일조선인에 대해 배운 적이 전혀 없었다고 입을 모았다. 그들은 학교
보다는 오히려 최근 재일조선인 축구선수 정대세, 재일조선인 격투기선
수 추성훈 등이 출연한 방송프로그램을 통해 재일조선인에 대해 이해할
수 있었고, 정대세, 추성훈, 추사랑(추성훈의 딸) 덕분에 한국인 사이에
서 재일조선인의 이미지가 좋아진 것 같다고 말해줬다.[38]

물론 한국인 중에는 학교에서 배우지 않았더라도, 코리언 디아스포라
와 좀 더 함께 잘 살아나가기 위해서 스스로 재일조선인, 조선족 등이
살아왔던 역사적 · 정치적 맥락을 이해하기 위해 노력하는 이들도 있다.

하루는 제가 밤에 정순 씨를 찾아가 술을 한 잔 하자고 했어요. 그날은
아이 키우는 얘기나 신변잡기적인 얘기는 안 하고 정순 씨랑 제가 일본에
서 한국에서 어떻게 살아왔는지 깊이 얘기했어요. 그리고 나서 정순 씨랑

---

36) 서경식, 위의 책, 36~37쪽.
37) 재일조선인 최성훈(가명) 구술(2014년 3월 8일, 서울).
38) 한국인 백현주(가명), 홍정희(가명), 박영미(가명) 구술(2015년 2월 11일, 김포).

더 친해진 것 같아요.[39)]

> 정순 씨 말고 조선족 친구도 이웃으로 함께 잘 지내요. 그 친구는 늦으
> 면 늦는다고 얘기도 안 하더라구요. 시간 개념이 우리랑 다른 것 같아요.
> 그런데 애초부터 한국인과는 다를 것이라 생각하고 대하니 이해 못 할 일
> 도 이해하게 되더라구요. 그래서 친해진 것 같아요.[40)]

재일조선인 김경식도 자신의 처지나 상처 등을 주변 한국인들에게 깊
이 이해받았던 경험을 아래처럼 들려줬다. 김경식의 주변에 맥락이해를
위해 노력했던 두 명의 한국인이 없었다면 그의 한국 정착은 더욱 더 힘
겨웠을 것이다.

> 한국 유학 초기에 같이 수업을 듣던 학생들은 재일조선인이라는 존재
> 에 거의 아는 바가 없었습니다. 그들에게는 '한국인 아니면 일본인'이라는
> 인식 밖에 없었습니다. 저는 없는 존재 같았습니다. 그러다 3학년 때 인
> 류학개론 강사가 제가 재일조선인이라는 사실을 알고 '재일조선인, 그들
> 은 누구인가'라는 특별 수업을 따로 진행했습니다. 이 덕분에 유학 초기
> 에 받았던 상처도 어느 정도 치유된 것 같습니다. (…) 아내는 한국인입
> 니다. 대학원에서 재일조선인의 해방 직후 민족운동을 전공하고 있습니
> 다. 아내가 재일조선인 문제를 연구한 덕분에 제 처지, 상처 등을 잘 이해
> 해줍니다.[41)]

이와 같은 맥락이해의 중요성이나 필요성에 비해, 현재 재일조선인과
한국인의 맥락이해를 뒷받침할 토대는 매우 부실한 게 사실이다. 예를
들어 일본에서 재일조선인이 한국현대사, 한국문화 등을 배울 수 있는

---

39) 한국인 백현주(가명) 구술(2015년 2월 11일, 김포).
40) 한국인 홍정희(가명) 구술(2015년 2월 11일, 김포).
41) 재일조선인 김경식(가명) 구술(2014년 5월 2일, 서울).

공간이었던 '조선학교'는 고교 무상화 제도 적용 배제[42] 같은 일본 정부
의 노골적 차별과 탄압 속에 갈수록 학생 수가 줄어들고 있다.[43] 눈을
한국으로 돌려 봐도 상황은 좋지 않다. 대한민국 정부가 운영하는 '모국
수학 제도'처럼[44] 재일조선인의 한국인 이해를 돕는 제도는 그나마 존
재해도, 한국인이 재일조선인의 역사·문화적 맥락을 이해할 수 있도록
돕는 제도는 전혀 없다. 한국인은 초중고 과정에서도 재일조선인에 대
해 거의 배우지 않는다. 이러한 한국인과, 학교에서 일제 식민지배사,
재일조선인 역사 등에 대해 "집요할 정도로" 배운 재일조선인의 갈등은
그래서 불가피하다.

> 별로 한국 사람들이 관심 없는 거 같아요, 재일교포에 대해서. (한국
> 사람들이) 당연히 재일교포가 왜 일본에 건너와서 일본에 많이 있는지 당
> 연히 아는 줄 알았어요. 당연히, 아~재일교포? 이렇게 아는 줄 알았는데,
> 아니었으니까 아 모르는구나, 아니다 내 생각이랑 다르다. (…) 제 민족학
> 교에서는 역사시간에 역사공부를 할 때, 집요할 정도로 식민지 때 왜 우
> 리는 일본에 왔는데 왜 우리가 일본에 있는지 정말 매시간 매시간 그것을
> 배우는 거예요. 조금만이라도 한국 사람도 배워주면 좋겠어요.[45]

통일 주제 강연을 다녀보면 재일조선인에 대한 한국인의 '무지'를 절
감한다. 위 구술자의 말처럼 "당연히" 알고 있을 것이라 생각하고 재일
조선인 이야기를 꺼냈다가, 대부분 처음 얘기를 듣는 것 같은 반응을 확

---

42) 자세한 내용은 아래 책 참조. 지구촌동포연대(KIN) 엮음, 『조선학교 이야기:
   차별을 딛고 꿈꾸는 아이들』, 선인, 2014, 24~32쪽.
43) 윤다인, 「모국수학이 재일동포와 민족정체성에 미치는 영향에 관한 연구」,
   서울대학교 석사학위논문, 2014, 29~33쪽.
44) 윤다인, 위의 논문, 41~57쪽.
45) 재일조선인 박미화(가명) 구술. 윤다인, 위의 논문, 99~100쪽.

인한 뒤 일부러 시간을 내 '자세히' 설명하는 경우가 많았다. 이러한 현
실을 보다보면, 결국 맥락이해를 위해서는 재일조선인과 한국인을 대상
으로 한 교육이 무엇보다 강화되어야 한다는 생각에 도달하게 된다. 특
히 그 중에서도 다수자인 한국인 대상 교육이 절실하다. 다문화교육 쪽
에서는 다문화교육을 '소수자 적응 교육'에서 '다수자에 대한 소수자 이
해 교육'으로 전환하자는 문제의식이 존재하고, 전환 사례도 나오고 있
다.46) 이에 비해 소수자 재일조선인과 공존해야 할 다수자 한국인은 아
직도 교육 무풍지대에 놓여 있으니, 재일조선인을 포함한 한국인 이외
코리언의 갈 길은 역시 멀어 보인다.

4. 맺음말

한국인은 통일을 사유할 때 거의 자동적으로 "통일은 민족 동질성을
회복하는 길"이라는 명제를 떠올린다. 이러한 '민족 동질성 회복론'은 한
국인과 북한 주민, 북한이탈주민, 코리언 디아스포라와의 만남이 본격
화된 1990년대 이래 확인되는 다양한 문화충돌의 핵심 원인이다.

따라서 재일조선인과 한국인의 문화공존을 이룩하기 위해서는 일단
한국인이 '동질성 신화'로부터 벗어나는 게 시급하고, 나아가 재일조선
인과 한국인 모두 상대방의 역사, 상대방이 처해있는 정치 · 경제 · 문화
적 맥락을 이해하기 위해 적극적으로 노력해야 한다. 이를 위해 다수자
한국인을 대상으로 한 재일조선인 이해 교육이 무엇보다 시급하고 절실
하다는 것이 이 글의 결론이다. 물론 재일조선인 이해 교육은 많은 한국

---

46) 양영자, 「한국의 다문화교육 현황과 과제」, 오경석 외, 『한국에서의 다문화주
   의: 현실과 쟁점』, 한울아카데미, 2007, 219~221쪽.

인들이 가지고 있는 민족관, 곧 '같은' 문화와 언어를 공유하고 있는 집단이 민족이라는 선입견을 교정하는데도 도움이 될 것이다.

한편, 민족 동질성 회복론에서 벗어나자는 이 글의 결론은, '민족은 같은 문화를 공유하고 있는 집단'이라는 지금까지 통일에 유용하다고 주장됐던 관념을 흔들면서 결국 통일을 방해할 것이라는 비판에 직면할 수 있다. 만약 이러한 비판이 제기된다면 일단 3절에 적었듯이 민족 동질성 회복론을 고수하는 것이 오히려 민족공동체 형성, 통일을 방해할 가능성이 높다고 대답할 것이다. 나아가 오늘날 '우리 민족'의 경계를 문화적 기준을 가지고 설정하기보다는, 역사적·정치적 기준을 가지고 설정하는 것이 이론적으로 더욱 타당하고, 실천적으로 민족공동체에 대한 귀속감 역시 높여줄 수 있을 것이라는 생각을 덧붙이고 싶다. 일제 식민지배를 함께 겪었고, 오늘날에도 '계속되는 식민주의'에 함께 고통 받고 있다는 바로 이 공통의 역사적·정치적 경험, 이 경험에 기원을 둔 특정한 의식들이야말로 '우리 민족'을 '다른 민족'과 구분 지어주는 핵심 요소들이라고 생각한다.

물론 그렇다고 해서 문화가 민족공동체의 통합성을 높이는데 기여할 가능성을 전적으로 부정하는 것은 아니다. 다만, 민족공동체의 통합성을 높일 수 있는 문화는 '모든' 민족 구성원이 공유하고 있는 본질적이고 획일적인 문화, 또는 한번 형성되면 바뀌지 않는 영원불변의 문화를 가리키는 것이 아니라는 점을 강조하고 싶다. 두 종류의 문화 모두 현실에는 존재하지 않는, 존재할 수 없는 문화다. 이 글에서 민족공동체의 통합성을 높이는 데 기여할 가능성이 있다고 생각하는 문화는, 민족 구성원이 자유로운 소통을 통해 서로가 지닌 문화적 개성이 어떻게 만들어졌는지를 다양한 맥락 속에서 이해하고, 평화롭게 공존하는 과정에서 함께 발견한 문화, 함께 새로 만들어 낸 문화를 가리킨다. 이러한 문화가 바로 민족공동체의 통합성을 높이는 데 기여할 가능성이 있는 '우리 민족'의 '공통문화'다. 재일조선인과 한국인의 문화공존이 우리 민족 공통문화의 발견과 창출로 이어지리라 기대해본다.

제8장 남북 문화공통성 창출을 위한 방안

전영선*

1. 머리말

2015년으로 광복 70년이 되었다. 광복 이후 남북은 분단과 갈등으로 70년을 보냈기에 광복 70년은 다른 의미에서 분단 70년을 의미한다. 분단의 시간은 문화의 차이, 문화의 이질화로 나타났다. 남북은 반만년의 민족문화유산을 공유하였지만 상이한 정치제도의 차이로 인해 생활문화의 상당 부분이 달라졌고, 문화차이로 나타난 것이다. 남북의 문화차이는 통일 과정은 물론, 통일 이후 사회 통합에 상당한 장애가 될 것으로 예상된다.

남북 문화의 차이가 어떤 결과로 이어질 지는 북한이탈주민의 적응

* 건국대학교 통일인문학연구단 HK연구교수.

사례를 통해 예견된다. 적지 않은 북한이탈주민들이 남한 사회 정착 과정에서 문화 차이로 인한 어려움을 겪는다. 북한이탈주민의 문화 적응의 어려움은 통일 이후 당면하게 될 남북 주민의 문화 갈등을 시사한다. 남북의 문화를 이해하고 차이를 해소할 수 있는 현실적 논의의 필요성이 제기되는 이유이다. 문화통합이 중요한 것은 문화 차이가 사회적 폭력과 연결되기 때문이다. 문화의 차이는 문화적 편견으로 이어지고, 문화적 편견은 차별을 넘어, 폭력적인 현상으로 이어지기도 한다.[1] 북한이탈주민의 문화적응과 남한 주민의 '불편한 시선'은 통일과정에서도 재현될 가능성은 매우 높다.[2] 상대 문화를 바라보는 불편한 시선은 통일과정에서도 쉽게 해소되기 어렵기 때문이다.

통일 한국의 문화정책은 다양성을 지향하는 정책이어야 한다. 이런 점에서 통일문화 정책은 정치와 경제와는 다르다. 통일 한국의 정치와 경제가 단일성을 지향하는 반면 문화는 '다양한 하나'가 존재하는 '다원성'을 지향해야 한다. 문화의 다양성과 다원화는 현대 사회의 문화적 보

---

1) 남북의 문화 차이는 북한이탈주민에 대한 배타적 인식, 경멸과 무시의 폭력적 시선, 북한이탈주민에 대한 보이지 않은 폭력에 대한 무감각 등으로 이어지기도 한다. 이러한 문제가 집단화 될 경우에는 사회적 문제로 확대될 수 있다. 남북 주민의 문화적 차이와 적응에 대해서는 전영선, 「북한이탈주민과 한국인의 집단적 경계 만들기 또는 은밀한 적대감」, 『통일인문학논총』 제58집, 건국대학교 인문학연구원, 2014 참조.

2) 북한이탈주민의 경우에는 남북한 사회의 상이한 체제로 인한 문화적 차이를 극복하지 못하고 갈등을 겪는데, 이는 남한 사회의 선택과 자율적 관행에 잘 적응하지 못하는데서 야기되는 무시, 몰이해, 소외, 외로움 등의 심리적 측면의 어려움을 겪고 있다. 적응의 어려움으로 인해 개인과 사회와의 관계 속에서 자긍심과 자아 존중감이 형성되지 못하고, 급격한 변화에 적응하지 못하면서 자신감이 상실되는 아노미(anomie) 현상도 나타나고 있다. 이러한 어려움은 사회적 고립으로 이어질 가능성도 매우 높다. 하지현, 「북한이탈주민의 정서적 소통 방법의 이해」, 『통일인문학논총』 제53집, 건국대학교 인문학연구원, 2012, 304~305쪽: "정신질환에 이환된 수준이 아니라하더라도, 많은 북한이탈주민이 남한 주민들과 소통과 관계를 맺고, 사회적응을 하는데 많은 어려움을 겪고 있는 것이 관찰된다. 이런 어려움은 사회적 고립으로 이어질 위험이 있다."

편성인 동시에 미래 사회의 보편적 가치로 자리 잡을 것이다. 이런 점에
서 남북 문화공동체는 하나의 생각, 하나의 사유로 통일되는 사회가 아
닌 다양한 가치와 문화가 통용될 수 있는 사회를 의미한다. 남북 문화공
동체를 이루기 위해서는 우리 사회의 문화적 차별과 편견이 해소되는
'문화적 성숙'의 과정이 동반되어야 한다.

　문화적 통합을 위해서는 민족문화의 정서와 가치의 기반과 생활문화
의 보편적 이념 틀을 수용할 수 있는 문화적 소통 능력이 필요하다. 이
는 통합을 위한 가치의 공유와 함께 문화적 차이를 인정하고, 차이를 차
별이 아닌 문화적 특성으로 이해하는 지난(至難)한 인내력이 필요하다.
남북문화를 바라보는 시선은 단기간에 형성된 것이 아니다. 분단 70년
의 시간 동안 진행된 치열한 이념갈등의 산물이다. 분단의 시간은 남북
의 갈등으로 지나간 시간이었다. 갈등의 시간을 거치면서, 북한을 바라
보는 시각이 형성되었다. 문화통합이란 단기적으로 결과를 얻을 수 있
는 문제도 아니며, 경제적으로 해결할 수 있는 문제도 아니다. 내면의
적대적 프레임을 해체하는 과정이다. 내적 성숙을 통해 차이를 인정하
는 과정과 적대적 프레임을 해체하는 실천적 과정이 동반되어야 한다.
그리고 그 과정에서 공통성을 확인하고, 확대하면서 문화공동체로 나아
가야 한다. 이 글은 이러한 전제 하에 남북 문화의 소통 경로를 열어 나
가는 실천적 과제를 고민하고, 방안을 제시하는데 목적을 두었다.

2. 문화통합의 개념과 의미

1) 문화통합의 개념

　남북 분단 이후 유일하게 분단된 현실을 안고 있는 한반도의 상황에

서는 '통일' 혹은 '통일'은 언제나 중요한 화두였다. 하지만 남북의 통합에서 문화통합 문제는 후순위였다. 통합의 중심 문제는 정치나 경제였다. 정치나 경제적인 우위는 통일의 필수조건이었고, 문화통합은 고려의 대상이 아니었다. 하지만 문화통합은 남북에만 적용되는 문제를 넘어 통일한국의 보편적인 문제이다. 정보통신이 발전하면서, 문화통합의 문제는 보편적 문제가 되었다. 세계는 상시적으로 문화 접촉과 충돌이 일어나고 있다. 전지구적으로 문화접촉이 발생하면서 문화적 소통과 통합이 중요한 문제로 제기되고 있다. 정치·제도의 통합을 이룬 국가에서도 문화 갈등이 계속되기도 하고, 한 국가 안에서 문화적 통합이 이루어지지 않아 분리하려는 움직임이 일어나기도 한다.

문화통합이라고 할 때, 문화는 다양한 의미를 포괄한다. 넓은 의미에서 문화는 인류가 축적한 모든 문화자산을 의미하며, 좁은 의미에서 문화는 정치나 경제와 달리 제도화, 규범화되지 않은 생활양식과 내용, 가치관을 의미한다. 좁은 의미로 문화는 생활문화의 개념과 연관된다.[3] 문화통합을 정치·제도의 통합과 비교하면 〈표 1〉과 같은 차이가 있다.

〈표 1〉과 같이 정치·제도통합은 외적 통합을 강조하지만 문화통합은 내적 통합을 강조한다. 문화통합은 과정이나 결과가 쉽게 드러나지 않는다. 문화통합은 명시적이거나 가시적이지 않아서, 제도적 통합처럼 통합의 단계나 의미를 명확히 규정하기 어렵다. 또한 정책 효과가 즉시적으로 나타나지도 않아 정책 추진의 동력을 획득하기도 어렵다.

---

3) 건국대학교 통일인문학연구단,『코리언의 생활문화』, 도서출판 선인, 2012, 21쪽 : "'생활문화'란 문화(culture)가 사회구성원이 통시적·공시적으로 만들어내고 향유하는 사고방식과 행위양식의 총체라면, 생활문화(living culture)는 당대 사회 구성원이 만들어내고 향유하는 사고방식과 행위양식 중 일부분이다. 곧 생활문화보다 문화가 포괄적인 개념이며, 생활문화의 핵심적인 속성은 근대성 또는 당대성이다."

〈표 1〉 정치·제도통합과 문화통합의 비교

정치·제도통합	문화통합
외적	내적
표면	잠재
단일성	다양성
단일문화	다문화
제도	비제도
구조	비구조
사회·정치	문화·정서
거시적	미시적
측정 ○	측정 ×
법, 법률, 제도	의식, 가치관, 정서, 정체성, 가치, 신념

출처: 이우영 외, 『문화를 통한 사회통합 유형에 대한 기초 연구』(문화체육관광부, 2011), 10쪽.

　　남북의 통일은 독일의 통일에서 많은 점을 시사 받을 수 있지만 차이점 역시 크다는 것을 인식해야 한다. 동독과 서독은 전쟁을 겪지도 않았으며, 제한적이지만 인적 교류도 있었고, 종교교류도 있었다. 동독은 사회주의 국가 중에서는 경제적으로 발전한 나라였다.4) 반면 북한의 경제

---

4) 엄태완, 「남북통합 과정의 심리사회적 위기분석─북한이탈주민의 생애위기에 대한 질적 연구를 통해」, 『북한학연구』 제7권 제2호, 동국대학교 북한학연구소, 2011, 7~8쪽 : "남북통일 또는 남북통합에 대한 연구는 시기적 연구와 통합 과정의 거시적 사회문화적 갈등과 대처에 대한 내용들이 대부분이다. 또한 독일통일의 사례를 남북에 적용하는 연구들이 있지만 남북한의 상황과 문화에서 차이가 많다. 동·서독은 통일 이전에 수많은 사람들이 왕래를 할 수 있었으며, 동독의 경우에는 세계 최고 수준의 문화 인프라가 존재하고 있었다. 남북의 경우에는 어떠한가? 북한은 동독 수준의 문화와 일상생활 수준을 확보하고 있다고 할 수 없다. 또한 남북주민의 정서적 거리감도 여전히 좁혀지지 않고 있으며 제도적으로도 충분한 대처가 이루어지지 않고 있다. 이러한 상황에서 남북통일이 현실화된다면 남북주민들의 일상은 혼란과 충격으로 전반적 위기를 초래할 수 있다."

인프라나 종교의 자유, 남북교류의 정도는 독일 통일 당시의 상황과는 다른 점이다.

문화통합이란 보편적 기준 아래 다양한 문화가 소통되는 것을 의미한다. 문화적 소통을 위해서는 다양성을 상호 인정하는 것이다. 문화공동체는 문화적 다양성을 인정하는 가운데 새로운 가치를 창조해 나가는 공동체이다. 제도적 통합을 넘어선 문화통합이란 문화의 가치가 소통되고 융합되는 공동체 사회를 의미한다.[5] 한편으로 문화 통합은 다문화주의에 기반한 동화주의적 관점을 포기를 의미한다. 단일성을 목표로 하는 정치적 통합과 달리 문화통합은 다양성을 전제로 하기 때문이다. 문화통합이 이루어지기 위해서는 문화정체성에 대한 인정과 올바른 인식을 가져야 한다.[6]

---

5) 이우영 외,『문화를 통한 사회통합 유형에 대한 기초 연구』, 문화체육관광부, 2011, 11쪽 : "문화통합은 문화적 다양성이 주어진 규범 안에서 소통되는 것을 의미한다. 즉 다양한 문화를 상호 인정하는 것으로서 문화적 이질감을 극복할 수 있게 문화의 다양화를 기본으로 한다. 이는 탈식민주의를 통한 다문화주의, 공존과 화해의 다문화주의의 형태라고 할 수 있다. 물론 이러한 다문화의 바탕은 새로운 가치를 창조하기 위한 과정으로서, 문화통합은 결국 공동체적인 가치를 지향하게 된다. 이는 다문화와 함께 문화적 공통성을 수용함으로써 가능하다. 이러한 문화통합을 이룬 문화공동체란 곧 문화의 가치가 소통되고 융합되는 사회를 의미하며 이는 제도의 통합을 넘어선 문화의 통합을 가리킨다. 이것은 결국 다문화를 바탕으로 새로운 공동체의 정체성을 확립하는 과정이다. 이러한 문화통합의 개념은 같음과 다름을 함께 안고 있는 한민족의 통합과정에서도 중요하며 현대에 맞는 새로운 민족 정체성 확립에도 도움이 될 것이다."

6) Patric SAVIDAN 지음 · 이산호 · 기휘택 옮김,『다문화주의 : 국가정체성과 문화정체성의 갈등과 인정의 방식』, 도서출판 경진, 2012, 51쪽 : "정체성에 영향을 미치는 병리학은 두 가지 종류가 있다. 그 첫 번째는 인정의 부재에 관심을 가진다. 이때 인정의 부재는 정체성이 거부된 사람들의 일종의 비가시성 형태를 초래한다. 두 번째는 인정의 부재가 아니라 '잘못된 인식'을 지적한다. 이 잘못된 인식이 끼치는 영향은 그러한 인식을 겪은 사람에게 그 자신들이 제한되고 비천하게 보이고, 무시당할 수 있는 이미지를 가지고 있다고 생각하게 하는데 영향을 미친다."

2) 통일 한국의 문화통합

통일에 대한 개념과 의미는 학자에 따라서 차이가 있다. 하지만 대체로 좁은 의미에서 통일은 정치개념과 하나의 제도로 구성된 정치체제가 집단구성원 모두를 규제하는 개념으로 사용하고, 넓은 의미에서 통일은 구성원들의 생활공간의 통합, 경제체제의 통합, 문화통합, 의식통합, 정치통합이 모두 이루어진 상태를 의미하는 개념으로 사용한다.

통일논의를 전개함에 있어 각기 다른 개념을 적용함에 따라 용어의 사용에 혼란을 초래하고 있다. 우리는 사회통합에 대한 보다 명확한 이해를 위해 통일에 대한 두 가지 관점을 정리할 필요가 있다. 첫째는 협의의 절대적 통일관이다. 이러한 관점은 통일을 정치통합과 동일시한다. 여기서 정치통합이란 하나의 기본이념과 하나의 제도로 구성되는 하나의 정치체제가 집단구성원 모두를 규제하는 상태를 의미한다고 할 수 있다. 즉 하나의 헌법체계를 가지게 되는 상태를 정치통합으로 보고 통일이 달성된 것으로 간주한다. 둘째는 광의의 상대적 통일관이다. 이러한 관점에서는 민족사회 구성원 개개인의 삶의 영역이 전 영토로, 전사회로 확대되어 생활공간의 통합, 경제체제의 통합, 문화통합, 의식통합, 정치통합이 모두 이루어진 상태를 통일로 보며, 통일을 '연속변량적' 개념으로 이해한다. 따라서 통일을 양분법적으로 보지 않고 정도의 차로 이해하며, 정치통합은 통일의 한 국면으로 이해하는 것이다. 우리가 협의의 절대적 통일관을 취할 경우 사회통합은 통일과 전혀 별개의 의미를 갖게 된다. 즉 정치적 통합이 달성되고 난 이후 구성원 간의 상호교류과정을 통하여 상호신뢰를 바탕으로 한 공동체가 형성되는 과정으로 볼 수 있다. 반면에 광의의 상대적 통일관을 취할 경우 사회통합은 통일의 한 과정으로 이해되며 정치적 통합의 이전과 이후에 일어나는 구성원간의 상호교류 전 과정을 포괄한다고 볼 수 있다.[7]

---

7) 이상우,『함께 사는 통일』, 나남, 1993, 127쪽.

통일한반도에서 규정하는 통일은 넓은 의미의 통일, 즉 정치와 경제, 생활과 문화, 의식의 통합이 이루어진 사회를 지향한다. 통일부에서 제시한 '통일한국의 미래비전'은 '자유민주주의와 시장경제 토대 위에서 정치적 자유의 보장, 경제적 풍요, 그리고 다양성과 자율성의 신장이 실현되는 조화로운 공동체', '경제적으로 시장경제 질서를 바탕으로 성장과 분배가 조화롭게 이루어지는 풍요로운 국가', '구성원 개인의 가치관과 생활양식이 존중되는 문화적 다원주의가 정착'될 뿐만 아니라 '정치적 시민적 자유가 신장'되고, '성숙한 민주주의를 통해 더 큰 대한민국'으로 발전하는 사회, '사회적 자원과 시설, 그리고 역할이 공정하게 배분되며 복지정책과 분배제도가 정착'된 사회이다. 통일한국이 되면 국제사회의 강대국으로 성장하는 것은 물론 민주주의가 성숙되고, 경제적으로도 풍요롭고, 다양한 문화가 소통되는 정의사회로 진입하게 된다.[8]

통일한국의 통일비전을 실천하기 위해서는 수많은 난관을 극복해야 한다. 통일이후 사회통합에 실패할 경우에는 갈등이 극대화되면서 막대한 사회적 비용을 초래할 것이다. 나아가 통일 이후 사회적 불안과 재분열을 초래할 가능성도 배제할 수 없다. 통일이라는 결과뿐만 아니라 통일 과정이 중요한 이유이다. 통일 과정에서 고려해야 할 핵심 문제 가운데 하나는 가치관과 문화통합이다. 문화통합은 정치나 제도처럼 측정할 수 있는 요소가 아닐 뿐만 아니라 사회적 갈등의 잠재적 요소로서 통합의 가장 큰 걸림돌이 될 수도 있다. 통일독일의 경우에서 드러나듯이 일방적인 단일문화로의 흡수와 단일 문화체제 구축은 사회갈등을 해소하지 못하고, 통합을 저해하고 있다.

남북은 오랜 단절의 시간과 적대적 대치관계를 유지한 까닭에 통일 이후 사회 통합과정에서 남북한 주민들 사이에 사회문화 갈등이 다양한

---

8) 통일부 통일교육원, 『2011 통일문제 이해』, 통일교육원, 2011, 175~187쪽 참고.

양상으로 나타날 가능성이 매우 높다. Berry의 이론은 남북의 문화접촉 과정에서 나타날 현상을 설명하는데 유용하다. Berry는 두 개의 문화를 접하게 되었을 때 상호적인 작용을 원칙으로 하지만 현실적으로는 어느 한쪽에 의해 다른 한쪽이 변화된다고 보고 기존의 문화를 한축으로 하고 새로운 문화를 다른 축으로 하여 적응의 유형을 '문화동화(assimilation) 유형', '문화통합(integration) 유형', '문화분리(separation) 유형', '문화주변 (marginalization) 유형'의 네 가지로 분리하였다.

문화동화(assimilation)란 '자기 문화를 버리고 주류문화에 편입되는 유형'이다. 기존의 사회에서의 경험과 관계없이 무조건 새로운 사회의 환경에 동화하는 유형이다. 문화통합(integration)이란 '자기 고유문화의 주체성을 유지하면서 새로운 문화를 수용'하는 유형이다. 낯선 두 개의 문화가 접촉하였을 때, 일어나는 가장 바람직한 변화 유형이라고 할 수 있다. 문화통합 유형은 균형적인 시각에서 새로운 사회에서 체험한 다양한 경험을 내적으로 수용하여 자기 자신의 성숙기회로 활용하는 것이다. 문화통합 유형에 속한 사람들은 다른 문화를 맹목적으로 수용하거나 맹목적으로 거부하는 것이 아니라 기존의 문화와의 비판적 비교를 통하여 두 문화의 장점을 통합하려고 시도한다. 문화분리(separation) 유형은 '새로운 문화를 거부하고 고유문화를 고집하는' 유형이다. 즉 기존 문화에 대한 집착에서 벗어나지 못하면서도 새로운 문화를 적극적으로 수용하지도 못하는 유형이다. 기존 문화에 대해 배타적이거나 거부하는 보수적 성향이 강한 특성이 있다. 문화주변(marginalization) 유형은 달리 탈문화 유형으로 분리하기도 한다. 문화주변 유형은 '자기문화와 주류 문화를 모두 거부' 한다. 문화주변 형에 속하는 사람들은 어느 문화에서도 소속감을 느끼지 못하고 기존의 문화가치에 향수를 느끼거나 현재의 문화가치를 부정하면서 허무주의에 빠지기 쉽다.[9]

남북의 문화 접촉에서도 이러한 유형화의 가능성은 매우 높다. 남북의 문화가 소통의 창구 없이 분단을 보내왔기 때문이다. 더욱이 남북의 문화적 차이와 정서, 가치관의 차이는 단순한 문화적 차이로 인식되지 않았다. 남북의 문화와 가치관은 대타적(對他的) 적대적으로 인식되었다. 남북 사이에 대타적인 적대감으로 존재를 인정받아왔던 인식이 통일 과정에도 그대로 작동할 가능성이 매우 높다. 치열했던 남북의 정치적 갈등 속에서 태동된 냉전적, 적대적인 문화 혹은 이질감이 증폭되면서, 남북 문화공동체 형성에 강한 거부감으로 작동할 가능성도 매우 높다.

북한이탈주민의 남한 사회 정착과정에서 통일 이후 문화통합을 일정 정도 예견할 수 있다. 북한이탈주민에게 있어 남한 사회는 낯선 곳이다. 북한이탈주민은 남한 사회 진입 시작부터 남한화를 요구받는다. 새터민을 위한 교육 프로그램은 일단 새터민들에게 다방면에 걸친 변화를 요구하는 셈이다. 개인적으로는 자본주의 인간관계에 필요한 매너도 남한식으로 갖춰야 하고, 집단적으로는 이후 통일한국 시대에 북녘 땅을 문명화하는 민족적 사명도 껴안아야 한다."[10] 북한에서 받은 교육이나 가치관, 생각까지 송두리째 부정당해야 한다. 경제적인 문제보다는 정서적인 문제에서 상당한 어려움을 보이고 있다. 남한 사회에 진입하면서 가졌던 희망이 막연하였으며, 남한주민과 다르다는 것을 깨닫게 되면서 좌절하게 된다.

북한이탈주민의 남한 사회 정착이 쉽지 않은 것이 오히려 정상이다.[11] 남북의 통일 과정에서 문화통합의 중요성에 대한 인식을 공유하

---

9) 문화적응 유형에 대해서는 길은배,『북한이탈 청소년의 남한사회 적응 실태 및 지원 방안 연구』, 한국청소년개발원, 2003; 윤인진, 「탈북과 사회 적응의 통합적 이해: 국내 탈북자를 중심으로」,『현대북한연구』3권 2호, 2000 참고.
10) 정진헌, 「탈분단·다문화 시대, 마이너리티 민족지 : 새터민, '우리'를 낯설게 하다」, 오경석 외 지음,『한국에서의 다문화주의 현실과 쟁점』, 한울아카데미, 2012, 156쪽.

고, 기계적인 제도 중심의 통합을 지양하고, 자발성에 토대한 통일을 이루어 나가야 하는 이유이기도 하다.

통일은 문화적인 성숙 과정 속에서 추진되어야 한다. 현실적합성이 떨어지는 통합논의는 통일에 대한 피로감을 누적시킬 수 있다. 나아가 통일에 대한 무관심을 조장하거나 거부감을 양산하고 통일에 대한 사회적 동력을 현저하게 약화시킬 수도 있다. 특히 북한사람, 북한 문화와의 공존 방식에 대한 구체적인 방안 없이 통합정책을 입안할 경우에는 통합 이후의 갈등으로 인한 사회적 분열현상을 가속화할 것이며, 이로 인한 정치적 갈등, 지역적 갈등을 해소하는 데만 엄청난 사회적 비용을 야기할 수 있다는 점이 고려되어야 한다. 남북의 통일이 국제사회의 갈등문제 해결에 기여하는 실마리를 제공할 수 있는 것도 한반도 통일이 남북의 문제를 떠난 냉전체제의 극복이라는 역사성을 갖고 있기 때문이다.

통일한국의 문화통합을 위해서는 통일한국에서 예상되는 갈등과 분쟁의 심리적 지형 파악이 중요하다. 이를 위해서는 사회적이고 문화적 갈등에 대한 심층적이며 다차원적인 접근이 필요하다. 70년의 분단 기간 동안 남북은 독자적이고 자기완결적인 문화체제를 구축하였다. 남북의 통일은 인간과 정신의 통일이라는 제도적인 통합으로는 해결할 수

11) 김양희·신미녀, 「탈북민의 남한사회 적응 방안」, 『북한』 2015년 2월호, 북한연구소, 2015, 112~113쪽 : "탈북민은 29명에 1명꼴로 경제적 어려움과 남한생활 부적응 등을 이유로 자살, 이미, 도피 등을 선택하는 것으로 알려졌다. 2013년 통일부 출처의 국정감사 자료에 따르면 지난 2012년 8월 기준, 2만 5천여 명의 탈북민 중 자살 26명, 사망 583명, 이민 51명, 행방불명 796명 등으로 집계됐다. 일부 행방불명된 탈북민은 거주지불명, 해외출국, 구치소 수감 등으로 파악됐고, 월북을 했을 가능성도 높은 것으로 알려졌다. 실제 최근 탈북민의 재입북 사례도 공공연하게 나타나고 있다. 특히 탈북민의 남한사회 부적응 양상의 원인으로 정서적인 문제가 심각하게 대두되고 있어 탈북민을 위한 정서적 안정화 방안에 대한 관심이 높아지고 있다. 실제 탈북민들도 한국 사회 적응의 어려움에 대한 원인을 본인의 노력과 인간관계 등 정서적 측면에 있다고 스스로 평가할 정도로 정서적 문제는 심각한 상황이다."

없는 본질적인 문제이다. 마음 속에 내재한 장벽을 넘어서지 못하는 통일은 온전한 통일이라고 보기 어렵다.[12] 이런 점에서 인식과 가치관의 통합에 대한 새로운 인식과 접근을 필요로 한다. 문화통합에서 당연하게 논의되었던 '이질성의 극복과 동질성 회복'이라는 통합논의에 대한 재고(再考)가 필요하다. 다문화와 다양성을 특징으로 하는 현시대 상황은 물론 통일한국의 미래와는 적합성이 떨어지기 때문이다. 특히 다문화가 급속히 진행되는 동시에 다양성과 다원주의를 지향하는 한국의 현실을 고려할 때 포괄적 의미의 접근이 의미가 있다.

통일한국의 문화정책은 통일한국의 시대적 환경 속에서 기획되어야한다. 통일한국의 문화정책 기본이 되는 것은 다문화와 다양성이다. 남한 주민들은 통일한국의 체제에 대해 '남한의 현 체제를 그대로 유지한다'는 생각이 가장 많지만 '남북한 체제의 절충형 통일'에 대해서도 많은 사람들이 공감하고 있는 것으로 조사되었다.[13] 다문화와 문화다양성은

---

12) 전미영, 「남북한 사회문화통합과 방송」, 『통일과 방송』 제4호, 한국방송 남북교류협력단, 2015, 15쪽 : "독일 통일 이후 동서독 주민들 간의 내적 통합은 제도적 통합만큼 속도를 내지 못했다. 2010년 10월 3일에 개최된 '독일 통일 20주년 기념 공식 행사'에서 발표된 자료에 의하면 동서독 양측 주민들이 상대방에 대해 독일국민으로 인정하지 않는 비율이 50~60%에 이를 정도로 상호 간의 마음의 장벽이 존재한다고 보고한 바 있다. 이것은 통일이 '제도'나 '체제'의 문제 못지않게 '인간'과 '정신'의 문제라는 것을 환기시켜 준다."

13) 박명규 외, 『2014 통일의식 조사』, 서울대학교 통일평화연구원, 2014, 64~65쪽 : "우리 국민들은 "통일한국이 어떤 체제가 되어야 한다고 생각하십니까"라는 질문에 대해 '남한의 현 체제를 그대로 유지한다'는 비율이 44.9%로 가장 많았다. 이 응답률의 추이는 2009년 43.6%→2010년 44.4%→2011년 48.9%→2012년 44.2%→2013년 43.6%→2014년 44.9%로 6년 동안 크게 증가하지도 반대로 크게 떨어지지도 않은 채 비슷한 수준을 유지하고 있다. 남북관계의 변화나 북한의 권력구도 변동에도 불구하고 대체로 이 응답률은 일정한 수준을 유지하고 있다. 마찬가지로 두 번째로 많은 비중을 차지하고 있는 '남한과 북한의 체제를 절충한다'는 응답의 비율 역시 2009년 39.1%→2010년 38.8%→2011년 35.6%→2012년 37.7%→2013년 35.4%→2014년 37.9%로 6년 동안 일정한 수준을 유지하고 있다. … 흥미로운 것은 앞의 두 항목 즉, '남한체제로

전지구적인 현상이다. 통일한국이 맞이할 시대적 상황이기도 한다. 통일국가의 사회문화 통합 전략도 마땅히 통일한국의 시대적 상황에 맞추어 기획되어야 한다. 통일 과정에서 문화적 차이를 해소하고, 통일 이후 통합 과정에서도 예측 가능한 사회 갈등 및 유사한 갈등이 확산되지 않도록 관리할 수 있는 미래전략이 필요하다.

3) 문화접촉과 문화소통

문화접촉은 상호문화적 인식의 변화를 동반한다. 문화는 접하는 것 자체가 중요한 것이 아니라 어떤 내용과 형식으로 접하는지가 중요하다. 어떤 내용을 어떤 형식으로 접하느냐에 따라서 긍정적인 변화를 촉진하기도 하고, 부정적인 방향으로 변화되기도 한다. 문화는 본질적으로 보수적인 속성이 있다. 익숙한 시선으로 낯선 것을 보기 때문이다. 문화통합을 위해서는 상호 문화에 대한 이해와 동의가 필요하다. 상호 이해와 동의 없는 문화접촉은 오히려 문화적 차이를 각인시켜 이질감을 증폭하기도 한다.[14] 문화적 정체성이 형성된 이후에는 그 가치관과 세

의 통일'과 '남북한 체제의 절충형 통일' 간의 격차가 크지 않다는 점이다. 전자의 6년간 평균 응답률은 44.9%이고, 후자의 6년간 평균 응답률은 37.4%로 두 항목간 응답률 격차가 7.5%p 수준이다. 따라서 소위 '흡수통일' 방식의 통일방식을 국민 대다수가 공감한다고는 볼 수 없다."

14) 전영선, 「통일기반 구축과 방송의 역할」, 『통일과 방송』 제4호, 한국방송 남북교류협력단, 2015, 29쪽 : "문화갈등이 문제가 되는 것은 문화에는 정체성과 가치관이 동반되기 때문이다. 문화는 동전의 양면성과 같이 통합에 기여할 수도 있지만 통합을 저해하는 강력한 요소가 되기도 한다. 문화통합을 위해서는 상호 문화에 대한 이해와 동의가 필요하다. 상호 이해와 동의 없는 문화접촉은 오히려 문화적 차이를 각인시키는 기능을 하기도 한다. 통일독일의 경우에도 통일 25년이 지났지만 여전히 문화통합이 충분히 이루어지지 못한 이유는 동독과 서독의 문화적 차이가 구동독 지역 주민들에게 통일독일인이라는 문화정체성을 온전하게 형성하지 못하였기 때문이라고 할 수 있다. 즉

계관으로 문화를 바라보게 된다. 좋은 것이든 나쁜 것이든 익숙한 문화를 중심으로 다른 문화를 배타적으로 수용한다.

문화는 가치의 문제가 아니라 경험과 이해의 문제이기 때문에 사전에 충분한 문화적 인지력이 필요하다. 낯선 문화를 접하게 되면 불편해 한다. 남북 주민에게 상대 문화는 모두 친숙한 문화가 아니다. 남북문화를 접하는 남북한의 주민은 상대 문화에 대한 정보가 백지상태에 가깝다. 방송이나 언론을 통해 보여진 정보가 정보의 전부일 수도 있다. 방송과 언론을 통해 각인된 이미지가 상대방에게 투영될 개연성이 높다. 동서독의 통일 과정에서 나타났듯이 방송과 언론은 절대적인 영향을 미치는 만큼 통일지향적인 방송과 언론의 정책 유도가 필요하다. 방송과 언론의 객관적 보도가 중요하다. 객관적 보도란 단순한 정보의 편집이 아니라 제공하는 정보의 의미와 내용을 해석할 수 있는 '문맥'적 상황을 함께 제공하는 것을 말한다.

문맥적 상황에 대한 이해는 문화통합의 핵심이다. Bennett는 문화접촉을 통해 부정적이고 배타적인 인식에서 긍정적이고 문화통합으로 수용되는 과정을 6단계로 설명하였다. 각 단계의 특징은 다음과 같다.

부정 (Denial)	방어 (Defense)	경시 (Minimization)	수용 (Acceptance)	적용 (Adaptation)	통합 (Integration)
자민족 중심(Ethnocentric)			민족 상대주의(Ethnorelative)		

'부정(Denial)단계'는 문화의 차이를 인정하지 않고, 부정하고 거부하는 단계이다. '방어(Defense)단계'는 문화적 차이를 인식하지만 부정적으

동서독의 차이가 구 동독지역 주민들에게 광범위하게 공감대를 형성하면서 서독주민과는 다른 정체성을 형성하게 된 것이다."

로 평가하는 단계이다. '우리'와 '그들'이라는 두 개의 집단으로 범주화하면서 자기 문화를 상위로 생각하고 다른 문화를 열등한 것으로 여긴다. 남북의 경우에는 북한의 문화가 우월하다고 인식하고, 남한 문화를 부정적으로 평가하는 단계이다. '경시(Minimization)단계'는 자신의 문화적 세계관을 보편적인 것으로 여기는 단계이다. 다른 문화의 사람들도 자신의 문화 가치대로 생각하고 행동할 것이라 여기는 경향이 크다. 문화에 대한 가치적 판단 기준이 자문화 중심인 단계이다. '수용(Acceptance)단계'는 문화적 차이를 인식하고 인정한다. 타문화를 해석하는 능력을 갖기 시작하는 단계이다. '적용(Adaptation)단계'는 문화를 있는 그대로 수용하고, 존중하는 태도를 갖기 시작하는 단계이다, 의사소통기술이 향상되면서 문화적인 경계를 벗어나 타문화를 진정으로 이해하기 시작한다. '통합(Integration)단계'는 문화정체성을 새롭게 통합하고 융합을 시도하여 온전한 내적 통합을 완성하는 단계이다. Bennett는 각 개인은 자신의 발달 단계에 적절한 훈련을 받음으로써 그 다음 단계로의 도약이 가능하다고 보았다.[15]

남북의 문화통합에서 중요한 것은 방송언론이다. 남북 사이의 문화적 유통은 대단히 폐쇄적이다. 남북 주민이 상대 문화를 접촉하는 것은 기본적으로 불법적인 행위이다. 대부분의 정보는 방송언론을 통해서 수용된다. 남북 주민의 상대 문화 수용은 정치적 통제와 언론 프레임 안에서 이루어진다.[16]

---

15) Christine I. Bennett 저, 김진호·신인순 외 옮김, 『다문화교육 이론과 실제』, 학지사, 2009 참고.
16) 북한을 바라보는 시선이나 북한 소식을 전하는 언론의 보도 프레임은 상당히 견고하고 보수적이다. 김경희·노기영, 「한국 신문사의 이념과 북한 보도방식에 대한 연구」, 『한국언론학회』 제55권, 한국언론학회, 2011의 분석에 따르면 북한 보도에 있어 보수언론이 진보언론에 비해 북한을 적대국으로 묘사하는 경우가 많았다. 또 북한 보도 정보원 활용에 있어서 보수언론은 북한이탈

문화에 대한 편견을 해소하는 가장 적절한 방법은 문화적 접촉의 접촉면을 넓혀나가는 것이다. 남북한 주민의 심리적·문화적 이질화로 인하여 통일 이후 발생할 수 있는 문화적 갈등과 충돌을 완화하고 민주적인 소통문화를 만들기 위해서는 남북 주민의 생활문화, 심리 및 의식세계에 관한 선(先)경험과 이해가 중요하다. 이해와 경험 없는 만남은 오히려 부정적인 방향에서 남북 문화의 통합으로 작동할 여지가 매우 크다. 공포와 두려움을 최소화하고, 흥미와 관심에 기반 한 자발적이고 능동적인 참여로 전환하는 것이 필요하다. 문화는 접하는 것 자체가 중요한 것이 아니라 어떤 내용과 형식으로 접하는지가 중요하다. 남북 주민은 백지상태에서 남북 문화를 접하는 것이 아니다. 체계적이고 지속적인 정치이데올로기 교양을 통해 내면화 된 인식 구조의 틀 안에서 문화를 바라보기 때문이다.

4) 문화통합의 방향

문화통합이 중요한 것은 문화가 남북 주민이 경험하게 될 삶의 문제를 포괄하기 때문이다. 통일한국의 문화 통합은 어느 한 편으로의 통일이나 통합이 아니라 공동체적인 가치를 지향한다. 문화통합은 문화적으로 단일한 가치를 지향하는 폐쇄적인 것이 아니라 문화적 공통성을 인정하고 수용하는 공동체를 의미한다. 남북의 문화공동체를 이야기할 때의 문화는 '인간이 집단을 이루어 살아가는 삶을 말하는 것으로, 그 삶이 표현하고 있는 행위와 행위를 이루어내는 전 과정의 사고, 그리고 그에 관련된 삶의 현상'을 의미한다.17) 결론적으로 문화공동체란 곧 문화

주민들을 정보원으로 활용하는 경우가 많았다. 이에 반해 진보언론은 미국 언론의 보도를 더 많이 활용하고 있다.

의 가치가 소통되고 융합되는 사회를 의미한다. 통일한국의 문화정책은
문화의 진정한 가치를 창출하고, 이를 수용할 수 있는 소양을 함양하고
소통하는 사회를 만드는 것이다.[18)]

무엇보다 '타자의 타자성'을 인정하는 사회를 만들어야 한다. 통일문
제에 대한 접근에서도 타자(통일, 북한)가 갖는 고유한 본성적 성질을
인정하고, 그것이 무엇인가를 분석하는 고유한 방법을 고민해야 한다.
이것은 결과로서 북한 체제의 정당성을 인정하자는 것이 아니다. 타자
의 타자성을 인정하지 않으면 대상으로서 본질적 특성을 무시하게 된
다. 남북의 공통성과 차이점을 인정해야 한다. 공통성과 차이점은 동질
성과 이질성의 문제가 아니다. 동질성 회복이란 질적으로 같게 한다는
의미를 갖고 있다. 질적으로 같게 한다는 것은 질적으로 다르다는 것을
전제로 하고, 질적으로 다른 것을 같게 한다는 강제적 의미를 포함하고
있다. 양자의 질적 차이를 무시하고 하나로 균일하게 한다는 것으로 폭
력화 될 수 있다. 남북의 공통성과 차이점을 파악하고 공통성에 기초하
여 공통의 영역을 넓혀나가야 한다.

---

17) 한만길 외,『동북아 문화공동체 형성을 위한 교육 분야의 교류·협력의 실태』,
  통일연구원, 2004, 4쪽.
18) 유네스코(UNESCO)에서 1983년 규정한 문화의 개념에 의하면 "문화는 한 사회
  나 사회집단을 특징 지워주는 고유의 정신적, 물질적, 지적, 정서적 복합체인
  전체로서 간주되어야 할 것이다. 문화는 문학과 예술뿐만 아니라 생활양식,
  인간의 기본권, 가치체계, 전통과 신앙 등을 포함한다."고 규정하였다. 더욱
  주목되는 것은 문화의 가치와 개념에 대한 부분이다. "인간으로 하여금 자신
  을 반성토록 하는 것, 우리를 비판적인 판단력과 도덕감을 지닌 진정한 인간
  이요 합리적인 존재가 되게 하는 것은 바로 문화이다. 가치기준을 식별하고
  선택하는 것, 인간이 그 자신을 표현하고 자신을 알며, 자신의 불완전함을 인
  식하고 자신이 성취한 것에 질문을 던지며, 끊임없이 새로운 의미를 추구하
  고 이를 통해 자신을 초월하는 작품을 창작하는 것은 바로 문화를 통해서이
  다"라고 규정하였다. 문화라는 것을 인간이 만든 성과의 차원이 아니라 스스
  로를 돌아보고 반성할 수 있는 정신적 성숙으로 보면서 사회나 개인을 돌아
  보게 하는 성찰을 강조한 것이다.

둘째, 인본주의에 입각한 고통의 감수성을 길러야 한다. 타자의 고통을 이해하고 함께할 수 있는 감수성이 있어야 한다. 통일 논의에서 타자의 문제를 이해하는 근본 방식이 결여되어 있으며, 타자의 고통에 대한 감성이 배제되어 있다. 승자독식의 문제에서 제기되는 약자에 대한 배려와 고통에 대한 이해가 통일문제에서도 적용되어야 한다.[19] 남북은 상호 적대성에 기반 한 체제 정당성을 강조하였고, 국가 폭력의 구조가 일정 기간 동안 지속되었다. 이러한 폭력은 폭력으로 규정되지 않고, 법과 질서의 이름으로 지속적으로 정당화되는 과정을 통해 상대에 대한 적대와 공포로 변형되어 나타났다. 남한의 경우에는 민주화와 시민 사회의 발전으로 소통의 장을 넓혀가고 있지만 북한의 경우, 상호적대성을 기반으로 국가 폭력이 여전히 중심적으로 작동되고 있다. 분단으로 인한 고통을 함께할 수 있는 사회적 정서가 만들어져야 한다.

셋째, 남북 사이에 존재하는 다양한 관계에 주목해야 한다. 남북관계는 처음부터 대립적인 관계가 아니었다. 대립적 이원주의로 구축된 남북의 개념체계를 성찰하면서 이분법 사이에 존재하는 다양한 관계를 발굴할 필요가 있다. 존재가 있고, 관계가 결정되는 것이 아니라 관계에 의해서 성격이 결정된다. 남북의 관계는 남북이 있음으로 해서 결정되는 것이 아니라 남북이 어떤 관계를 갖느냐에 따라서 성격이 결정된다.

---

19) 남북 분단의 상태에서는 분단 그 자체가 '트라우마'를 재생하는 원인이 된다. 남북은 분단 이후 전쟁과 분단체제가 강화되면서, 국가 폭력이 일상화되고 합리화되었다. 이 과정에서 분단의 트라우마는 치유되기보다 오히려 분단의 지배질서를 강화하는데 이용되는 측면이 있었다. 전쟁의 상처가 아직도 회복되지 않았고, 살아남은 사람들의 고통이 보이지 않는 부분에서 작동되고 있으면서, 우리 사회 전체가 정당성을 명분으로 한 폭력성에 노출되어 있다. 분단체제 하에서 남북은 국가권력으로부터 만성적이고 반복적인 외상을 겪어왔으며, 지배체제에 순응하는 과정은 피해자들 속에서 나타나는 가해자에 대한 심리적 종속과 유사한 특징을 보이고 있다. 분단으로 인해 우리의 삶이 고통받고 있다는 것을 인식하고 치유를 통해 풀어나가야 한다.

남북 사이의 관계는 대립과 경쟁, 보수와 진보의 이분법적인 관계가 강요되어 왔다. 남북 사이에는 대립적 관계만 존재하는 것이 아니라 다양한 관계 형태가 존재할 수 있다는 점에 주목해야 한다.

넷째, 삶을 고찰하기 위한 일상으로의 접근이 필요하다. 현재의 통일 논의는 체제의 통합을 중심으로 논의되고 있다. 체제 통합을 중심으로 진행되는 통일 논의는 국가체제의 정통성 문제와 맞물리면서 '통일체제'나 '통일방안'에 초점이 맞추어 지면서 상호 대립을 양산하거나 이상적인 통일 논의로 빠져들 수 있다. 이 사이에서 통일의 중심이 되어야 할 민중(국민, 민족)에 대한 이해가 있어야 한다. 이들의 일상적 삶의 모습이나 생활 문제에 대한 고민이 제시되어야 한다. 일상이란 삶을 이해하는 방식의 하나이며, 거대권력이 미시적 차원에서 작동되는 지점이다. 호기심이나 낯설음이 아닌 인간의 모습에 관심을 두고, 사회과학의 개념, 구조, 체계의 틀 속에서 살아 움직이는 삶의 모습을 조망해 나가야 한다.

다섯째, 해외동포 문제와 연관된 삶의 방식에 대한 통합에 관심을 두어야 한다. 통일 문제에서는 민족문제에 관심을 갖는다. 통일과 관련한 어떤 논의든 남북과 해외한민족의 삶과 연관되어 있다. 통합대상으로 민족이 있는 한 어떤 논의가 되어도 그것은 민족을 대상으로 한 민족주의 내지 민족의 담론이 될 수밖에 없다. 그 내용이 긍정적이고 평화적인 방향이 되어야 하느냐, 독점적이고 폐쇄적인 방향이 되어야하는 논의와는 별개의 차원의 논의이다. 통일은 결코 정치나 경제, 법제도적 통합으로 환원될 수 없는 민족 고유한 역사와 전통을 함께 한 민족구성원들의 삶을 통합하는 것이다. 이성적 당위성과 함께 감성적이고 생활적인 방식의 공감을 통해 움직인다. 정치, 경제, 법과 제도의 통합을 추진하고 동력을 불어넣는 인간적 삶의 방식에 대한 통합에 주목한다. 현대 사회

의 문화다양성은 문화통합 과정에서도 유용하다. 통일한국의 문화는 향
유 층의 욕구에 따라서 다양한 형태로 존재할 것이다. 다양한 욕구와 문
화를 상호적으로 인정할 수 있는 사회를 만들어야 한다.[20]

남북한의 문화교류가 진행되는 과정에서는 아무리 세련된 제도가 마
련된다고 해도 분단기간 동안 상이한 체제하에서 개인 및 사회를 지배
해왔던 규범(規範), 가치(價値), 신념(信念) 등의 타성(惰性)은 쉽게 극복
할 수 없는 문제로 발생한다. 북한 지역의 청소년들이 새로운 체제에 적
응하지 못하고 청소년 범죄에 노출될 가능성이 있고 성윤리의 혼란과
빈부의 격차 등으로 인한 심각한 사회문제를 제기할 가능성도 농후하
다. 그러나 이들은 새로운 교육제도 하에서 체계적인 사회화를 거쳐 새
로운 문화를 수용하게 될 것이다. 반면 장년 이상의 세대들은 기존 체제
에 익숙하고 재사회화의 기회가 상대적으로 적을 것이므로 새로운 체제
에서 문화적 소외감을 느끼거나 이질적인 문화에 대해 적대감을 표출할
수도 있다.

이러한 문제는 제도적으로만 해결할 수 없는 문제이다. 연령별, 직업
별, 계층별로 문화적 이질감을 극복할 수 있는 방안이 마련되어야 한다.
여기서 극복의 의미는 제도적으로 하나의 통합체를 형성하는 것이 아니
라 사회적 분화(differentiation)가 가속화되는 현대 사회의 특성에 맞추어

---

20) 이우영 외, 『문화를 통한 사회통합 유형에 대한 기초 연구』, 문화체육관광부,
   2011, 26쪽 : "사회통합 논의에 탈근대성(post-modernity)을 도입할 경우, 사회
   통합은 상호 차이를 인정하고 존중하면서도 공동의 가치와 연대성을 형성하
   는 과정으로서 볼 수 있다. 이 경우, 제도나 구조의 통합보다는 미시적이고
   문화적 통합이 특히 중요한 문제로 부각될 수 있다. 사회통합의 미시적이고
   문화적인 통합의 중요성에도 불구하고 여전히 단일성에 바탕을 두고, 제도의
   통합을 중시하는 경향이 강하지만 현대사회의 다양성과 다문화성을 고려할
   때 복합적이고 문화적인 사회통합에 대한 연구의 필요성이 높아지고 있다.
   이것은 제도적으로 규정할 수 없는 사회문화적 가치와 요소들을 고려한 통합
   이라고 할 수 있는 의식, 가치관, 정서, 정체성 등의 '비제도적 통합'에 대한
   연구가 절대적으로 필요하다는 것을 의미한다."

문화를 다양화시키는 것을 의미한다. 계층에 따른 청소년문화·노인문화·가족문화 등, 지역에 따른 문화적 특수성, 성별 혹은 직업에 따라 형성되는 문화를 통하여 계층 간, 직업 간, 연령대 간의 문화소통의 창구를 활성화해야 한다는 것을 의미한다.

3. 남북 문화공통성 창출의 의미와 정책 방안

1) 남북 문화공통성 창출의 의미

통일에서 문화의 문제가 중요하게 된 것은 통일에 대한 부정적인 인식이 확산된 것과 연관된다. 남북은 분단 기간 동안 중립적인 상태로 머물러 있던 것이 아니다. 남북은 치열한 이념 갈등을 겪었고, 전쟁을 치렀다. 이 과정에서 남북 사이에 각인된 이미지는 민족적으로는 '우리'인 동시에 이데올로기적으로나 정치적으로는 매우 적대적인 '적'으로 존대한다.

서울대학교 통일평화연구원에서 실시한 통일의식 조사에 따르면 통일의 필요성에 대한 응답은 50%에 머물러 있다.[21] 분단의 시간이 길어지면서 통일 필요성에 대한 인식이 낮아지고 있으며, 통일이 불가능하

---

21) 박명규 외, 『2014 통일의식 조사』, 서울대학교 통일평화연구원, 2014, 36쪽 : "통일의 필요성에 대한 응답률은 통일의식 조사가 처음 실시된 2007년 63.8%에서 2008년 51.6%로 급락한 이후 서서히 증가하는 추세를 보였으나 2008년 ~2014년 5년 동안 한 번도 60% 이상을 넘지 못하였다. 그리고 2009년부터 5년 연속 등락을 반복하는 양상을 보이고 있다. # 반면에 '통일이 필요 없다'는 인식은 2009년 이후 지속적으로 증가세를 보이다가 올해 처음 전년대비 2% 감소하였다. 정부나 언론매체들이 통일 여론을 형성하기 위해 기울인 노력이 비록 통일의 필요성을 느끼는 인식을 크게 증가시키지 못했지만 통일에 대한 회의적 인식을 감소시킨 점에서 주목할 필요가 있다."

다는 의식, '통일이 필요 없다'는 응답 역시 연령별로 차이가 있기는 하지만 여전히 높아지고 있다. '통일대박론'을 비롯하여 통일이 되었을 때 얻을 수 있는 통일편익에 대한 여러 논의가 제기되었지만 통일필요성에 대한 공감대를 형성하지 못하고 있는 것으로 확인할 수 있다. 통일을 해야 하는 이유에서는 '같은 민족이니까'라는 응답률이 가장 높기는 하지만 "2009년에 50%대에서 40%대로 급락한 이후 한 번도 50%를 회복하지 못하고 있"는 것으로 나타났다.[22] 이런 점에서 남북한의 통합과정은 남북 상호 간에 그 동안 축적된 타자의식을 극복하고 남북이 문화적 동일성에 근거한 정체성을 형성하는 과정을 의미한다.

통일에 대한 동력으로서 민족동질성에 대한 인식은 지속적으로 낮아지고 있다. 민족동질성을 바탕으로 한 통일논의가 갈수록 설득력이 약해지고 있다. 북한이탈주민에 대한 의식과 태도와 관련한 조사에서도 남북의 문화적 차이에 대한 국민 인식을 확인할 수 있었다. "국민들의 약 57%가 북한이탈주민을 친근하게 느끼자 않으며, 북한이탈주민들과 책임 있는 사회적 관계의 형성을 꺼려하고 있"는 것으로 조사되었다. 북한이탈주민에 대한 인식의 대부분은 방송과 언론을 통해 형성된다. 대부분의 한국 국민들은 북한이탈주민과의 직접적인 접촉 경험이 없다. 북한이탈주민과의 직접적인 경험도 없는 남한 주민들이 북한이탈주민에 대해 부정적인 인식을 갖게 되는 것은 방송과 언론의 영향이 크다.

---

22) 박명규 외, 『2014 통일의식 조사』, 서울대학교 통일평화연구원, 2014, 36쪽 : "통일이 되어야 하는 이유로 '같은 민족이니까'라는 응답률이 42.2%로 전년대비 2.1% 증가했다. 지난 8년간의 조사 결과 추이를 보면, '같은 민족이니까'의 응답률은 2007년 50.6%→2008년 57.9%→2009년 44.4%→2010년 43.0%→2011년 41.6%→2012년 45.9%→2013년 40.3%→2014년 42.4%로 변화했다. 통일의 필요성에 대한 응답률 양상과 마찬가지로 통일의 이유 응답률 역시 2007년부터 8년 연속 등락을 반복하는 양상을 보이고 있다. 더욱이 2009년에 50%대에서 40%대로 급락한 이후 한 번도 50%를 회복하지 못하고 있다."

남한주민이 북한이나 북한이탈주민에 대해 얻는 정보의 대부분은 언론 이나 미디어를 통해 얻는 것이다. 북한에 대한 정보 역시 방송언론을 통 해 습득한다. 북한에 대한 부정적인 인식이 북한이탈주민에 대한 부정 적인 인식으로 옮겨간 것이다.

방송언론을 통해 얻는 북한이탈주민이나 북한에 대한 인식은 부정적 이다. 부정적인 보도가 축적되면서 북한이탈주민에 대해서도 부정적인 시각을 형성하게 된 것이다. 북한이탈주민에 대한 설문 결과는 우리 사 회의 일반적인 시각을 보여준다. "사회적 상호작용 관계가 복잡하지 않 은 동네이웃이나 직장동료로는 북한이탈주민을 남한주민이 수용할 의 지가 높지만, 직접적인 이해관계가 얽히거나 친밀한 사적관계가 요구되 는 사업동반자 혹은 결혼상대자로는 북한이탈주민을 남한주민이 수용 할 의지가 낮다"는 것을 보여준다.[23] 다른 설문조사에서도 비슷한 결과 로 나타났다. 남북의 주민들은 가장 가까운 나라로 남북을 선택하기보 다는 미국과 중국을 선택하는 것으로 조사되었다.[24]

통일이 된다고 해도 남북 주민의 통합이 대단히 어려울 것이라는 것 을 보여준다. 긍정적인 의미에서 문화통합은 상호 문화의 정체성을 인 정한 상태에서 가능하다. 문화다양성의 시대에 문화 정체성을 인정하는

---

23) 박명규 외, 『2014 통일의식 조사』, 서울대학교 통일평화연구원, 2014, 169쪽.
24) 정은미, 「남북한 주민의 통일 의식 변화」, 『다중전환의 도전과 비판사회학』, 2013년 비판사회학대회 발표자료집, 2013년 10월 26일, 36쪽 : "오랜 분단체제 는 주변국에 대한 남북한 주민의 상이한 인식 지형을 형성하였다. 남한은 반 공교육을 통해, 북한은 반미교육을 통해 한반도 평화를 위협하는 국가로서 남한주민은 북한을, 북한주민은 미국을 가장 많이 선택하였다. 그러나 남북 한 주민 모두 2순위로 중국을 공통적으로 지목했다는 점은 남북한 주민의 역 사인식에서 공통성이 존재하며, 한반도를 둘러싼 현실주의적 국제관계 인식 을 갖고 있음을 말해준다. 하지만 안타깝게도 가장 가까운 나라로 남한과 북 한을 서로 선택하기 보다는 남한주민은 미국을, 북한주민은 중국을 압도적으 로 선택했다는 것은 분단체제가 만들어 놓은 비극의 현주소라고 할 수 있다."

것은 문화운동을 통해 통일에 대해 긍정적 인식을 확산해 나갈 때 이루
어 질 수 있다. 체제의 전환이 단시간에 이루어진다고 해도 생활방식이
나 생활의식이 단 기간에 변화될 수는 없다.[25] 통일 과정에서는 남북의
문화가 소통하고, 하는 과정, 문화통합을 위한 문화적 성숙이 필요하다.

남북의 문화 차이가 통일문화 형성에 장애가 될 것이라는 것에 대해
반대하거나 이의를 제기하는 사람은 없다. 그 만큼 남북 문화의 차이는
공론화된 사실이라고 할 수 있다. 통일은 새로운 환경 속에서 살아가야
하는 우리 전체의 문제이다. 통일 과정과 통일 이후 사회 통합에서 어느
한 분야의 문제가 아니라 통일한반도에서 살아가야 할 우리 민족 모두
의 문제인 만큼 전사회적인 문제로 준비되어야 한다. 정부에서도 통일
과정의 중요한 아젠다의 하나로 문화통합을 강조하였다. 정치와 이념의
차이와 못지않게 문화의 차이를 통일의 장벽으로 인식한 것이다.[26] 이
러한 인식에 따라서 정부에서는 남북 주민의 진정한 삶이 하나로 융합
되기 위해서는 문화적 소통을 강조하고, 민족동질성 회복을 위한 다양

---

25) 게르다 체판스키 지음·한국여성사회연구소 옮김, 「머리말」, 『고요한 해방－
동독의 여성들-』, 한국신학연구소, 1999, 9쪽 : "두 개의 독일이 하나로 합쳐졌
지만 그것으로 진정 하나가 되지는 못했다. 경제적으로나 생활양식에서나 마
찬가지였다. 지금과 같은 방식으로는 계획경제를 시장경제로 빠르게 바꿀 수
없듯이, 체제가 변했다고 해서 금방 사람들의 생활양식이 바꿀 수는 없다. 앞
으로 오랜 시간이 걸리게 될 변혁과정에서 우리에게 절실히 요구되는 것은
무엇보다도 분단된 두 나라에 살던 사람들 사이에 사회적, 개인적인 대화를
나누는 일이다."
26) 박근혜 정부의 통일정책을 밝힌 대통령은 드레스덴 선언에서도 '베를린 장벽
이 무너진 이후 독일에서 자유, 번영, 평화가 이루어졌듯이 한반도에서도 새
로운 미래를 건설하기 위해 4가지 장벽의 철폐가 필요하다는 점을 역설'하였
다. 박근혜 대통령이 지적한 4대 장벽은 '한반도의 허리를 가르고 있는 군사
적 대결의 장벽', '전쟁과 그 이후 지속된 대결과 대립으로 인한 불신의 장벽',
'서로 다른 이념과 체제 속에 오랜 기간 살아온 남북한 주민의 사고와 삶의
방식사이에 놓인 사회문화적 장벽', '북한의 핵개발로 인해 국제사회와 북한
간에 조성된 단절과 고립의 장벽'이다.

한 협력 방안을 제시하고 있다.[27)

2) 남북 문화공통성 창출을 위한 남북협력 방안

(1) 남북 주민의 문화적 체험의 공유

남북문화 공동체 형성에 중요한 것은 공동체를 견인할 수 있는 문화적 체험의 장을 만들어 가는 것이다. 서로 다른 문화를 체험하면서 공동체를 논의할 수는 없다. 남북의 주민이 함께 이야기하고, 함께 부를 수 있는 문화를 만들어 나가야 한다. 다음과 같은 문화협력이 필요하다.

첫째, 남북 공동 방송 및 영화 제작이다. 방송 및 영화 공동 제작이다. 남북 주민이 함께 할 수 있는 영화나 드라마를 공동으로 제작한다. 드라마 〈사육신〉의 협력 경험이 있다. 영화나 드라마 공동 제작 과정에서 남북이 함께할 수 있는 소재의 발굴, 정서적 통합의 가능성이 확인될 수 있다. 이는 장기적인 관점에서 남북 통합에 필요한 방송물 제작의 기반이 될 수 있다.

둘째, 아동영화(애니메이션) 공동 제작이다. 북한의 아동영화는 정치적인 내용보다는 교육적인 내용을 담은 작품이 많다. 〈뽀롱뽀롱 뽀로로〉, 〈왕후 심청〉 등의 경험 사례가 있듯이 애니메이션 분야의 협력 사업은 충분히 가능하다. 북한에서도 〈나무꾼과 선녀〉, 〈호동왕자와 낙랑공주〉 같은 만화영화가 있다. 남북 주민이 공유한 문화유산을 바탕으로 소재를 발굴하여 공동으로 제작하고 방송하는 것이 가능하다.

---

27) "남·북한 주민들의 삶이 진정으로 융합되기 위해서는 문화의 통로를 통해 서로를 이해할 수 있도록 해야 합니다.…앞으로 남·북한 주민들이 작은 것부터 소통하며 동질성을 회복하고, 공동발전을 위한 작은 통로들이 모인다면 생활공동체를 형성해 갈수 있다고 생각합니다.", 2014년 8월 15일 광복절 대통령 경축사 중에서.

셋째, 남북주민이 함께할 수 있는 노래 공동 제작이다. 남북 주민이 함께 부를 수 있는 노래를 공동으로 제작하는 것이다. 북한 가요를 남한 버전으로 음반 제작했던 '동인'음반 사례가 있다. 남북의 대중음악인들이 협력하여, 남북 주민이 함께 부를 수 있는 노래를 제작하는 것이다. 보천보전자악단의 〈반갑습니다〉 같은 노래는 남한 사회에 많이 알려져 있다. 남북이 함께 할 수 있는 노래를 새롭게 만드는 것과 함께 남북이 함께 부를 수 있는 노래를 찾아서 공동 음반을 제작하는 것이다. 북한에서도 해방기 가요를 중심으로 한 노래가 음악대학 교육과정에 포함되어 있다. 남북의 가요 중에서 공동으로 부를 수 있는 노래를 발굴하여 음반으로 제작하여 보급할 수도 있고, 새로운 노래를 만들어 부를 수도 있다. 남북이 공유한 민요를 현대적인 버전으로 부를 수도 있다. 남북 음악인들의 공동 음반 제작도 가능하다.

(2) 문화 협력의 제도화와 협력의 확대

남북 사이의 안정적 문화협력을 위한 제도화가 이루어져야 한다. 법적인 기반을 바탕으로 남북 협력이 진행되고 있는 '겨레말큰사전 남북 공동 편찬' 사업의 예에서 확인할 수 있듯이 사회문화 분야의 안정적 교류를 위해서는 법적, 제도적 기반이 매우 중요하다. 남북 사이에서 공식화된 문화교류가 안정적으로 진행되기 위해서는 '문화, 예술, 방송, 스포츠 분야의 교류를 규정하는 문화협정' 추진이 필요하다. 동서독의 통일에서도 문화협정과 조약은 통일에 큰 기여를 하였다.[28]

---

28) 전미영, 「남북한 사회문화통합과 방송」, 『통일과 방송』 2015년 제4호, 한국방송 남북교류협력단, 2015, 6쪽 : "서독의 대동독정책은 1972년 동서독 기본조약을 체결함으로써 교류협력이 활성화되는 전기를 맞이하게 되었다. 동서독의 경우 통일 전 교류협력 사업은 ① 주민들 간의 적대적 대결의식의 약화, ② 주민들 간의 상호 이해 증진과 신뢰회복, ③ 동독 주민들의 의식변화, ④ 통일 추진동력의 토대구축이라는 차원에서 통일과 통일 이후의 사회통합과

남북 문화교류는 질적인 발전을 이루지 못하고, 이벤트 중심으로 진행되면서, 남북의 긴장 문화교류 본래의 기능을 수행하지 못한 한계가 있었다. 문화교류 추진 주체의 역량과 가능성을 신뢰할 수 있는 공신력 있고, 제도화된 문화교류 기반이 구축되어야 한다. 남북 문화교류의 지속적인 추진을 위해서는 '남북사회문화협력사무소'나 '겨레문화원' 같은 남북 문화교류를 위한 기반 구축이 보다 진지하게 논의되어야 한다.

남북의 문화공통성 창출을 위한 협력에서 중요한 것은 방송언론 분야의 협력이다. 남북 사이에는 방송교류가 추진되었다. 북한에서 방송을 진행하거나 월드컵이나 아시안게임 등의 국제적인 행사의 중계를 지원하기도 하였다. 방송협력을 통해 방송장비에 대한 지원도 있었다. 남북 사이의 방송교류는 그 동안 성과를 거두었지만 정치적인 영향력으로부터 자유롭기 어려웠다.[29] 그럼에도 불구하고 남북 사이의 방송 협력은 대단히 중요한 의미가 있다. 동서독의 통일에서 확인되듯이 방송언론 분야의 교류는 남북 주민의 정서 통합에 대단히 중요한 역할을 할 것이다. 다양한 형태의 협력을 통해 방송협력의 수준을 높여나가는 것이 필요하다.

남북에서 열리는 축제를 통한 교류협력을 추진할 필요가 있다. 북한에서 열리는 평양영화축전이나 국제 문화행사에 적극적인 참여해야 한

정에서 긍정적 역할을 수행하였다."

29) 이주철, 「방송」, 『남북한 사회문화교류와 방송 '통일방송연구 16'』, KBS한국방송 남북교류협력팀, 2006, 182쪽: "공동제작과 공동방영을 목표로 하는 남북 방송교류사업의 발전은 근본적으로 어려움이 있다. 북한정권이 본질적으로 방송을 정치적 선전도구로 이해하고 있고, 실질적으로 방송이 주민들의 의식에 미치는 영향이 대단히 크기 때문이다. 이로 인해 북한 정권으로서는 방송교류사업을 남북관계와 국제관계 변화, 북한 경제와 체제의 변화에 연동하여 신중하게 진행할 수밖에 없는 측면이 있다. 그동안 남북방송교류사업은 나름대로 커다란 성과를 거둔 바 있지만, 정치적 상황으로 인한 제약으로부터 자유로울 수 없는 상황이다."

다. 평양영화제는 북한 주민들에게 인기 높은 문화행사이다. 서양의 영
화도 상영되었던 만큼 협력을 통해서 남북 주민의 기호에 맞는 영화를
출품한다면 남한에 대한 인식 개선에 기여하는 바가 클 것이다. 남한에
서 열리는 지역 축제를 활용한 문화협력 사업을 추진해야 한다. 남한에
서 진행되는 축제 중에서 세계적인 축제나 유망 축제 중에서 협력 가능
성이 높은 축제에 북한의 참여를 유도하면서 협력을 확대해 나간다. 지
역축제 중에서는 〈정선 아리랑〉, 〈강릉 단오제〉와 같이 이미 국제적인
행사가 자리 잡은 축제가 많이 있다. 또한 국제적인 행사로 발돋움할 가
능성이 높은 유망축제나 '장류축제', '김치축제'와 같이 민족문화를 기반
으로 한 축제들이 있다. 이들 축제에 북한의 지역 중에서 선별하여 남북
이 함께 진행하거나 상호 방문하여 진행하면서 공동의 인식을 확대해
나간다. 지역축제는 연중 열리는 만큼 남북관계 상황에 따라서 유연하
게 대응할 수 있다. 세계적인 명성을 얻고 있는 국제행사로서 지역과 함
께 분야를 고려하여, 세계아리랑축전에는 북한의 전통예술단과의 협력
을 추진하고, 세계무술축전에는 태권도의 교류로 활용하고, 도자기 축
제에서는 남북 도자기 시연이나 전시회 같은 협력이 가능하다. 김치축
제나 장류축제는 남북의 식생활 문화를 비교하고, 먹거리를 통한 공동
체 인식의 확산에도 기여할 수 있다.

남북이 공동으로 국제문화행사를 기획하거나 참여할 수도 있다. 2014
년에 베니스 비엔날레 건축분야에서 남북 건축을 주제로 한 프로그램이
대상이 황금사자상을 수상하였다. 미술분야와 건축분야를 포함하여 베
니스비엔날레에서 황금사자상을 받은 것은 최초였다. 베니스 비엔날레
와 같은 국제적인 행사에 남북이 공동으로 참여하여 남북 협력의 모델
로 찾아가야 한다.

(3) 민족문화 분야의 협력

남북이 공유한 민족문화 자산의 보존을 위한 협력 사업의 확대이다. 민족문화자산을 공동으로 발굴하고 관리함으로써 공동체 의식이 자연스럽게 형성될 수 있다. 남북이 공유한 우수한 민족문화유산을 발굴 복원하고, 국제문화유산으로서의 가치 보존을 위한 협력사업을 추진해야 한다. 역사 분야는 남북의 협력이 가능한 분야이다. 역사분야에서 남북 역사학자협의회가 일찍부터 구성되었고, 공동 사업을 추진하면서 민족 문화에 대해 인식하는 계기가 되었다. 주요 민족문화 자산의 유네스코 세계문화유산 공동 등재와 관리, 역사분야의 남북 공동 대응, 국제분쟁 문제에 대한 공동 연구와 대응 등이 협력이 가능하다. 역사문화재, 역사 유적지 등의 유형문화자산과 남북 사이에 전승되는 민속놀이, 민속예술 등의 전통문화유산, 자연문화유산 등의 분야에서 협력 사업을 발굴하여, 학술적 가치를 재인식하고, 협력사업을 추진한다. 이를 통해 남북의 문화적 뿌리를 확인하고, 남북 주민으로 하여금 공동체 의식을 확산할 수 있을 것이다. 구체적인 사업은 다음과 같다.

첫째, 문화재 공동 발굴 보존 협력 사업이다. 평양의 고구려 고분벽화 발굴 및 보존 협력사업이 있다. 남북역사학자협의회를 통해 추진되었던 사례도 있다. 기존에 확인된 고구려 고분 이외에 미 발굴된 고분을 대상으로 한 협력이 가능하다. 또한 개성 만월대 발굴 복원 과정에서 출토되는 문화재 보존협력사업도 가능하다. 북한의 경우에는 문화재를 보조하는 수장고 시설이 취약하다. 만월대 발굴현장인 개성에는 고려성균관 내에 고려박물관이 있지만 보존시설은 열악하여 출토된 문화유산에 대한 훼손이 우려된다. 민족 공동의 문화유산에 대한 보존 차원에서 장기적인 보존이 가능한 시설이 필요하다. 역사 발굴 사업은 단기적인 이벤트 사업과는 성격이 다르다. 오랜 시간을 통해 지속적으로 협력하는 사

업이다. 문화재를 발굴 현장에는 전문가와 함께 다수의 인력이 참여해
야 한다. 발굴된 문화재에 대한 분석과 평가에는 3D스캐너와 같은 첨단
장비가 활용되어야 하고, 학술적인 평가가 이루어진다. 발굴이 진행되
면 발굴보고서가 다양한 형태로 출판되고, 대학이나 학술기관에서 활용
된다. 이 과정에서 남한의 우수한 장비와 학술성과가 자연스럽게 북한
역사계에 영향을 미치게 된다.

둘째, 무형문화유산의 보존과 유네스코 등재 협력 사업이 있다. 남북
공유의 민족문화유산 보존 협력 사업을 추진하면서 주요 문화유사에 대
해서는 유네스코 세계문화유산으로 등재할 수 있도록 협력사업이 필요
하다. 북한에는 민속문화 유산인 탈춤(봉산탈춤, 강령탈춤, 은율탈춤),
놀음(꼭두각시놀음, 북청사자놀음), 돈돌날이, 배뱅이굿을 비롯한 무형
문화유산이 상당히 남아 있다. 무형문화재에 대한 인식 차이에 따라서
남북이 각각 다른 형태로 하고 있다. 남북 공동한 민족문화 유산에 대한
보존 사업을 추진함으로써 역사 공동체인식을 공유할 수 있다. 북한 지
역의 무형문화유산에 대한 보존 협력을 위한 공동연구, 조사, 화보집 발
간 등의 사업을 추진하면서 공동체 의식을 확대해 나가야 한다. 주요 문
화유산에 대한 국제적 가치 상승을 위한 협력도 문화공동체 형성에 미
치는 영향이 클 것이다.[30]

---

30) 북한은 1994년 4월에 「문화유물보호법」 도입하고, 2012년에 「문화유산보호법」
을 채택하면서 무형문화유산에 대한 가치를 인정하면서, 유네스코 등의 국제
적 기준을 수용하였다. 남북이 공동으로 고구려 문화유산을 유네스코 세계유
산에 등재하면서, 한민족 문화에 대한 가치가 높아졌다. 이와 함께 중국과의
갈등도 커지고 있다. 한민족의 문화유산의 일부는 남북과 함께 중국 조선족
도 공유하고 있다. 중국은 조선족의 문화유산을 자국 내 소수민족의 문화라
는 명분으로 유네스코 등재 작업을 추진하고 있다. 중국 조선족의 문화유산
중에서 16건을 국가급 문화재로 지정하면서 우선적으로 등재를 추진하고 있
다. 조선족의 〈아리랑〉, 가야금 제작 기술 등을 포함하여 국가급 문화재에 대
한 유네스코 지정은 지속적으로 분쟁의 요소가 될 가능성도 있다.

셋째, 일제 강점기 역사에 대한 공동 조사 및 학술대회이다. 남북이 공동으로 일제 강점기 시기의 역사에 대한 공동 협력 사업을 통해 민족사에 대한 역사적 동질의식을 확대해 나간다면 남한에 대한 인식의 변화를 유도할 수 있을 것이다. 일본의 역사 왜곡, 전쟁성노예 문제, 문화재 약탈 등의 분야에서 협력이 가능하다.

넷째, 북한 지역의 민속조사 사업이다. 북한 지역의 구비민속(설화, 민담, 민속) 등에 대한 조사사업을 남북이 공동으로 진행한다. 북한 지역의 민속문화는 사회주의적 근대화로 인해 지역별 민속이 많이 변화되었다. 북한 지역의 설화나 민담 등의 구비문학이 전승되거나 새롭게 만들어진 민속에 대한 조사를 진행하면서 문화공동체 인식을 확산할 수 있다. 조사결과에 대해서는 공동으로 자료집을 편찬하여 남한의 민속문화 현황에 대해 북한에 소개하고, 북한의 민속을 남한에 소개하는 통로로 삼을 수 있다. 남북 주민에게 공유되는 민속놀이, 속담, 지역 풍습 등에 대한 협력 사업을 위한 토대로서 의미가 크다. 남북 주민이 함께 할 수 있는 놀이 등을 현대화 하거나 새로운 문화콘텐츠로 활용할 수 있다.

(4) 관광 협력을 통한 문화공동체 형성

남북의 협력은 남북 상호의 이익과 민족 공동의 이익으로 환원되어야 한다. 동서독의 경우에도 서독정부의 교류협력에 대해 동독이 참여할 수 있었던 것은 실리적인 이익이 있었기 때문이다.[31] 동독은 실리 추구 차원에서 서독의 교류협력에 참여하였다. 이런 점에서 남북의 관광은

---

31) 전미영, 「남북한 사회문화통합과 방송」, 『통일과 방송』 2015년 제4호, 한국방송 남북교류협력단, 2015, 3쪽 : "동서독의 통일 과정에서, 서독정부는 '상호접근을 통한 변화'를 일관되게 추진함으로써 통일을 앞당길 수 있었던 것으로 평가되고 있다. 서독정부는 동독에 대해 정치적 대응보다는 비정치적 차원, 즉 민간의 교류협력 강화를 통해 정치적 관계 개선을 모색하였으며 동독도 실리추구 차원에서 서독의 교류협력에 참여하여 왔다."

상호 이해와 협력을 위한 중요한 사업이다. 한편으로 남북의 평화적 이미지를 알리고, 통일기반을 조성하기 위해서는 관광 협력도 대단히 중요한 의미를 갖는다.

세계 유일의 분단국인 한반도에 대한 세계의 관심은 매우 높다. 남북이 공동으로 관광사업을 개발하고 활용할 수 있다. 남북을 관통하는 국제 관광 사업을 개발할 필요가 있다. 모터사이클을 통해 남북을 통과한 사실은 남북을 관통하는 관광협력에 대한 가능성을 높여준다. 관광 사업은 북한에서도 적극적으로 추진하고 있는 사업이다. 외국인들에게는 남북의 분단이 상당한 관심거리가 되고 있다. 남과 북이 협력하여 남북을 관통하는 관광상품을 개발하여 공동으로 프로그램을 추진할 수 있다. 남북을 관통하는 독일인의 바이크 관광 사례가 있었다. 고려인들이 남한 방분이 남과 북을 관통하면서 이루어진 경험도 있다. 육로를 통해 중국이나 러시아를 거쳐 남북을 관통하는 관광 상품은 상당히 매력적인 협력 사업이 될 수 있다.

정부에서 추진하고 있는 'DMZ생태평화공원'을 활용한 관광 상품 개발도 고려할 필요가 있다. 남북 관통 관광 프로그램에 하나라 DMZ생태평화공원을 포함하거나 남북 역사지역을 포함한다면 남북 화해와 협력의 이미지를 높이는데도 기여할 수 있을 것이다.

(5) 생활문화에 대한 조사와 협력

남북주민들의 생활문화 소통을 위한 실질적인 정보와 교류가 진행되어야 한다. 이를 위해서는 2015년 통일부에서 추진 계획을 밝힌 '한민족 생활문화편람' 사업을 남북 생활문화 소통을 위한 사업으로서 의미가 크다. 충분한 사전조사와 치밀한 전략을 수립하고, 안정적으로 추진해 나가야 한다.

 단기적인 성과보다는 장기적인 사업으로 추진하면서, 생활문화 내용
을 바탕으로 남북이 공유할 수 있는 외화사업으로 확대하여 남북 생활
문화의 소통 창구로 활용해야 한다. 즉 '한민족생활문화편람' 편찬은 의
식주, 민속, 생애의례, 명절풍속, 생활의식 등에 대한 조사와 함께 조사
된 내용을 사회적으로 확산하는 것이 필요 하다. 남북이 함께 공유할 수
있도록 관련 분야의 학술대회나 문화콘텐츠 사업과 연계하여 추진하여
사회적 확산을 통한 남북 문화통합의 자료로 활용해 나가야 한다. 이를
위해서는 다음과 같은 추진 전략이 수립되어야 한다.
 첫째, '한민족생활문화 편람' 편찬 사업은 학술연구 사업과 통일 정책
이 결합된 남북협력 사업으로서 민관협력, 남북협력, 산학협력이 협업
으로 이루어질 수 있도록 추진되어야 한다. 이를 위해서는 사업으로 학
술적 전문성과 남북관계를 고려한 접근 전략이 수립되어야 한다.
 둘째, 생활문화 조사를 위한 마스터플랜이 마련되어야 한다. 한민족
생활문화 편람 편찬은 의생활, 식생활, 주생활로부터 세시풍속, 민속(
속담, 민담, 설화, 전설, 수수께끼, 놀이, 민간신앙 및 종교생활, 관혼상
제 등 인생의례, 일상 및 여가생활, 마을 사회조직, 마을행사 및 지역축
제 등의 일상생활 전면을 조사하는 사업이 되어야 한다. 이를 위해서는
국립민속박물관을 비롯하여 한민족생활문화에 대한 기존 연구 성과를
수용하면서 북한 지역 조사에 필요한 최적의 조사방법을 도출하고, 북
한의 특수성을 반영한 생활문화 조사방식을 개발해야 한다.32) 또한 생
활문화편람 편찬을 위한 기초 조사부터 구체적인 조사 지역, 조사대상

---

32) 코리언의 생활문화와 관련한 연구로는 국립민속박물관, 『중국 길림성 한인동
  포의 생활문화』(1996), 국립민속박물관, 『중국 요녕성 한인동포의 생활문화』
  (1997), 국립민속박물관, 『중국 흑룡강성 한인동포의 생활문화』(1996), 국립민
  속박물관, 『우즈베키스탄 한인동포의 생활문화』(1999), 국립민속박물관, 『카
  자흐스탄 한인동포의 생활문화』(1999) 등이 있다.

의 특성, 조사대상자 선정, 구술 및 녹취 등의 현장접근, 자료의 해제, 의미 분석, 자료DB 구축, 정보화 활용 등에 대한 마스터 플랜이 있어야 한다. 이는 사업 추진 과정에서 충분한 검토와 사업 추진시 유의사항 등에 대한 다양한 시나리오가 개발되어야 한다.

셋째, 생활문화 편람 편찬을 위한 법적, 제도적 장치가 마련되어야 한다. 남북관계 상황에 따라 추진할 수 있는 추진 체계와 정책적 대응에 대한 시나리오, 편찬사업 주체 사이의 협업체계 구축과 기관별 역할 분담에 대한 대응책이 마련되어야 한다. 남북관계 경색국면에서도 사업을 추진할 수 있는 법적 근거나 제도화 토대가 마련되어야 한다.

3) 남북문화 공통성 창출을 위한 해외코리언 협력 방안

남북 문화의 통합을 넘어 해외 코리언의 문화정체성을 회복하는 과정으로서 민족동질성 회복이 시작되어야 한다. 일본제국주의에 의한 식민지 경험과 냉전에 의한 전쟁은 '한반도 통일'을 분단의식의 극복과 함께 민족이산의 문제라는 이중적 상황 속에서 논의해야 하는 상황을 요구한다.[33] 민족문화 동질성 회복은 남북의 문제를 넘어 남북과 해외 한민족 동포의 정체성을 확인하고, 민족구성원으로서 긍지를 높이며, 통일한국의 미래 희망을 불어 넣는 과정이다. 이를 위해서 남북과 해외 코리언이 함께 할 수 있는 문화사업을 정례화 할 필요가 있다.

남북의 분단은 한반도 내에서만 있는 상황이 아니다. 남북과 해외 코

---

33) 김형수, 「한민족 통일 개념의 재구성에 관한 이론적 논의」, 『국제협력과 세계 평화』, 한국평화연구학회 학술회의 자료집, 2014, 117쪽 : "'한민족 통일 (korean frunification)'이라는 개념은 단순한 분단 극복의 이념으로서 존재하는 것이 아니라, 다문화와 이산의 관점에서 한민족통일이라는 개념의 재정립이 요구되고 있다."

리언의 분단으로 이어졌고, 동포사회의 분열로 나타났다. 이런 점에서 남북과 해외코리언이 함께 하는 공동 사업을 통해 공감대를 확장해 나가야 한다. 남북 주민과 해외코리언이 함께할 수 있는 사업을 발굴하고, 확장해 나갈 필요가 있다. 오사카의 '원 코리아 페스티발'은 조총련과 민단이 문화를 통해 함께 하는 공동행사로 자리 잡았다. 원코리아 페스티발은 일본에 이어 미국과 한국에서 진행하였다. 해외 코리언의 집거지역을 중심으로 지역적 특성에 맞는 문화행사로 진행하면서 북한의 참여를 유도할 필요가 있다.

우선적으로 중국 조선족 지역을 중심으로 한 문화협력 사업을 추진할 수 있다. 남한 기업의 후원으로 이루어지고 있는 '두만강 포럼' 등의 학술행사 '국제고려학회' 등을 중심으로 이루어지고 있는 학술대회를 문화 관련 학술대회나 행사로 확대하여 추진할 필요가 있다. 중국 조선족 사회를 거점으로 남북이 함께할 수 있는 협력 사업을 추진해 나갈 필요가 있다.

남북, 해외 코리언의 언어 협력 사업도 공동체 의식 형성에서 중요하다. 겨레말 큰사전 남북공동편찬 사업과 같이 언어 분야의 협력 사업과 같이 언어를 매개로 한 협력 사업은 민족동질성 회복을 위한 사업으로서 의미가 있다. 남과 북을 포함하여 언어 분야의 협력은 문화통합의 방향이 될 수 있다. 겨레말큰사전'은 일반 생활용어를 대상으로 하는 사업이다. 남북과 해외 코리인어 공동으로 전문 분야의 용어를 통일하는 작업을 추진할 수 있다. 문화재 분야, 예술분야, 스포츠 분야의 언어 차이를 정리하고 체계화는 사업을 통해 문화적 연대의식을 높일 수 있다.

4. 맺음말: 남북 문화공통성 창출을 위한 내적 기반 구축

2015년 광복 70년을 계기로 남북 사이의 문화적 이질감을 극복하고, 통일 과정과 통일 이후의 사회통합에 필요한 토대를 구축하는 출발로 삼아야 한다는 목소리가 힘을 얻고 있다. 남북 사이의 작지만 의미 있는 교류를 통해 '작은 통일'을 이루어 나갈 수 있도록 문화교류가 통로 역할을 해야 한다는 주장 아래 구체적이고 실천 가능성이 높은 다양한 사업들이 제안되고 있다. 남북문화 공통성 창출을 위한 다양한 아이템이 남북 문화통합의 당위성을 넘어 구체적이고 실천적인 사업으로 연결하는 것이 중요하다.

남북문화 공통성 창출은 통일문화 형성을 위한 기본이자 출발이며, 우리 모두의 문제로 인식해야 한다는 것이다. 남북문화의 소통과 공통성 창출은 분단 동안 적체된 문화적 이질화를 극복하고 우수한 민족문화를 발전시키는 기반 아래 남북 주민이 적극적으로 동참하여 건설해야 하는 미래 지향적인 가치이다. 통일문제를 정치나 경제적인 문제와 함께 문화적 운동으로서 추진할 때 통일문제에 대한 성숙한 논의가 이루어질 수 있으며, 남북문화 공통성 창출에 대한 공감대를 형성할 수 있을 것이다.

분단문제·통일문제에 대한 사회적 합의와 범국민이 즐겁게 참여할 수 있는 방안이 필요하다. 분단 상황 속에서 형성된 적대관계와 이로부터 파생한 문제를 청산하고 이질화현상을 극복하는 것이 필요하다. 분단의 상처는 보이는 곳에만 있는 것이 아니다. 우리의 일상, 우리의 육체 속에 내면화 되었다. 남북문제나 북한 문제에 대해서는 이념의 잣대부터 작동한다. 우리 사회의 강력한 검열은 남북문화 통합에 대한 다양한 의견 창출을 제한하고 있다.

통일문제에 대한 사회적 공론화를 위해서는 방송언론의 책임 있는 역할이 중요하다. 독일의 통일과정에서 방송의 역할이 지대하였다. 언론학자들은 서독의 방송이 문화적 통합을 이루었다고 표현하기도 한다.[34] 우리의 경우에도 통일을 대비한 방송의 기능과 역할을 강화해야 한다. 남북의 문화적 단절이 계속되고 있는 상황에서 남북한 주민이 상대 문화를 수용하는 것은 대단히 제한적이다. 남한 주민이 북한방송물을 보거는 것이나 북한 주민이 남한 방송물을 보는 것은 모두 불법적인 행위가 된다. 남북 주민이 북한과 남한의 소식을 공식적으로 접하는 것은 방송언론을 통해서 이다. 검증하기 어려운 제한된 정보를 전달 받기에 방송 미디어의 보도 태도는 남북 주민의 상호 문화이해에 절대적인 영향을 미친다. 방송과 언론을 통해서 접하는 남북의 소식은 긍정적이기보다는 부정적이다. 긍정적이고, 통일친화적인 내용보다는 부정적이고, 이질적인 내용이 많다.[35]

남북 관련 방송을 분석한 연구에 의하면 북한 관련 보도에 있어서 진보와 보수는 분명한 차이가 있었다. 언론사의 성향에 따라서 일정한 프

---

34) 이민경, 「종합편성채널 통일·북한관련 프로그램의 생산과 수용에 관한 연구: 채널A 〈이제 만나러 갑니다〉를 중심으로」, 한국외국어대학교 신문방송학과 석사학위논문, 2013, 7쪽 : "30여 년간 서독 TV가 수행했던 정치적 문화적 통합작업을 두고 언론학자들은 TV혁명이라 부르기도 하며 서독 TV가 정치적 통합뿐만 아니라 사회적, 문화적 통합도 상당부분 이뤄냈다고 말하고 있다. 동독주민들의 서독 TV시청은 동서독주민들이 이질감을 극복하고 민족적 동질성을 유지하는데 크게 기여하였다."

35) 방송언론의 자유가 보장된 남한에서도 북한 관련 보도는 언론사의 입장에 따라서 차이가 있다. 우리 사회의 경우에는 남북문제나 통일문제는 언론사에 따라서 일정한 프레임이 있다. 남북한 주민의 상대 문화를 접촉하는 과정은 정치적 통제와 사회적 프레임 안에서 수용한다. 각 언론사 마다 자신의 이데올로기에 맞는 프레임을 구성하고 그에 맞는 보도를 하기 위해 이슈에 대한 해석을 달리 하는 것은 물론 때로 정보원과 사건을 선택적으로 보도하는 것이다. 이에 대해서는 엄한아, 「한국 언론의 탈북민 보도 프레임 분석」, 이화여자대학교 석사학위논문, 2015, 15~21쪽 참고.

레임을 갖고 있다. 언론의 프레이밍은 특정 이슈를 취사선택한다는 것을 넘어선다. 프레이밍은 특정 이슈를 취사선택함은 물론 그 이슈에 대한 의미를 이해하는 틀을 함께 형성한다. 객관적 보도보다는 언론사의 프레임을 통해 보도된다.36) 보수언론이 진보언론에 비해 북한을 적대국으로 묘사하는 경우가 많았다. 북한 보도 정보원 활용에 있어서는 보수언론이 탈북민들을 정보원으로 활용하는 경우가 많은데 비해서 진보언론에서는 미국 언론의 보도를 더 많이 활용하는 것으로 나타났다.37)

남북문화 공통성 창출을 위해서는 방송의 역할이 보다 객관적이고 통일 지향적이어야 한다. "역사적으로 분단된 동서독 주민들이 상대측에 대한 반감을 해소하고 통일의 열망을 키우는데 있어 결정적 역할을 한 것은 바로 중립적이고 통일지향적인 방송이었다."38) 방송은 통일과정에서 뿐만 아니라 통일 이후의 사회통합에서도 중추적인 기능을 한다.39)

---

36) 엄한아, 『한국언론의 탈북민 보도 프레임 분석』, 이화여자대학교 북한학과, 석사학위논문, 2015, 13~14쪽 : "언론의 프레이밍은 일차적으로 기자에 의해 형성된다. 기자가 아무리 객관적으로 기사를 작성한다고 해도 기자 스스로가 가진 프레임에 의해 사건을 인식할 수밖에 없기 때문이다. 하지만 기사 작성에 더 큰 영향을 미치는 것은 취/재기자의 프레임이 아니라 언론사가 가지고 있는 정치적 성향이다. 일반적으로 취재기자는 취재과정에서 자신의 프레임과 자신이 속한 언론사의 정치적 성향이 충돌할 경우 자신의 개인적인 프레임을 포기하고 언론사의 정치적 성향을 선택한다. 자신의 취재기사가 실제로 보도되기 위해서는 언론사의 정치적 성향을 거슬러서는 안 되기 때문이다. 이런 경향 때문에 신문사들은 그 구성원과 상관없이 자신의 이데올로기적 색채를 유지하고 강화해 나가는 것이다."
37) 김경희·노기영, 「한국 신문사의 이념과 북한 보도방식에 대한 연구」, 『한국언론학회』 제55권, 한국언론학회, 2011 참고.
38) 공영철 외, 『인터넷 통일방송 확대발전 및 컨텐츠 제작 활용방안 연구』, 미래전략연구원, 2013, 1쪽.
39) 김명준·탁재택, 『남북 통합을 위한 방송의 역할 연구』, 한국방송학회, 2014, 40쪽 : "방송은 분단을 극복하고 통일하는 과정에서 뿐만 아니라 통일 이후에도 고유의 사회통합기능을 바탕으로 이질적인 문화의 뒤섞임에 따른 사회심리적 괴리상태를 극복하는데 중추적인 역할을 수행한다고 하였다."

독일 통일과정에서 서독 방송이 보여주었던 사례를 고려하여 통일관련 방송의 전문성을 높이고, 남북 사이의 방송 협력 사업을 꾸준하게 추진 해 나가야 한다. 방송언론은 통일문제에 대한 사회적 관심을 높이고, 통 일지향적 정책을 추진하는 중요한 동력이 될 수 있다. 하지만 방송언론 에서 통일 준비는 대단히 미약한다. 통일전문 방송채널은 물론, "한국 사회 내에서 통일을 위한 방송 및 서로간의 이질성을 극복할 수 있는 있 는 콘텐츠나 프로그램은 절대적으로 부족할 뿐만 아니라 이러한 방송의 생산과 수용과 관련한 연구는 거의 이루어지지 않고 있다."40) 뿐만 아니 라 일부 방송에서는 시청률 경쟁으로 인해 선정적인 이슈에 많은 시간 을 할애하기도 한다.

통일문제나 남북문제를 다루는 방송 시간이 늘었다는 것은 통일문제 에 대한 사회적 관심을 높였다는 점에서는 긍정적이라고 할 수 있다. 하 지만 과도한 시청률 경쟁으로 인한 검증되지 않은 내용이나 추측에 기 반한 내용을 방송하는 것은 지양해야 한다.41)

객관적 정보를 바탕으로 통일 이후의 통일한반도, 즉 '포스트 통일' 시 대에 맞는 문화 비전과 문화 전략을 수립하고 실천하는 것이 필요하다. 민족동질성 회복은 '우리만의 민족'이라는 폐쇄적인 사유가 아니며, 과 거의 영광으로 돌아가자는 복고주의도 아니다. 민족적 정체성을 확고히 하면서 세계 평화에 기여할 수 있는 열린 민족주의를 지향하며, 민족의

40) 이민경, 「종합편성채널 통일·북한관련 프로그램의 생산과 수용에 관한 연구: 채널A〈이제 만나러 갑니다〉를 중심으로」, 한국외국어대학교 신문방송학과 석사학위논문, 2013, 3쪽.
41) 김명준·탁재택, 『남북 통합을 위한 방송의 역할 연구』, 한국방송학회, 2014, 25쪽 : "최근에는 언론에서 북한 전문가, 엘리트 탈북자들을 활용하여 북한에 서 발생하는 사건들에 대하여 다양한 의견을 반영하고 있다. 이러한 변화는 바람직하다고 하겠다. 다만 언론의 상업주의적 속성이 때로는 선정적인 이슈 들에 지나치게 많은 지면과 시간을 할애하는 등 지양해야 할 부분이 여전히 나타나고 있다."

우수한 문화를 바탕으로 창조적인 통일문화를 형성하는 것을 의미한다. 통일문화는 성숙한 문화의식을 바탕으로 한다. 우열의 문제가 아니라 다양성을 본질로 하는 문화가 소통될 수 있는 건강한 통일한국의 미래를 위한 기획이다. 이를 위해서는 남북 문화 차이를 극복하는 노력과 함께 통일 이후를 대비한 문화비전과, 문화전략이 수립되어야 한다. 통일문화에 대한 분명한 비전과 정책이 있을 때, 남북의 문화 장벽을 허물고 건강한 통일한반도의 문화융성을 기대할 수 있다. 아울러 장기적인 문화통합에 대비하여 남북 주민이 함께 볼 수 있는 프로그램을 준비할 필요가 있다. 남북 주민이 함께 볼 수 있는 영화나 방송 제작을 통해, 통일을 대비해 나가야 한다. 남북 주민이 선호하는 이야기를 중심으로 한 역사드라마, 남북이 함께 할 수 있는 가요나 교육방송 등의 콘텐츠를 지금부터 착실하게 준비해야 한다.

참고문헌

■■ I 부 코리언의 민족문화 양상과 전승

제1장 중국 조선족가요 변천에 대한 시대별 고찰

김성희, 『중국조선족의 이주와 조선족 민요의 형성』, 집문당, 2004.
김성희, 「우리의 노래로 본 60년」, 『문화시대』 3호, 문학과 예술, 2012.
김승철·남희철, 『우리노래50년』, 연변인민출판사, 2008.
남희철·김성희 외, 『우리노래 100년에 깃든 이야기』, 연변인민출판사, 2012.
신옥분, 『연변성악의 성·음 연구』, 채륜, 2012.

제2장 조선족학교 음악교재에 반영된 다문화 내용 분석 연구:
중학교 음악교과서의 "민요"를 중심으로

김성희, 「중, 한 소학교 중학년 음악교과서 가창영역 내용구성 비교고찰」, 인
　　　천교육대학교 초등교육연구소, 2002.
김성희, 『중국 조선족 음악교육의 변천과정 및 발전방안』, 도서출판 모시는사
　　　람들, 2008.
박은주, 「다문화주의 관점을 통한 고등학교 음악교과서 2009개정 교육과정에
　　　의거한 분석 및 수업지도안 연구」, 경희대학교 석사학위논문, 2012.
연변교육출판사 미음체편집실, 『의무교육 조선족학교 교과서 음악』 7·8·9
　　　학년, 연변교육출판사, 2004.
중화인민공화국 교육부, 『의무교육 음악과정표준』, 북경사범대학출판사, 2011.
허명철 외, 『연변조선족교육의 실태조사와 대안연구』, 료녕민족출판사, 2003.

제3장 재일동포의 민족무용을 생각한다

김매자, 『한국의 춤』, 대원사, 1990.4.28.

김정일, 『무용예술론』, 조선로동당출판사, 1992.

리만순, 『주체의 무용리론』, 2.16 예술교육출판사, 2008.

박정순, 『재일조선학생들의 민족성교양과 민족무용교육』, 문학예술종합출판 사, 2000.10.

박정순, 「《조선의 무희—최승희》에 대하여」, 『학보』 조선어판 제22호, 2012.2.16.

박정순, 「재일조선인들속에서 민족무용을 통한 민족성교양에 대한 연구」, 조 선대학교 예술학 박사학위논문, 2012.9.

정병호, 『춤추는 최승희』, 뿌리깊은 나무, 1995.7.

한국무용교육학회, 『무용교육이란 무엇인가』, 한학문화, 2003.6.30.

舞踊教育研究会, 『舞踊学講義』, 大修館書店, 1991.

朴慶植, 『解放後 在日朝鮮人運動史』, 三一書房, 1989.3.15.

邦正美, 『舞踊の文化史』, 岩波新書, 1968.

徐京植, 『半難民の位置から』, 影書房, 2002.3.25.

魚塘・許南麒・朴三文, 『在日・朝鮮文化年鑑』, 朝鮮文藝社, 1949.4.1.

呉圭祥, 『朝鮮総聯50年』, 綜合企画舎ウイル, 2005.12.11.

呉圭祥, 『ドキュメント「在日本朝鮮人連盟」』, 岩波書店, 2009.3.27.

在日本朝鮮人総聯合会中央常任委員会, 『総聯』, 1991, 2005.5.25.

鄭惠珍, 「金剛山歌劇団の民族舞踊伝承に関する研究」, お茶の水女子大学大学 院修士論文, 2006.

崔承喜, 『朝鮮民族舞踊基本』 1・2, 朝鮮芸術出版社, 1958.

宮尾慈良, 『舞踊の民族誌』, 彩流社, 2007.4.15.

高嶋雄三郎, 『崔承喜』, むくげ舎, 1981.12.10.

ロデリーグ・ランゲ, 小倉重雄 訳, 『舞踊の世界を訪ねて』, 音楽之友社, 1991.

『민족 21』, 민족이십일, 2002.10.

『文学芸術』(第1号~第110号), 在日本文学芸術家同盟機関紙, 1960.1~2009.8.

『文化工作』第1号・第5号, 朝鮮学生同盟関東本部 文化工作隊機関紙, 1953.3.20.,

1953.5.20.

『文化戰線』, 文團連結成特集号(第3号), 1954.5.1., 張哲.

『民衆新聞』, 朝聯機関紙, 1945.10.15.~1946.8.1.

『解放新聞』, 1946.9.1.~1956.12.29.

『朝鮮民報』, 1957.1.1.~1960.6.29.

『朝鮮新報』, 1960.7~.

『イオ』, 朝鮮新報社, 2010.6.

김일순 재일본조선민주녀성동맹 고문(전 위원장) 인터뷰, 2012.9.11.

리미남《리미남무용연구소》주재(전 금강산가극단 부단장, 조선민주주의공화
　　국 인민배우) 인터뷰, 2012.10.8.

박종상 재일본조선문학예술가동맹 고문(전 총련중앙 문화국장) 인터뷰, 2012.9.4.

임추자《임추자민족무용단》주재(전 금강산가극단 안무가, 조선민주주의인민
　　공화국 인민배우) 인터뷰, 2011.8.5.

■■II부 코리언의 문화통합을 위한 제언

제5장 고려인 · 사할린 한인과 한국인의 역사연대와 문화공존

건국대학교 통일인문학연구단, 『코리언의 역사적 트라우마』, 선인, 2012.

권희영 외, 『고등학교 한국사』, 교학사, 2013.

김성종, 「사할린 한인동포 귀환과 정착의 정책과제」, 『한국동북아논총』 40권,
　　2006.

김종수 외, 『고등학교 한국사』, 금성출판사, 2013.

노영돈, 「재외동포법 개정방향에 관한 연구」, 『국제법학회논총』 제47권 제3
　　호, 2002.

도면회 외, 『고등학교 한국사』, 비상교육, 2013.

박선영, 「사회통합을 위한 국민범위 재설정」, 『저스티스』 통권 제134-2호, 2013.

반병률, 「러시아 한인(고려인)사회와 정체성의 변화-러시아원동 시기(1863~
    1937)를 중심으로」, 『한국사연구』 140, 2008.

Valery Han, 「중앙아시아 한인들의 정체성 문제」, 『우즈베키스탄 한인의 정체
    성 연구』, 한국정신문화연구원, 2001.

백태현, 「중앙아시아 경제의 산업화와 고려인의 역할」, 『러시아·중앙아시아
    한인의 역사(상)』, 2008.

시미즈 미츠루, 김경인·김형수 옮김, 『삶을 위한 학교』, 녹색평론사, 2014.

심태용, 「중앙아시아 한인의 현지 정착과 사회적 지위」, 『러시아·중앙아시아
    한인의 역사(상)』, 2008.

윤상원, 「시베리아내전기 러시아지역 한인의 군사활동: '한인사회당 적위군'과
    '에호한인부대'를 중심으로」, 『한국민족운동사연구』 66, 2011.

이은숙·김일림, 「사할린 한인의 이주와 사회·문화적 정체성: 구술자료를 중
    심으로」, 『문화역사지리』 20권 1호, 2008.

이인호, 「역사와 역사가, 그리고 역사청산」, 『내일을 여는 역사』 제19호, 2005.

이재원, 「서평 : 이용우, 《프랑스의 과거사 청산: 숙청과 기억의 역사, 1944~
    2004》(역사비평사, 2008)」, 『역사학보』 제201집, 2009.

이재혁, 「러시아 사할린 한인 이주의 특성과 인구발달」, 『국토지리학회지』 44
    권 2호, 2010.

이정선, 『중앙아시아 고려인 소설 연구-역사 복원 양상을 중심으로』, 경희대학
    교 국문과 박사학위논문, 2011.

정재정 외, 『고등학교 한국사』, 지학사, 2013.

정진아, 「연해주·사할린 한인의 삶과 정체성」, 『한민족문화연구』 제38집, 2011.

정진아, 「국내 거주 고려인, 사할린 한인의 생활문화와 한국인과의 문화갈등」,
    『통일인문학』 제58집, 2014.

주진오 외, 『고등학교 한국사』, 천재교육, 2013.

지구촌동포연대, 『사할린, 사할린 한인』, 2009.

최준채 외, 『고등학교 한국사』, 리베르스쿨, 2013.

텐옥사나, 「러시아 사할린 한인의 민족정체성-우즈베키스탄 고려인과의 비교
    를 중심으로」, 연세대학교 석사학위논문, 2010.

한철호 외,『고등학교 한국사』, 미래엔, 2013.

한혜인, 「사할린 한인 귀환을 둘러싼 배제와 포섭의 정치―해방후~1970년대 중반까지의 사할린 한인 귀환움직임을 중심으로」,『사학연구』제102호, 2011.

제6장 조선족을 통해 본 문화통합과 민족문화의 현대성 담론

권태환·박광성, 「중국 조선족 대이동과 공동체의 변화―현지조사 자료를 중심으로―」,『한국인구학』27권 2호, 2004.

권향숙, 「조선족의 일본 이주와 에스닉 커뮤니티; 초국가화와 주변의 심화사이의 실천」,『역사문화연구』44집, 2012.

김성희, 「조선족 전통예술의 전승 기반」,『통일인문학』제49집, 2010.

김정훈,『중국 조선족 민속춤과 민속놀이』, 민족출판사, 중국북경, 2010.

노고운, 「기대와 현실 사이에서: 한국 내 조선족 노동자의 삶과 적응전략」, 서울대학교 석사학위논문 2001.

박광성, 「세계화 시대 조선족을 이해할 수 있는 핵심적 키워드」,『미드리』제6호, 2011.

박명규·김병로 외,『노스코리안 디아스포라』, 서울대학교 통일평화연구원, 2011.

박명희, 「"中華民族多元一體"로 보는 중국조선족의 정체성 문제」,『新亞細亞』17권 3호, (2010).

서령, 「중국 조선족문학의 '중국화' 문제」,『한국학연구』제33집, 2014.

유명기, 「민족과 국민 사이에서: 한국 체류 조선족들의 정체성 인식에 관하여」, 『한국문화인류학』35-1, 2002.

이민주,『재중동포의 상업활동과 정체성 형성―가리봉동 현장연구를 중심으로』, 연세대학교 석사학위논문, 2007.

이상현, 「안동문화의 변화와 민속의 재창조」,『비교민속학』제26집, 2004.

이옥희, 「이주민이 경험하는 민속문화 소통의 현주소와 전망」,『남도민속연구』

제23집, 2011.

이정은, 「국가와 종족의 상호작용을 통해 본 조선족의 종족정체성」, 『비교문화연구』 16집 2호, 2010.

임성숙, 『한국 내 조선족 노동자의 민족정체성 재형성과정』, 한양대학교 석사학위논문, 2004.

임재해, 「다문화사회의 재인식과 민속문화의 다문화주의 기능」, 『비교민속학』 제47집, 2012.

장남혁, 「이주로 형성된 이중문화 환경을 자원화하는 방안 연구- 한필 다문화가족을 중심으로」, 『선교와 신학』 제29집, 2012.

최병우, 「조선족 소설에 나타난 민족의 문제 」, 『현대소설연구』 제42호, 2009.

최현덕, 「경계와 상호문화성. 상호문화 철학의 기본 과제」, 『코기토』 제66호, 2009.

한룡길, 「조선민족의 전통미덕을 토대로 한 '연변조선족자치주 노인절'」, 『비교민속학』 제47집, 2012.

Bausinger, Hermann, *Volkskultur in der technischen Welt,* Stuttgart, 1961.

Bausinger, Hermann & Jeggle, Utz & Korff, Gottfried & Scharfe, Martin, *Grundzüge der Volkskunde*, Darmstadt, 1993.

Heitmeyer, Wilhelm, "Für türkische Jugendliche in Deutschland spielt der Islam eine wichtige Rolle", *Die Zeit,* 35/1996.

Humboldt, Wilhelm von, "Über die Verschiedenheit des menschlichen Sprachbaues und ihren Einfluss auf die geistige Entwicklung des Menschengeschlechts", *Gesammelte Schriften, d. Königlich Preußischen Akademie der Wissenschaften*(Eds.), Berlin 1836.

Kaschuba, Wolfgang. *Einführung in die Europäische Ethnologie*, München, 1999.

Kramer, Dieter, kulturelle Vielfalt ist eine notwendige Struktur menschlicher Vergemeinschaftung, *Osnabrücker Jahrbuch Frieden und Wissenschaft VI*, 1999.

Shils, Edward, *Tradition*, Univ of Chicago, 1981.

Šmidchens, Guntis, "Folklrism Revisited", *Journal of Folklore Research*, Vol.36, No.1, 1999.

Wigelmann, Günter, *Theoretische Konzepte der europäischen Ethnologie; Diskussionen um Regeln und Modelle*, Münster 1991.

제7장 재일조선인과 한국인의 문화공존 지혜찾기

건국대학교 통일인문학연구단 엮음, 『코리언의 생활문화』, 선인, 2012.

권혁범, 「통일에서 탈분단으로: '민족 동질성 회복'론 및 '민족 번영'론에 대한 비판적 성찰」, 『당대비평』 12호, 삼인, 2000.

김귀옥, 「분단과 전쟁의 디아스포라－재일조선인 문제를 중심으로」, 『역사비평』 91호, 역사문제연구소, 2010.

김 면, 「국내 거주 조선족의 정체성변용과 생활민속 타자성 연구」, 『통일인문학』 제58집, 건국대학교 인문학연구원, 2014.

김상철, 「남북한 문화의 이질화와 동질성 회복방안」, 『복지행정연구』 제19집, 안양대학교 복지행정연구소, 2003.

김진환, 「이분법에 갇힌 조선사람: 국내 이주 재일조선인의 한국살이」, 『통일인문학』 제58집, 건국대학교 인문학연구원, 2014.

김진환, 「재일조선인과 통일」, 지구촌동포연대(KIN) 엮음, 『조선학교 이야기: 차별을 딛고 꿈꾸는 아이들』, 선인, 2014.

김진환, 「코리언 생활문화 비교연구: 배제 패러다임에서 통합 패러다임으로」, 『코리언의 생활문화, 낯섦과 익숙함』, 선인, 2014.

김진환·김종군, 「코리언의 생활문화: 개념, 의의, 연구방법」, 건국대학교 통일인문학연구단 엮음, 『코리언의 생활문화』, 선인, 2012.

김희정, 「한국의 관주도형 다문화주의: 다문화주의 이론과 한국적 적용」, 오경석 외, 『한국에서의 다문화주의: 현실과 쟁점』, 한울아카데미, 2007.

서경식, 『나의 조선미술 순례』, 반비, 2014.

양영자, 「한국의 다문화교육 현황과 과제」, 오경석 외, 『한국에서의 다문화주

의: 현실과 쟁점』, 한울아카데미, 2007.

오경석, 「어떤 다문화주의인가?: 다문화사회 논의에 관한 비판적 조망」, 오경
    석 외, 『한국에서의 다문화주의: 현실과 쟁점』, 한울아카데미, 2007.

윤다인, 「모국수학이 재일동포와 민족정체성에 미치는 영향에 관한 연구」, 서
    울대학교 석사학위논문, 2014.

전영선, 「북한이탈주민과 한국인의 집단적 경계 만들기 또는 은밀한 적대감」,
    『통일인문학』 제58집, 건국대학교 인문학연구원, 2014.

전효관, 「분단의 언어, 탈분단의 언어: 통일담론과 북한학이 재현하는 북한의
    이미지」, 『통일연구』 2권 2호, 연세대학교 통일연구원, 1998.

정근식, 「중앙아시아 한인의 일상 생활과 문화」, 『사회와 역사』 제48권, 한국
    사회사학회, 1996.

정진아, 「국내 거주 고려인, 사할린 한인의 생활문화와 한국인과의 문화갈등」,
    『통일인문학』 제58집, 건국대학교 인문학연구원, 2014.

정진아 · 강미정, 「한국인의 생활문화」, 건국대학교 통일인문학연구단 엮음,
    『코리언의 생활문화』, 선인, 2012.

차승주, 「교과서에 나타난 통일담론에 대한 고찰: 민족주의를 중심으로」, 『윤
    리교육연구』 제29집, 한국윤리교육학회, 2012.

최현덕, 「경계와 상호문화성: 상호문화 철학의 기본 과제」, 『코기토』 66호, 부
    산대학교 인문학연구소, 2009.

제8장 남북 문화공통성 창출을 위한 방안

건국대학교 통일인문학연구단, 『코리언의 생활문화』, 도서출판 선인, 2012.

김누리 외, 『머릿속의 장벽 - 통일 이후 동 · 서독 사회문화 갈등』, 한울 아카
    데미, 2006.

김누리 외, 『변화를 통합 접근─통일 주역이 돌아본 독일 통일 15년』, 한울 아
    카데미, 2006.

김명준 · 탁재택, 『남북 통합을 위한 방송의 역할 연구』, 한국방송학회, 2014.

김종군 · 정진아, 『고난의 행군시기 탈북자 이야기』, 박이정, 2012.

김현경, 「난민으로서의 새터민의 외상(trauma) 회복 경험에 대한 현상학 연구」, 이화여자대학교 박사학위논문, 2006.

김현경, 「남북한 이문화 부부의 적응에 관한 연구-남한주민과 결혼한 북한출신 배우자의 부부 적응에 대한 인식을 중심으로」, 『한국가족관계학회지』 제15권 1호, 한국가족관계학회, 2010.

박명규 외, 『2014 통일의식 조사』, 서울대학교 통일평화연구원, 2014.

박형중, 「통일국가의 정치체제와 이념」, 『통일시대 국가이념 및 비전연구: 선진 통일한국의 이념좌표 모색』, 사회통합위원회 '선진 통일국가를 위한 국가정체성 모색' 1차 세미나, 2011. 10. 07.

엄한아, 『한국언론의 탈북민 보도 프레임 분석』, 이화여자대학교 북한학과 석사학위논문, 2015.

오기성, 『남북한 문화통합론』, 교육과학사, 1999.

이민경, 「종합편성채널 통일 · 북한관련 프로그램의 생산과 수용에 관한 연구: 채널A〈이제 만나러 갑니다〉를 중심으로」, 한국외국어대학교 신문방송학과 석사학위논문, 2013.

이민영, 『남북한 이문화 부부의 통일이야기-북한이탈주민과 남한주민의 결혼생활에 관한 네러티브 연구-』, 한국학술정보, 2007.

이상우, 『함께 사는 통일』, 나남, 1993.

이우영 외, 『문화를 통한 사회통합 유형에 대한 기초 연구』, 문화체육관광부, 2011.

이정철 · 김갑식 · 김효숙, 『이탈주민을 통해 본 북한 주민의 언론과 사회에 대한 이해』, 한국언론진흥재단, 2011.

전미영, 「남북한 사회문화통합과 방송」, 『통일과 방송』 2015년 제4호, 한국방송 남북교류협력단, 2015.

전영선, 「북한이탈주민과 한국인의 집단적 경계 만들기 또는 은밀한 적대감」, 『통일인문학논총』 제58집, 건국대학교 인문학연구원, 2014.

전영선, 「통일기반 구축과 방송의 역할」, 『통일과 방송』 2015년 제4호, 한국방송 남북교류협력단, 2015.

찾아보기

ㅂ

ㅅ

ㅇ

저자소개

정진아   건국대학교 통일인문학연구단 HK교수

전영선   건국대학교 통일인문학연구단 HK연구교수

김진환   건국대학교 통일인문학연구단 HK연구교수

김　면   건국대학교 통일인문학연구단 HK연구교수

김성희   중국 연변대학교 교수

박미화   중국 연변대학교 교수

박정순   일본 조선대학교 교수

리용훈   일본 조선대학교 교수